会计岗位中的 Excel 应用
（第 3 版）

贾振纲　易文奇　主编

電子工業出版社
Publishing House of Electronics Industry
北京 · BEIJING

内 容 简 介

本书共9个项目，分别讲解了Excel基础应用、日常管理表格设计、销售库存管理表格设计、工资管理表格设计、固定资产管理表格设计、财务会计报表设计、财务图表设计与应用、财务数据透视图/表设计与应用、综合实训。内容涵盖表格设计、数据运算、数据分析、筛选、分类汇总、图表应用、打印设置等，全书最后附有技能竞赛试卷。本书配有相应的案例数据、习题答案、综合实训视频讲解等，有需要的读者既可通过扫描二维码获取，也可登录 www.hxedu.com.cn 下载。

本书可作为职业院校财经类专业的教材，也可作为在职人员自学和培训的参考用书，还可作为职业院校在校学生的竞赛训练辅导用书。本书内容适用于 Microsoft Excel，兼顾了 WPS 表格，能满足大多数学校和用人单位的需求。

图书在版编目（CIP）数据

会计岗位中的 Excel 应用 / 贾振纲，易文奇主编. —3版. —北京：电子工业出版社，2023.6
ISBN 978-7-121-44707-5

Ⅰ. ①会… Ⅱ. ①贾… ②易… Ⅲ. ①表处理软件－应用－会计－中等专业学校－教材 Ⅳ. ①F232

中国版本图书馆 CIP 数据核字（2022）第 242309 号

责任编辑：陈　虹　　文字编辑：张　彬
印　　刷：河北虎彩印刷有限公司
装　　订：河北虎彩印刷有限公司
出版发行：电子工业出版社
　　　　　北京市海淀区万寿路 173 信箱　邮编　100036
开　　本：880×1 230　1/16　印张：12　字数：261 千字
版　　次：2014 年 5 月第 1 版
　　　　　2023 年 6 月第 3 版
印　　次：2025 年10月第 3 次印刷
定　　价：35.00 元

凡所购买电子工业出版社图书有缺损问题，请向购买书店调换。若书店售缺，请与本社发行部联系，联系及邮购电话：（010）88254888，88258888。
质量投诉请发邮件至 zlts@phei.com.cn，盗版侵权举报请发邮件至 dbqq@phei.com.cn。
本书咨询联系方式：chitty@phei.com.cn。

前　言

Excel 电子表格在会计岗位中的应用非常广泛。为提高办公效率，越来越多的用人单位要求会计人员熟练掌握常用的办公软件，尤其要精通与会计岗位相关的各类表格的应用，包括数据统计和分析，以及自主设计表格的能力。

通过对校企联合办学模式的长期研究，编者发现，部分职业院校毕业生不能满足用人单位的要求，主要体现在工作能力不足，如 Excel 这类常用的电子表格办公软件，这些毕业生只是略懂。因此，除设置会计常规课程教学外，增加常用办公软件等课程的教学显得尤为重要。本书旨在指导学生熟练掌握会计岗位中电子表格应用的相关技能，以适应用人单位在财务会计工作中的应用需求。本书内容适用于 Microsoft Excel，兼顾了 WPS 表格，能满足大多数学校和用人单位的需求。

为达到初、中级会计应用型人才的培养目标，本书共设计了 9 个项目，并配有相应的实训步骤，在此基础上引导学生自主设计常用的表格和报表，以及工作中可能用到的一些表格；同时学会利用电子表格强大的运算功能进行数据运算、统计运算，以及进行图表绘制和财务分析。当然，本书内容并不仅仅面向会计人员日常办公，在大数据时代，数据的应用与分析越来越重要，各类管理人员均可通过学习本书来提高使用电子表格进行数据处理的能力。

本书具有以下特点。

（1）项目设置与会计岗位联系密切，工作任务明确具体。本书以校企联合为依托，将企业会计岗位中应掌握的各类电子表格，通过科学分类，细化为具体的项目和任务，指导学生系统训练，由浅入深，循序渐进。

（2）图文并茂，实用易懂。本书针对广大职业院校学生的学习特点，通过屏幕截图，细致到每个步骤，讲解通俗易懂，案例所涵盖的知识点和实际工作紧密结合。

（3）重视应用拓展。为引导学生学以致用，解决一些会计岗位工作中的实际问题，本书不仅引导学生学会如何编制电子表格，还帮助学生理解和掌握数据分析与运算。

（4）重视技能训练，指导职业院校学生参与竞赛。高中生有高考，中职生有技能竞赛。为适应技能竞赛的要求，本书结合会计岗位需求，整合了一些综合实训题，涵盖各方面技能；并附有技能竞赛试卷，可满足竞赛训练辅导之用。

（5）数字化资源共享。本书配有丰富的电子资源包，包括案例数据、习题答案、综合实训视频讲解等，有需要的读者既可通过扫描二维码获取，也可登录华信教育资源网下载，方便训练和学习使用。

为演示方便，本书中省略部分金额单位（元）；操作过程中不再输入数据单位。

本书由贾振纲、易文奇担任主编，编写分工如下：郑州财经技师学院牛莉萍编写项目一和项目二，河南省外贸学校尹睿佳编写项目三和项目四，郑州市经济贸易学校贾振纲编写项目五和项目六，郑州市经济贸易学校张妍编写项目七和项目八，河南省漫画时代传媒有限公司易文奇编写项目九，全书由贾振纲统稿。

由于编者水平有限，书中难免有疏漏和不当之处，敬请读者批评指正。

编　者

目　　录

项目一

Excel 基础应用

学习目标

- ❖ 了解 Excel 的基本功能。
- ❖ 掌握 Excel 工作表的基本操作方法。
- ❖ 熟练运用 Excel 工作表输入和编辑数据。
- ❖ 掌握 Excel 工作表的显示和打印方法。

任务目标

- ❖ 新建 Excel 工作簿。
- ❖ 调整行高和列宽，设置单元格格式。
- ❖ 输入和编辑数据。
- ❖ 打印 Excel 工作表。

任务一　认识Excel界面与基本功能

任务导入

宏达公司给各部门配备了一批计算机、扫描仪、打印机等办公设备，要求公司员工在以后的工作中充分利用现代化办公设备开展工作。Excel电子表格软件是处理会计信息的重要工具，因此，财务部要求所有会计人员熟练运用Excel软件。

任务驱动

了解Excel的基本功能。

知识链接

Excel是Microsoft Office系列办公软件中的电子表格软件。它的主要功能有建立表格、填充数据、处理数据、处理文字、处理图表、打印报表等，支持数据管理、宏、决策分析等。

本书基于Microsoft Excel 2010进行介绍。Excel界面和Word界面类似，主要由标题栏、工具栏、工作表区等部分组成，如图1-1所示。

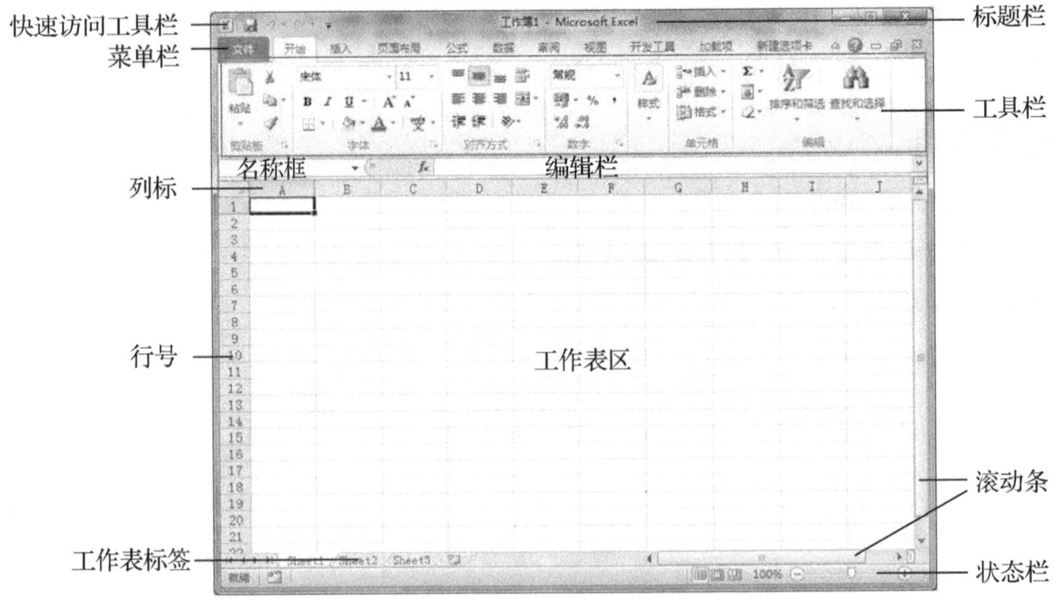

图1-1　Excel界面

1. Excel界面的显示内容

（1）标题栏中显示当前工作簿的名称。

（2）菜单栏中分类列出Excel的所有命令。

（3）工具栏选项卡和快速访问工具栏中的按钮对应Excel的一些常用命令，如字体、单元格、样式等的相关命令。

（4）工作表区是编辑单元格的工作区域。单元格内容可以在单元格中直接输入，也可以在编辑栏中输入。

（5）行号和列标显示单元格的行数和列数。

（6）滚动条用于上下、左右滚动工作表区，以查看工作表内容。

（7）工作表标签。一个工作簿包含若干工作表，可以借助工作表标签进行切换。此外，可以更改工作表标签名称。

（8）状态栏显示各种状态信息。

2. 工作表区和单元格

工作表区包括单元格。单元格是工作表的基本元素，也是最小的独立单位，可以存放各种类型的数据。每个单元格都有一个名称，称为单元格地址。单元格地址是以列标和行号的组合命名的。例如，第 5 列第 5 行的单元格地址为 E5，依次类推。被选中的单元格以粗实线显示，称为当前单元格。当前单元格的右下方有一个小黑框，称为自动填充柄。

3. 名称框和编辑栏

名称框用于显示或定义当前单元格或一组单元格的名称。在名称框中输入单元格名称，可以选中相应的单元格或一组单元格。将光标定位在编辑栏中，准备输入数据时，编辑栏的左边会出现3 个按钮：第 1 个是“取消”按钮，用于恢复至单元格本次编辑前的状态；第 2 个是“输入”按钮，确认当前编辑栏的内容；第 3 个是“插入函数”按钮，用于在单元格中输入公式。

任务二　Excel 工作表的基本操作

任务导入

宏达公司准备在以后的工作中利用 Excel 来处理会计核算的相关内容。因此，需要财务部相关人员掌握 Excel 工作表的基本操作方法。

由于公司员工较多，财务部准备建立工资核算电子工作簿，淘汰原有的手工工作簿。

一、新建 Excel 工作簿

任务驱动

为宏达公司新建一个“工资核算”工作簿，并将其保存在“我的文档”文件夹中。

知识链接

1. 工作簿

在 Excel 中进行的操作是在工作簿文件中执行的，工作簿文件拥有自己的窗口，用户能按照需要打开多个工作簿。默认情况下，Excel 2010 工作簿以 xlsx 为文件扩展名。

2. 工作表

每个工作簿都由一个或多个工作表组成，而每个工作表又由多个单元格组成。每个单元格可以包含数值、公式或文本。工作表有一个隐藏的绘图层，可以容纳图表、图像和图形。可以通过单击工作簿窗口底部的工作表标签访问工作簿中的各个工作表。工作簿能够存储图表工作表，其中显示单独的图表，用户可以通过单击工作表标签进行访问。

基本步骤

（1）新建一个 Excel 工作簿。新建 Excel 工作簿的方法主要有以下两种。

方法一：选择“开始”|“所有程序”|“Microsoft Office”|“Microsoft Excel 2010”命令，如图 1-2 所示。打开 Excel 界面，然后选择“文件”|“新建”命令。

图 1-2　新建 Excel 工作簿方法一

方法二：在桌面空白处右击，在弹出的快捷菜单中选择“新建”|“Microsoft Excel 工作表”命令，如图 1-3 所示。

（2）使用方法二新建 Excel 工作簿，将在桌面上出现一个 Excel 工作表图标，如图 1-4 所示。

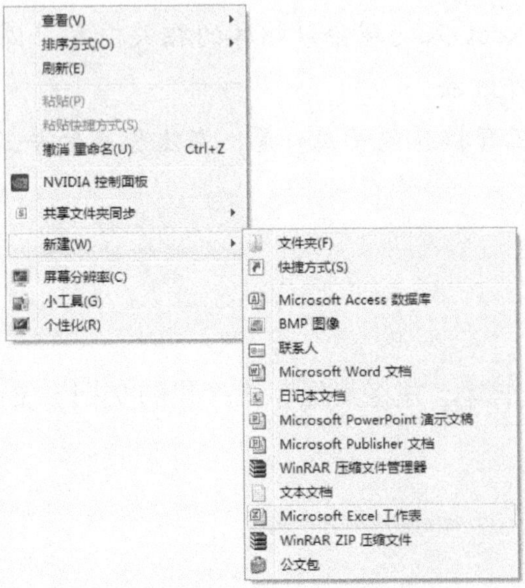

图 1-3　新建 Excel 工作簿方法二

图 1-4　Excel 工作表图标

（3）双击 Excel 工作表图标，将其打开。

（4）选择“文件”菜单，如图 1-5 所示。

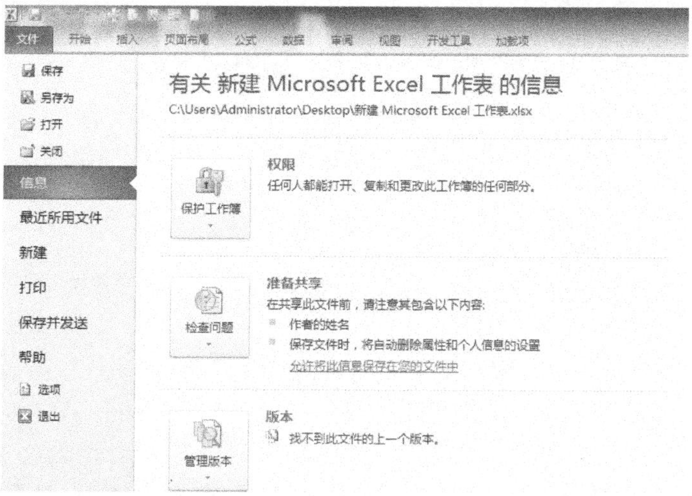

图 1-5 “文件”菜单

（5）选择“另存为”命令，弹出“另存为”对话框，选择“我的文档”文件夹，修改文件名为“工资核算”，如图 1-6 所示。

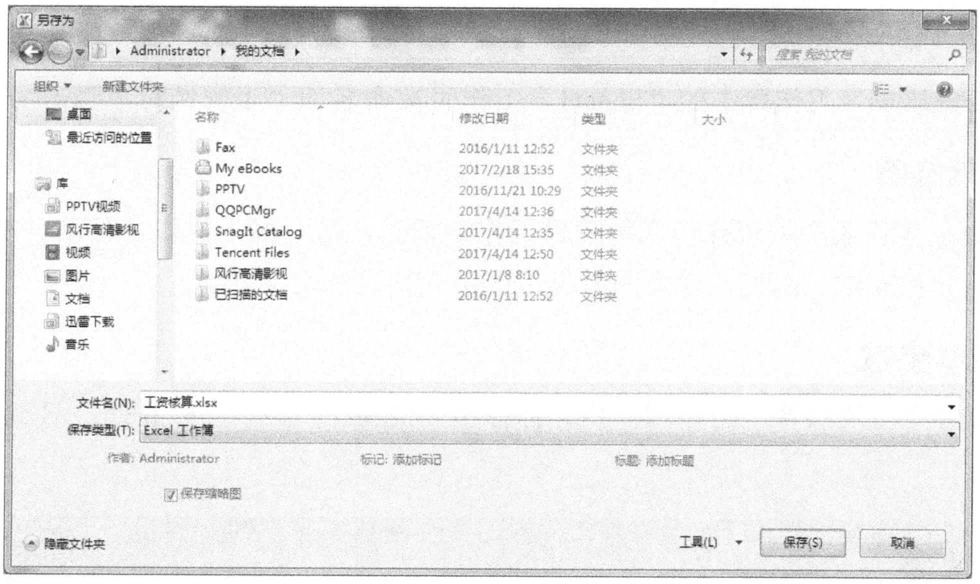

图 1-6 “另存为”对话框

（6）单击“保存”按钮，效果如图 1-7 所示。

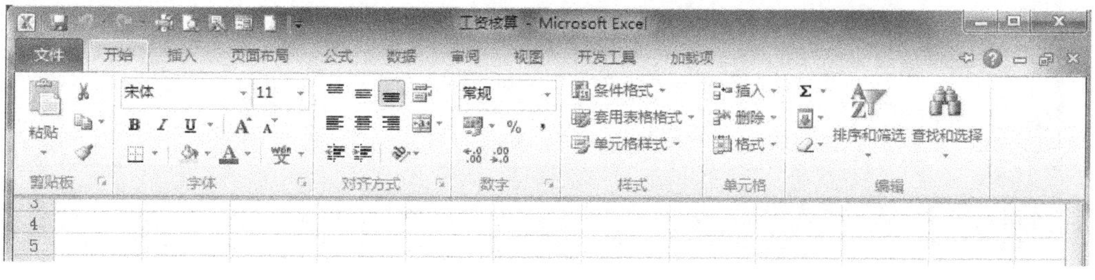

图 1-7 将工作簿名称修改为“工资核算”

（7）双击“我的文档”文件夹，即可看到已存在的“工资核算”工作簿，如图 1-8 所示。

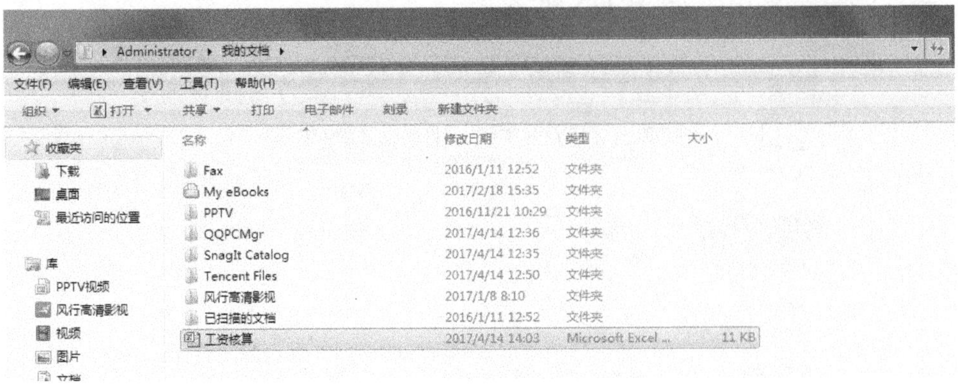

图 1-8 “工资核算”工作簿

小贴士

选中新建的 Excel 工作簿，右击，在弹出的快捷菜单中选择“重命名”命令，也可修改工作簿名称。

二、编辑工作表

任务驱动

将“工资核算”工作簿中的“Sheet1”工作表重命名为“工资结算单”。

知识链接

对 Excel 工作表的编辑操作包括编辑工作表数据，重命名工作表，移动、复制和删除工作表，拆分和冻结工作表，以及为单元格或单元格区域命名等。

基本步骤

（1）打开“工资核算”工作簿，将光标移至“Sheet1”工作表标签处，双击，如图 1-9 所示。

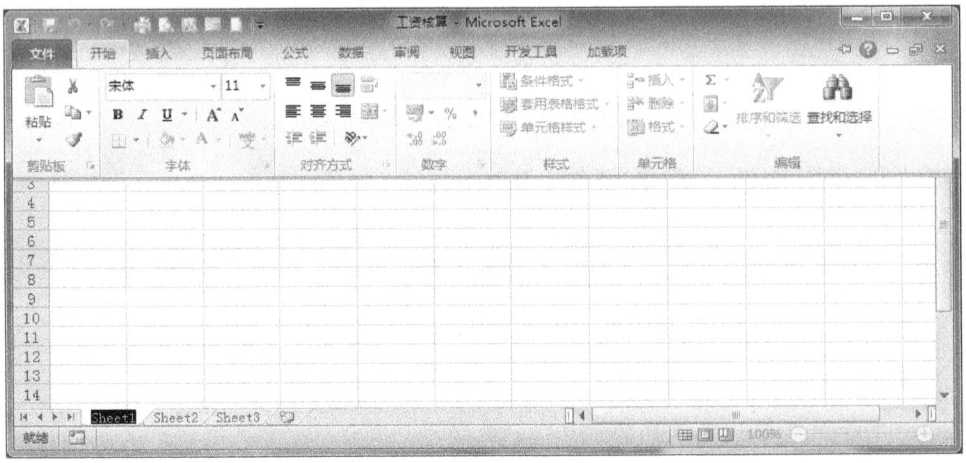

图 1-9 修改“Sheet1”工作表名称

（2）直接输入“工资结算单”，按【Enter】键，或单击工作表中的任一单元格，即完成修改，如图1-10所示。

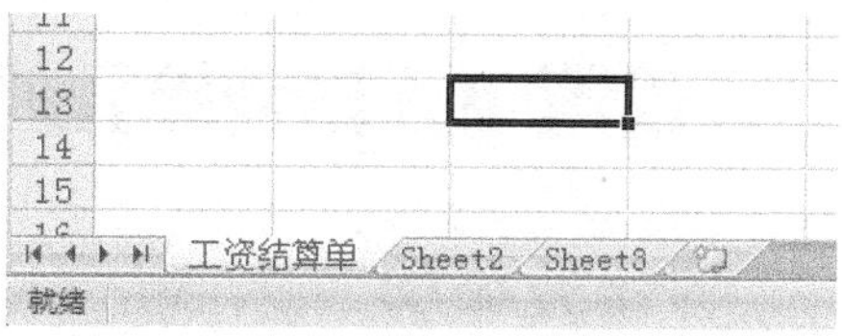

图1-10 将“Sheet1”改为“工资结算单”

小贴士

1. 插入新工作表

在状态栏中单击“插入工作表”按钮，如图1-11所示。

也可以选中某个工作表标签，右击，在弹出的快捷菜单中选择“插入”命令，再在弹出的“插入”对话框中选择“工作表”选项，单击“确定”按钮。

2. 移动或复制工作表

选中某个工作表标签，右击，在弹出的快捷菜单中选择“移动或复制工作表”命令，在弹出的如图1-12所示的对话框中进行操作。

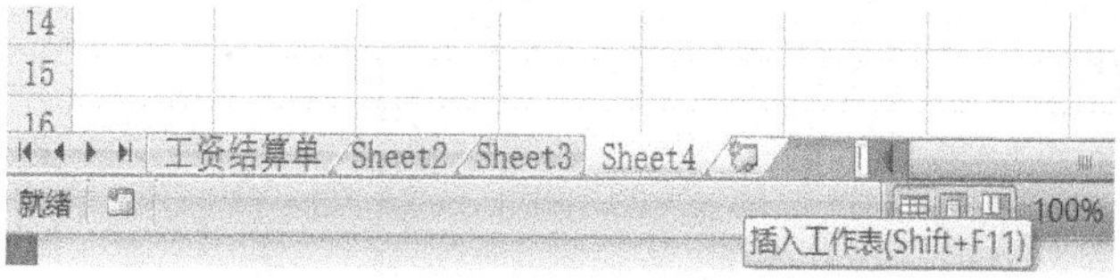

图1-11 “插入工作表”按钮

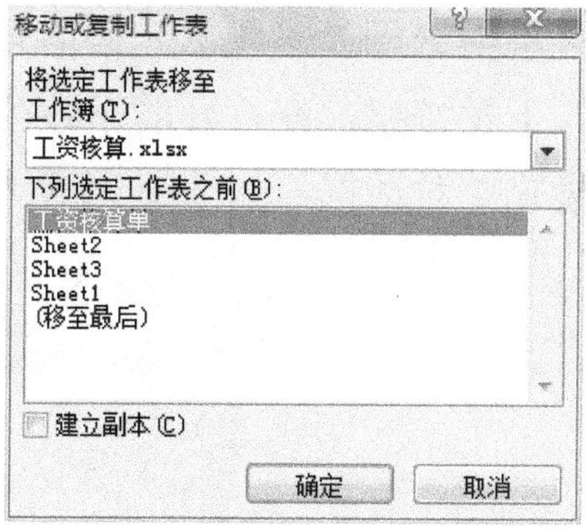

图1-12 “移动或复制工作表”对话框

3. 删除工作表

选中某个工作表标签，右击，在弹出的快捷菜单中选择“删除”命令即可。

4. 冻结和拆分工作表

单击“视图”选项卡“窗口”组中的“冻结窗格”和“拆分”按钮即可进行相关操作，如图1-13所示。

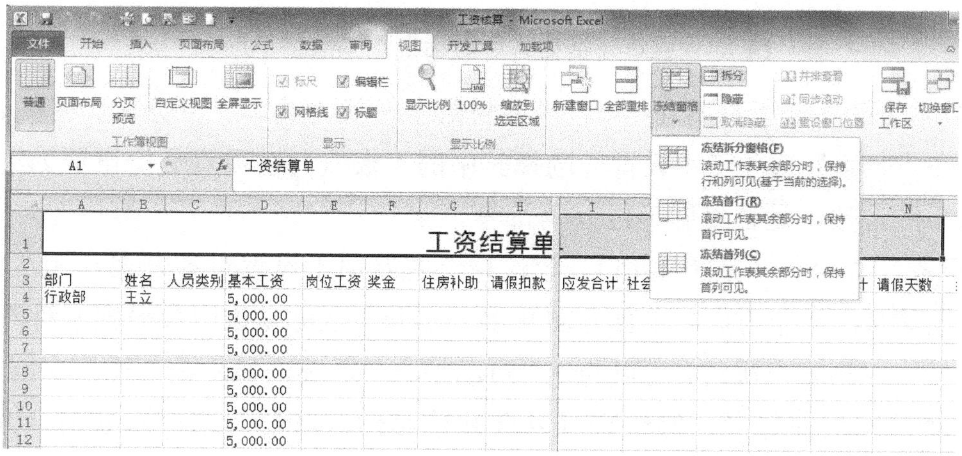

图1-13 冻结和拆分工作表

三、设置单元格或单元格区域、行和列（包括插入、编辑、格式设置）

任务驱动

（1）在“工资结算单”工作表中输入内容。

（2）合并单元格并设置字体和字号。

（3）设置单元格格式。

（4）调整行高和列宽。

（5）插入单元格、行或列。

知识链接

使用 Excel 时，经常需要为表格中的数据和文字设置各种格式和效果。设置单元格格式的方法很简单：选中需要设置的单元格或单元格区域、行、列，右击，然后在弹出的快捷菜单中选择“设置单元格格式”命令，或者单击“开始”选项卡“单元格”组中的“格式”下拉按钮，在打开的下拉列表中选择“设置单元格格式”选项，即可弹出“设置单元格格式”对话框，如图 1-14 所示。在此对话框中可进行相关设置。

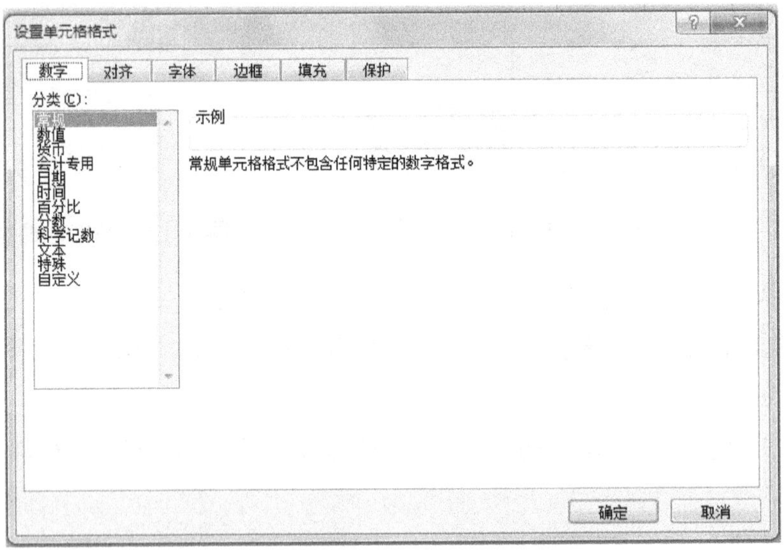

图 1-14 “设置单元格格式”对话框（“数字”选项卡）

（1）“数字”选项卡（见图 1-14）。当要将数字转换为文本、百分比、时间、日期等格式时，可以在“数字”选项卡中设置。选择其中的“数值”选项就是指设置为纯数字格式，可以设置如小数位数、是否使用千位分隔符等。

（2）“对齐”选项卡（见图 1-15）。该选项卡主要用于设置对齐方式，如常见的居中对齐。需要注意的是有两个方向，垂直方向和水平方向，这可以让用户设置 9 种不同的位置。当一行内容较多而列宽有限时，可以勾选“自动换行”复选框显示全部内容。“合并单元格”复选框是一个很有用的选项，勾选它可以合并单元格，取消勾选可以取消合并单元格。

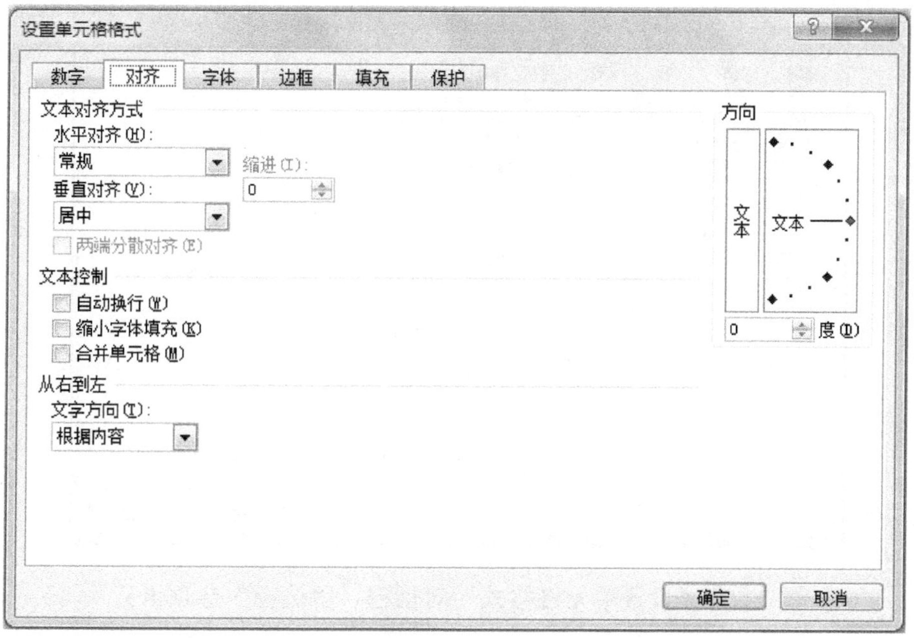

图 1-15 “设置单元格格式”对话框（“对齐”选项卡）

（3）“字体”选项卡（见图 1-16）。在“字体”选项卡中可以非常方便地设置文字的颜色、字体、字号、下画线等。

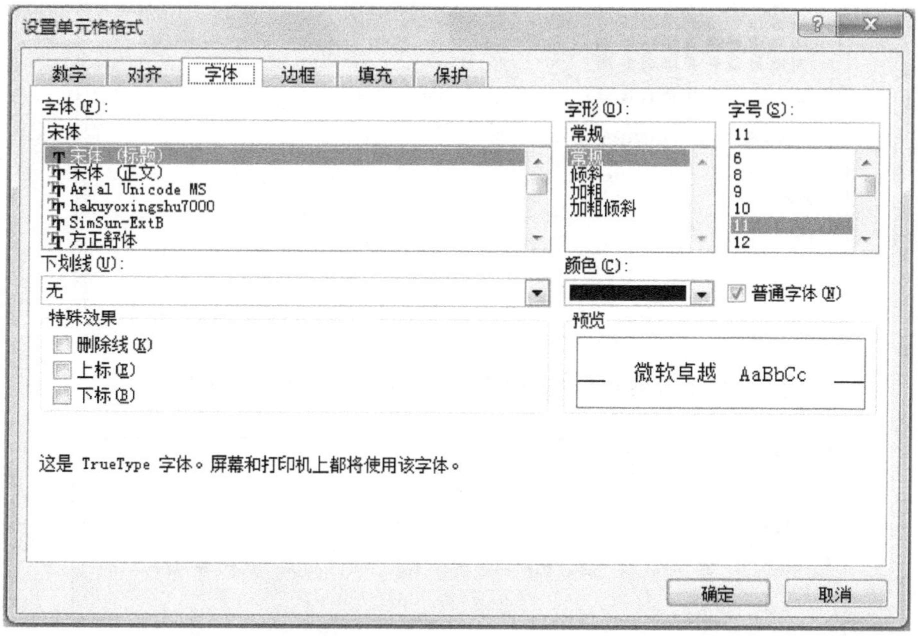

图 1-16 “设置单元格格式”对话框（“字体”选项卡）

（4）“边框”选项卡（见图 1-17）。该选项卡可以设置边框效果和颜色。当需要打印 Excel 表格时，边框就非常有用了（不设置边框，打印的时候便无边框）。如果打印机支持彩色打印，不妨试试不同的线型和颜色。

（5）“填充”选项卡（见图 1-18）。该选项卡可以设置填充颜色和图案，这也是美化 Excel 表格很重要的工具。

（6）“保护”选项卡（见图 1-19）。该选项卡主要用于设置保护工作表。

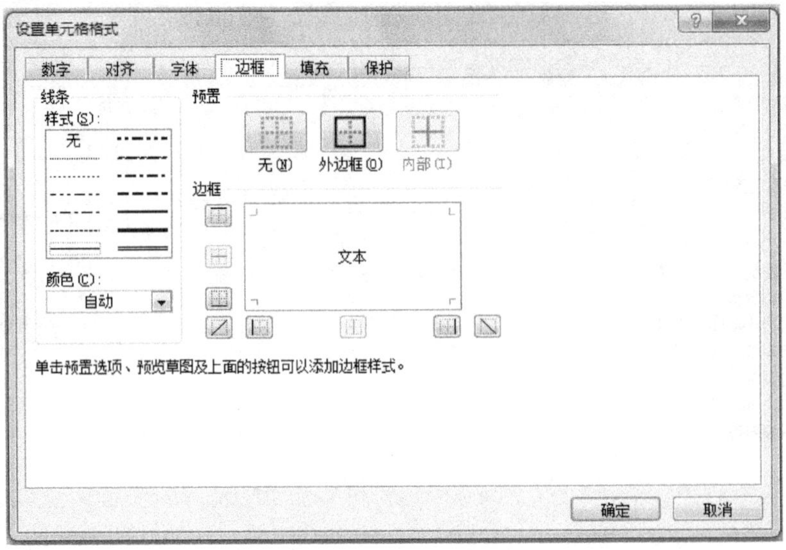

图 1-17 “设置单元格格式”对话框（“边框”选项卡）

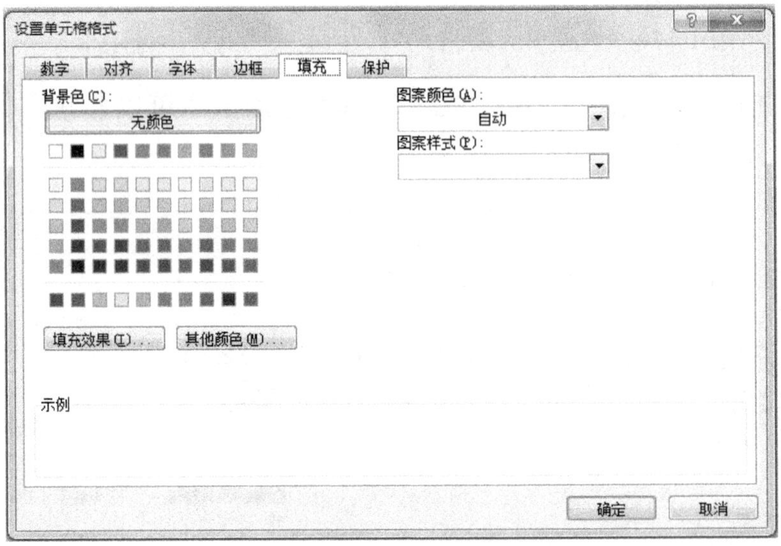

图 1-18 “设置单元格格式”对话框（“填充”选项卡）

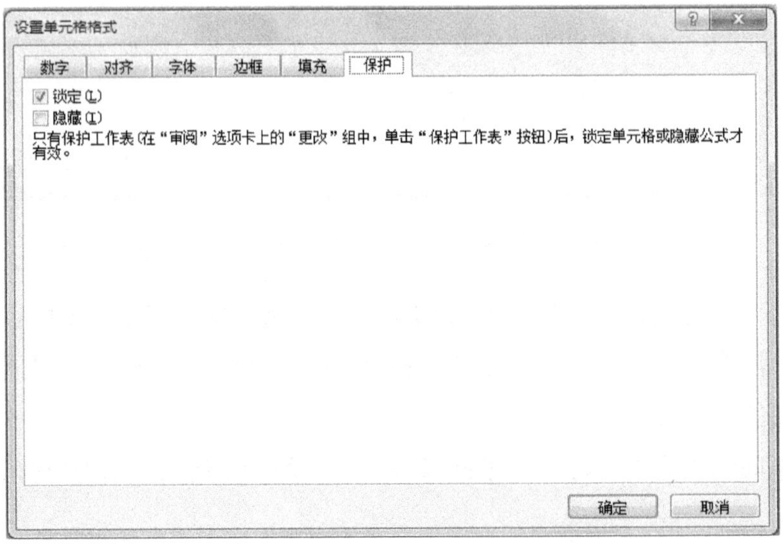

图 1-19 “设置单元格格式”对话框（“保护”选项卡）

基本步骤

1. 在“工资结算单”工作表中输入内容

在“工资结算单”工作表中输入如图1-20所示的内容。

图1-20 输入内容

2. 合并单元格并设置字体和字号

表格标题一般在整个表格中处于居中位置，字体比表格中的一般项目醒目。选中A1:N1单元格区域，单击“开始”选项卡“对齐方式”组中的“合并后居中”按钮。然后在“字体”组中设置字体为“黑体”，字号为“20”，如图1-21所示。

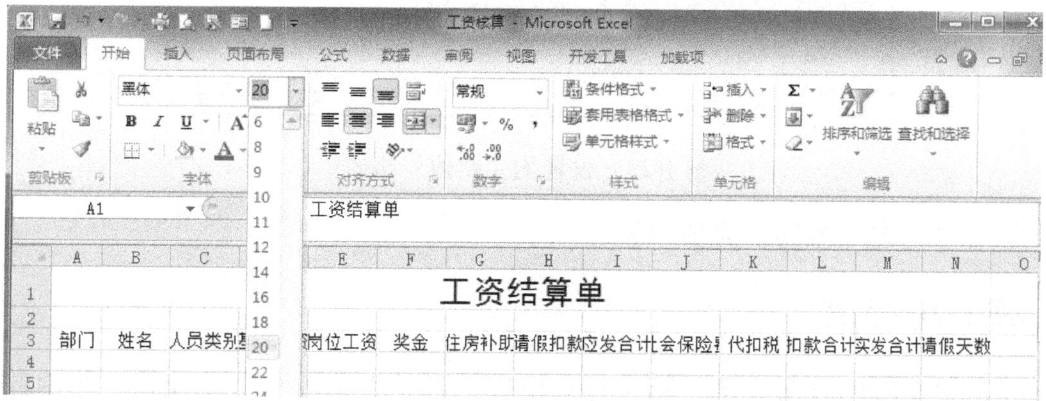

图1-21 合并单元格并设置字体和字号

3. 设置单元格格式

（1）选中D4:N20单元格区域，单击“开始”选项卡“单元格”组中的“格式”下拉按钮，在打开的下拉列表中选择“设置单元格格式”选项，如图1-22所示。

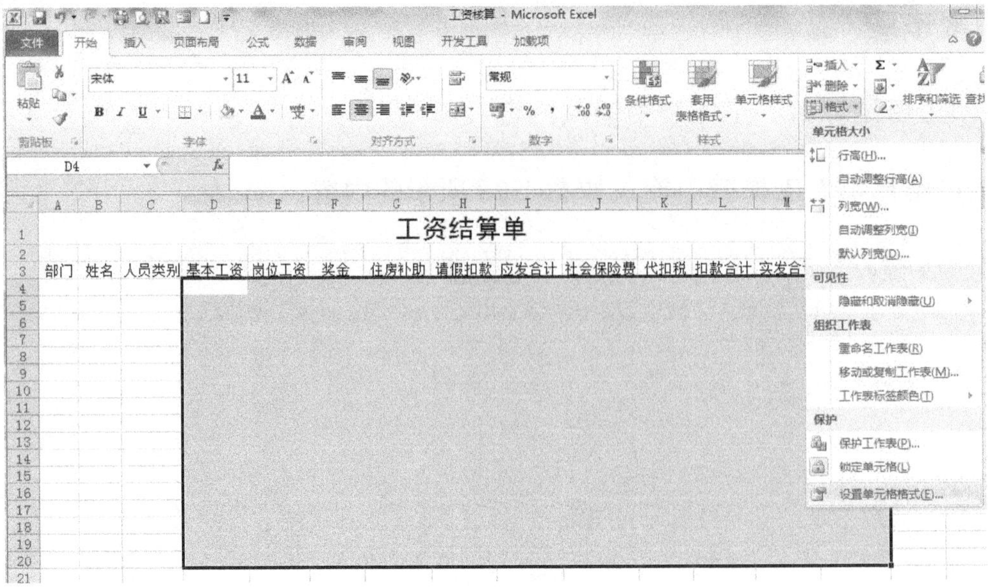

图 1-22 “设置单元格格式”选项

（2）在弹出的“设置单元格格式”对话框“数字”选项卡的“分类”列表中选择“数值”选项，将小数位数设置为“2”，选中“使用千位分隔符”复选框，如图 1-23 所示。

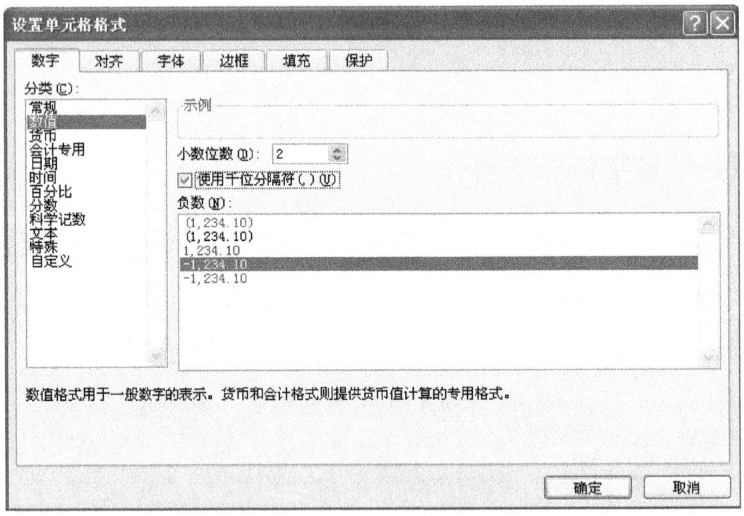

图 1-23 设置为“数值”格式

（3）单击“确定”按钮，完成设置。

4．调整行高和列宽

（1）单击第 1 行的行号，选中第 1 行。单击“开始”选项卡“单元格”组中的“格式”下拉按钮，在打开的下拉列表中选择“行高”选项，在弹出的“行高”对话框中输入行高值“35”，单击“确定”按钮，如图 1-24 所示。

（2）单击第 1 列的列标，选中第 1 列。单击“开始”选项卡“单元格”组中的“格式”下拉按钮，在打开的下拉列表中选择“列宽”选项，在弹出的“列宽”对话框中输入列宽值“20”，单击“确定”按钮。

5. 插入单元格、行或列

（1）选中某个单元格、行或列后右击，在弹出的快捷菜单中选择“插入”命令，弹出“插入”对话框，如图 1-25 所示。

图 1-24 “行高”对话框

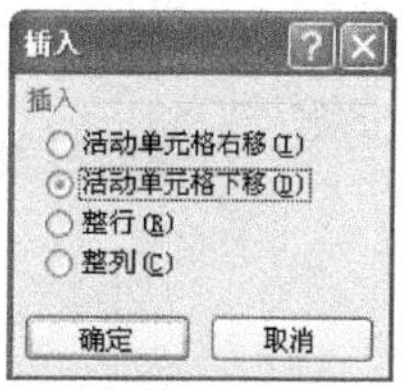

图 1-25 “插入”对话框

（2）根据需要，插入单元格、行或列，单击“确定”按钮。

小贴士

（1）选中单元格、行或列后右击，可以借助弹出的快捷菜单对它们进行设置。

（2）要调整行高，也可以将光标移至某行的下端，通过上下拖动光标来调整，不过这样不容易调整到某个精确值。调整列宽也是这样。

四、保护和保存工作表

任务驱动

（1）保护“工资结算单”工作表。

（2）保存“工资结算单”工作表。

基本步骤

1. 保护“工资结算单”工作表

（1）单击“审阅”选项卡“更改”组中的“保护工作表”按钮，在弹出的“保护工作表”对话框中输入密码“1234”，如图 1-26 所示。

（2）单击“确定”按钮，在弹出的“确认密码”对话框中再次输入密码，如图 1-27 所示。

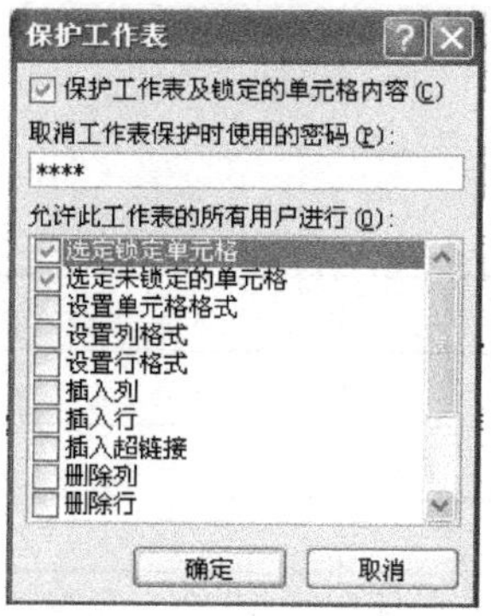

图 1-26 “保护工作表”对话框

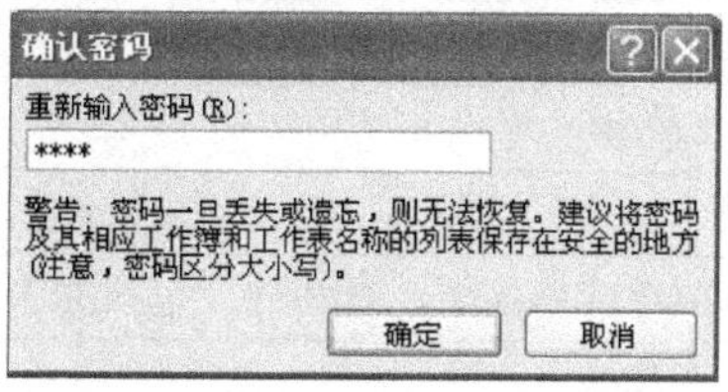

图 1-27 “确认密码”对话框

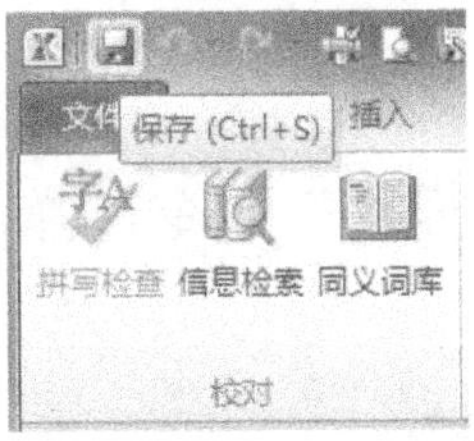

图1-28 “保存”按钮

（3）单击“确定”按钮，完成工作表的保护操作。原来的“保护工作表”按钮变成“撤销工作表保护”按钮。

2. 保存“工资结算单”工作表

要保存工作表，可以直接单击快速访问工具栏中的“保存”按钮，如图1-28所示。

小贴士

（1）设置了保护工作表后，一定要牢记保护密码，否则不能对工作表进行编辑。

（2）在对工作表进行操作时，务必边操作边保存，以免因断电或其他原因造成工作表数据丢失。

任务实施、检查与评价

1. 任务实施

安排30分钟学生上机操作。

2. 任务检查

教师巡视检查，解答学生问题。

3. 任务评价

（1）教师评价，如表1-1所示。

表1-1 教师评价

任务操作及内容	任 务 评 价
一、新建Excel工作簿	
二、编辑工作表	
三、设置单元格或单元格区域、行和列（包括插入、编辑、格式设置）	
四、保护和保存工作表	
总　　评：	

（2）学生自评，如表1-2所示。

表1-2 学生自评

任务操作及内容	任务完成情况
一、新建Excel工作簿	
二、编辑工作表	
三、设置单元格或单元格区域、行和列（包括插入、编辑、格式设置）	
四、保护和保存工作表	
总　　评：	
问题与解疑：	

任务三 数据输入和编辑

任务导入

宏达公司财务部建立完工资核算电子工作簿后，负责工资核算的人员需将公司全部员工的信息和工资数据输入工作簿中。这是一项工作量相当大的任务。

一、手动输入数据

任务驱动

（1）在“工资结算单”工作表的 A4 单元格中输入“行政部”。

（2）在 B4 和 D4 单元格中分别输入“王立”和“5000”。

知识链接

Excel 的常见数据类型

Excel 的常见数据类型包括数字型、日期型、文本型等。

其中，数字型有货币、小数、百分比、科学记数、各种编号、邮政编码、电话号码等多种表现形式。

基本步骤

1. 在 A4 单元格中输入“行政部”

（1）打开“工资核算”工作簿，选择“工资结算单”工作表。

（2）选中 A4 单元格，直接输入“行政部”，如图 1-29 所示。

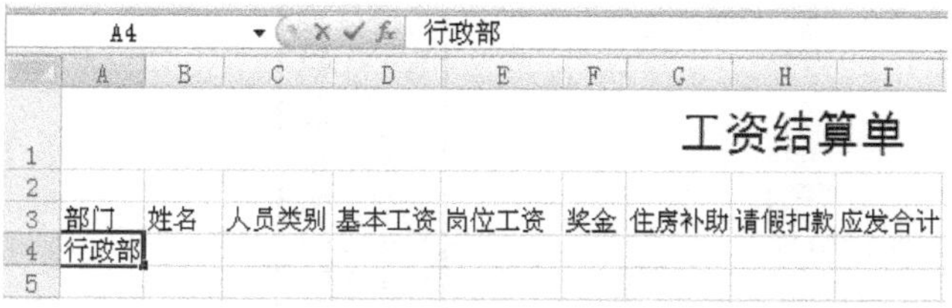

图 1-29 输入“行政部”

2. 在 B4 和 D4 单元格中分别输入“王立”和“5000”

选中 B4 单元格，输入“王立”；选中 D4 单元格，输入“5000”后按【Enter】键。显示内容如图 1-30 所示。

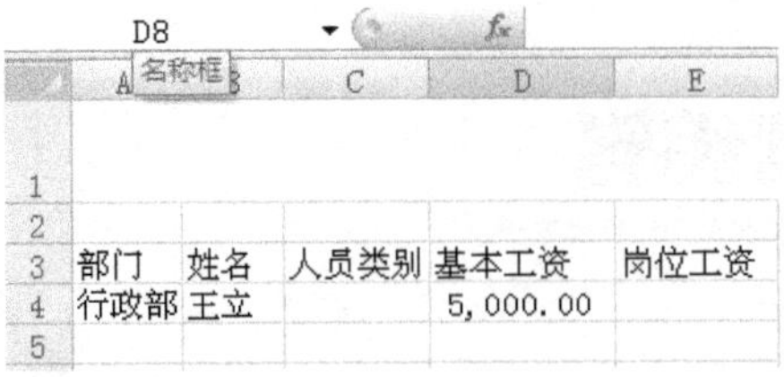

图 1-30　分别输入“王立”和“5000”

小贴士

输入数据的一般过程：①选中要输入数据的单元格；②用键盘输入数据；③按【Enter】键。

若输入日期型数据，则需要先设置单元格格式，再选择合适的日期类型。

二、填充数据

任务驱动

将 D4 单元格的“5000”填充到 D5:D15 单元格区域。

知识链接

若工作表中某些单元格的数据相同，则可以使用填充功能。

基本步骤

（1）选中 D4 单元格，将光标移至 D4 单元格右下角的填充柄（小黑框）上，光标变为一个实心加号。

（2）按住鼠标左键将填充柄拖曳至 D15 单元格，Excel 将自动填充数据，如图 1-31 所示。

图 1-31　自动填充数据

小贴士

单元格中的公式也可以使用自动填充功能填充。

三、自动填充序列数据

任务驱动

在 O3 单元格中输入“编号”，在 O4:O15 单元格区域对应输入数字“1”～“12”。

基本步骤

（1）选中 O3 单元格，输入“编号”。

（2）选中 O4:O5 单元格区域。

（3）在 O4 单元格中输入“1”后按【Tab】键，在 O5 单元格中输入“2”，如图 1-32 所示。

（4）保持这两个单元格处于选中状态，将光标移至 O5 单元格右下角的填充柄上，光标变为一个实心加号。

（5）按住鼠标左键将填充柄拖曳至 O15 单元格，Excel 将自动填充序列数据，如图 1-33 所示。

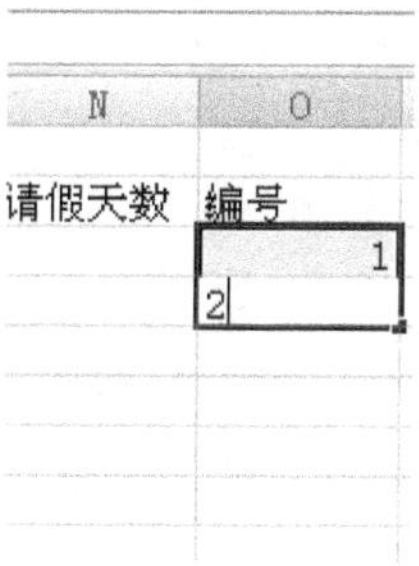

图 1-32　选中两个单元格并分别输入编号

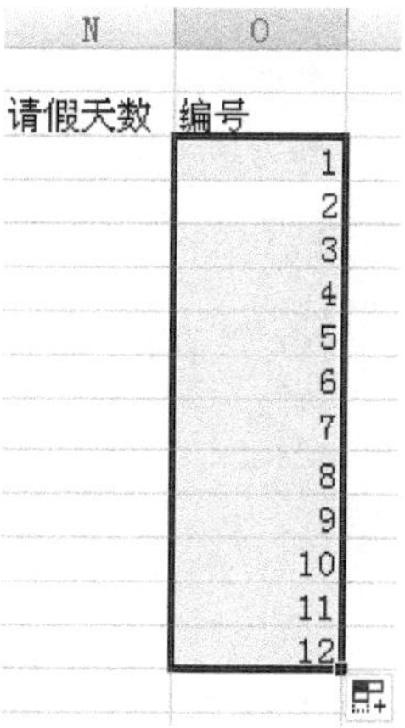

图 1-33　自动填充序列数据

表格示例

工资结算单

小贴士

1. 创建自定义列表后填充序列数据

（1）选择“文件”|“选项”命令，弹出“Excel 选项”对话框，如图 1-34 所示。

（2）单击左侧的“常用”选项卡，然后单击右侧的“编辑自定义列表”按钮，弹出“自定义序列”对话框。

（3）在“输入序列”文本框中输入自定义序列，如图 1-35 所示。

（4）单击“添加”按钮，则新的自定义序列出现在左侧“自定义序列”列表框的最下方，如图 1-36 所示。

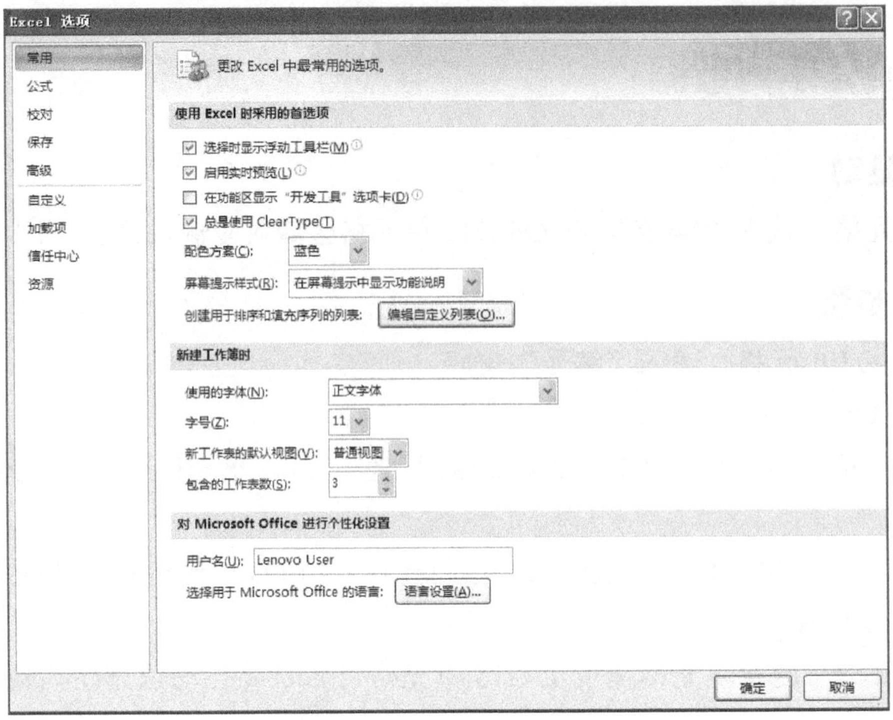

图 1-34 “Excel 选项”对话框

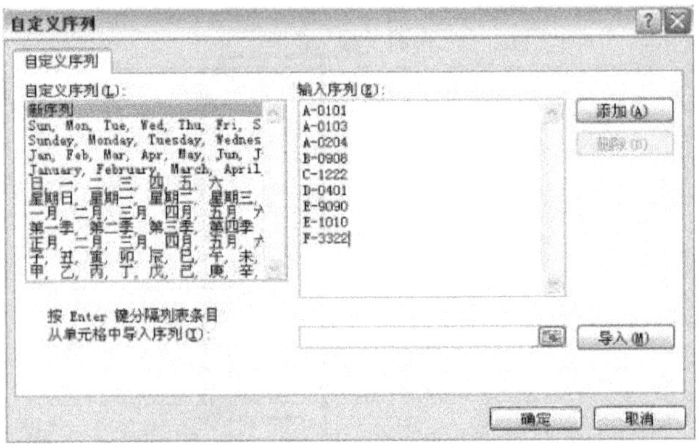

图 1-35 输入自定义序列

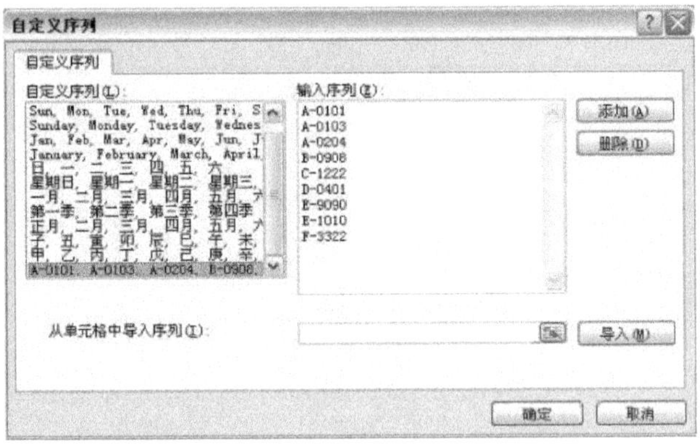

图 1-36 添加自定义序列

（5）单击“确定”按钮，关闭对话框。

2. 在单元格中输入自定义序列内容后填充序列数据

在单元格中输入自定义序列的第 1 项（A-0101），后续步骤同自动填充序列数据。

任务实施、检查与评价

1. 任务实施

安排 30 分钟学生上机操作。

2. 任务检查

教师巡视检查，解答学生问题。

3. 任务评价

（1）教师评价，如表1-3所示。

表1-3　教师评价

任务操作及内容	任 务 评 价
一、手动输入数据	
二、填充数据	
三、自动填充序列数据	
总　　评：	

（2）学生自评，如表1-4所示。

表1-4　学生自评

任务操作及内容	任务完成情况
一、手动输入数据	
二、填充数据	
三、自动填充序列数据	
总　　评：	
问题与解疑：	

任务四　表格显示和打印

任务导入

负责工资核算的人员完成全部员工当月的工资结算单输入工作后，还需打印出纸质材料，以便存档。

一、显示表格

任务驱动

（1）将“工资结算单”工作表的显示比例设置为75%。
（2）隐藏“工资结算单”工作表。

基本步骤

1. 将“工资结算单”工作表的显示比例设置为75%

（1）打开“工资结算单”工作表。

（2）单击“视图”选项卡“显示比例”组中的“显示比例”按钮，弹出“显示比例”对话框，选中“75%”单选按钮，如图 1-37 所示。

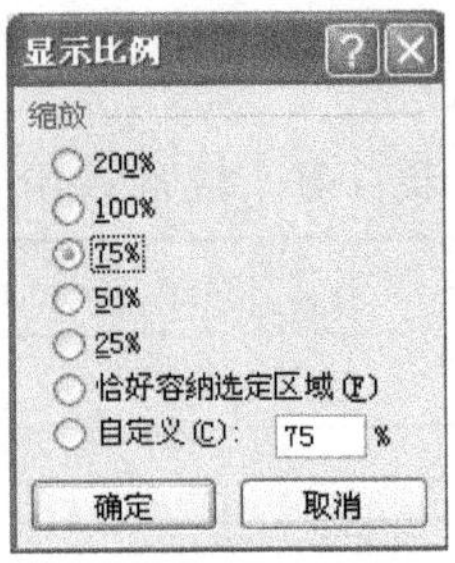

图 1-37 “显示比例”对话框

（3）单击“确定”按钮，效果如图 1-38 所示。

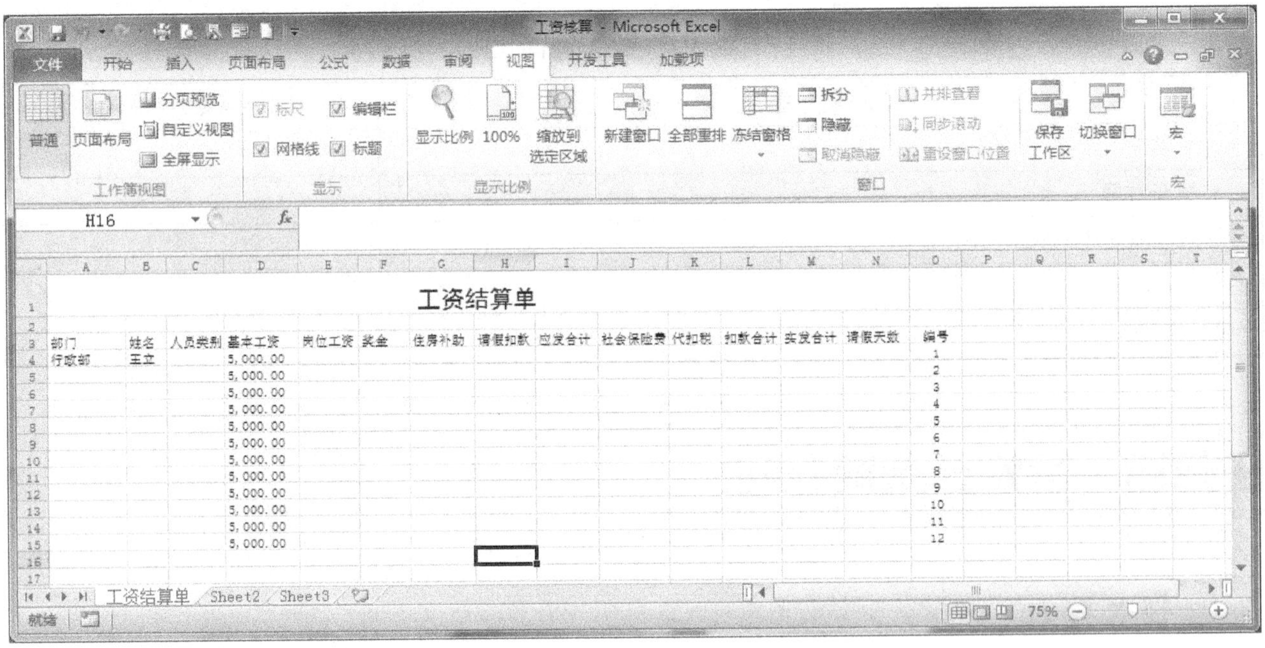

图 1-38 显示比例为 75%的工作表

2. 隐藏“工资结算单”工作表

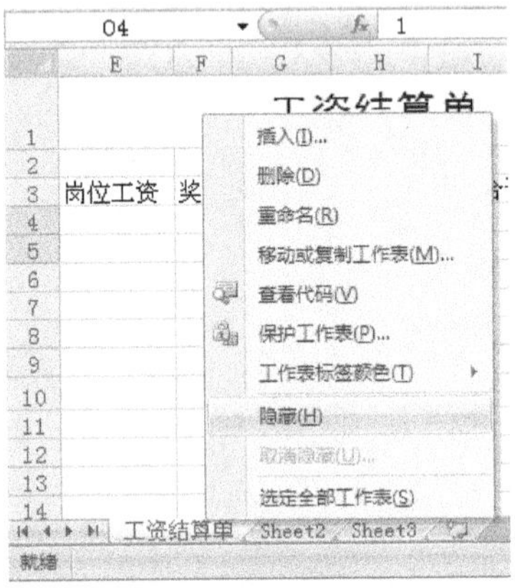

图 1-39 “隐藏”命令

选中“工资结算单”工作表标签，右击，在弹出的快捷菜单中选择“隐藏”命令（见图 1-39），即可隐藏“工资结算单”工作表。

小贴士

将光标移至工作表标签处，右击，在弹出的快捷菜单中选择“取消隐藏”命令，在弹出的“取消隐藏”对话框中选择“工资结算单”工作表，单击“确定”按钮，将恢复显示“工资结算单”工作表。

二、打印表格

任务驱动

打印“工资结算单”工作表。

知识链接

对于在 Excel 中建立的工作表，在完成对工作表数据的输入和编辑后，可以轻松地打印成报表。

1. 页面设置

在打印工作表之前，可根据需要对工作表进行一些必要的设置，如页边距、纸张方向、纸张大小、打印区域等。

在安装打印机的状态下，单击“页面布局”选项卡“页面设置”组中的按钮，对各选项进行设置，同时调整列宽、行高以适应打印区域。如其中的按钮为灰色，则可能是没有安装打印机，如图 1-40 所示。

（1）设置页边距。页边距指正文与页面边缘的距离。

具体操作步骤如下。

① 单击“页面布局”选项卡“页面设置”组中的“页边距”下拉按钮，在打开的下拉列表中选择合适的页边距选项。

② 要显示更多选项，可选择“自定义边距”选项，在弹出的“页面设置”对话框（“页边距”选项卡）中设置页面的上、下、左、右边距，如图 1-41 所示。

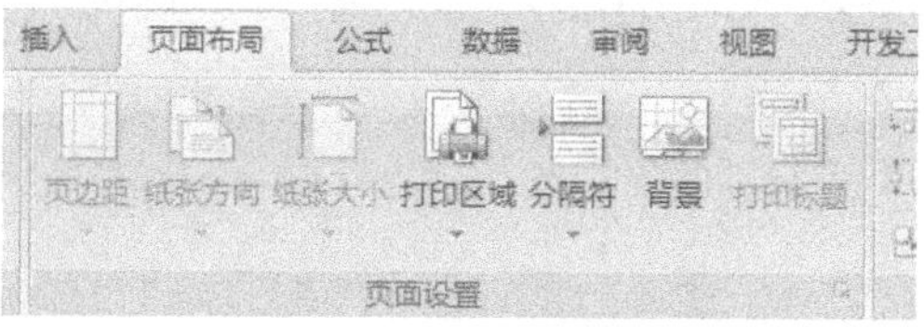

图 1-40 按钮为灰色

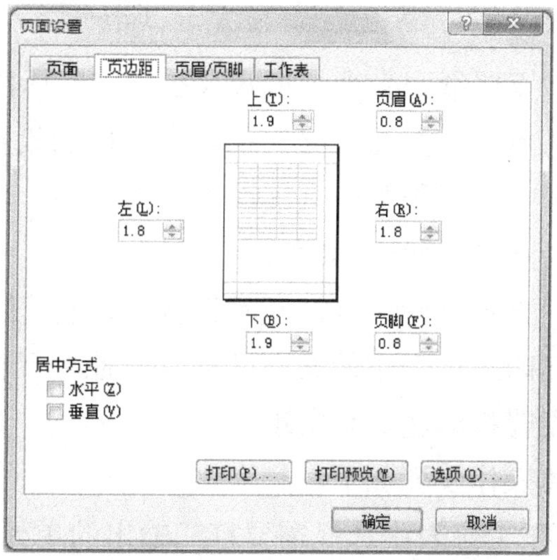

图 1-41 “页面设置”对话框（“页边距”选项卡）

（2）设置纸张方向。纸张方向指页面是横向打印还是纵向打印。若文件的行数较多而列数较少，则可以纵向打印；若文件的列数较多而行数较少，则可以横向打印。

可以单击“页面布局”选项卡“页面设置”组中的“纸张方向”下拉按钮，通过选择

下拉列表中的方向直接更改工作表页面的方向，以便在编辑工作表时查看其打印效果；也可以选择“文件”|“打印”命令，在打开的“打印”界面选择工作表页面的方向，如图1-42所示。

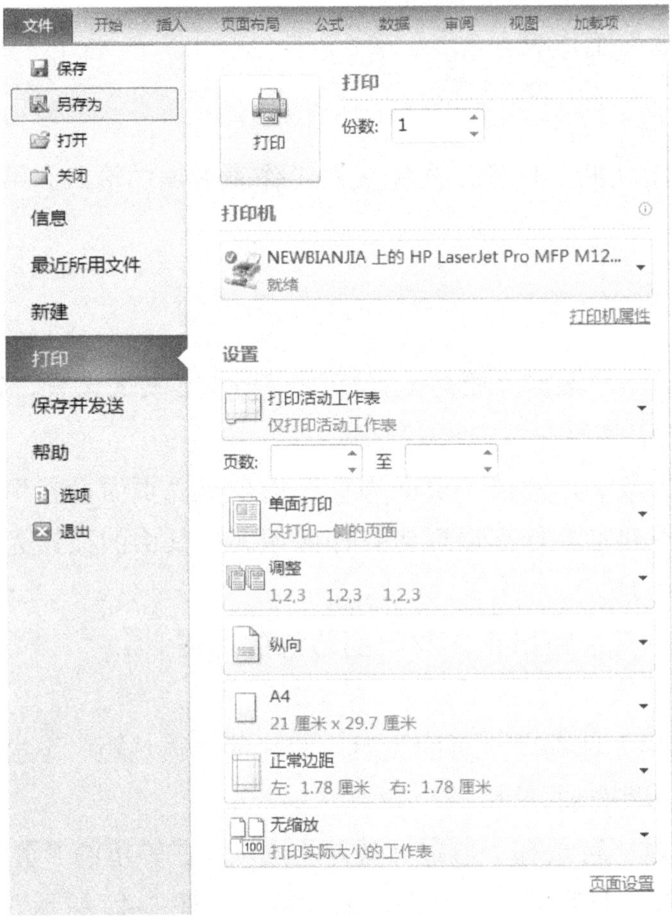

图1-42 “打印”界面

（3）设置纸张大小。纸张大小指打印所用的纸张类型，如A3、A4等。

可以单击“页面布局”选项卡“页面设置”组中的“纸张大小”下拉按钮，通过选择下拉列表中的纸张类型直接设置纸张大小；也可以选择“文件”|“打印”命令，在打开的“打印”界面选择纸张类型。

（4）设置打印区域。正常情况下，打印工作表时会将整个工作表都打印输出。但有时只需要打印工作表中的某一部分，其他单元格的数据不要求（或不能）打印输出。这时，可通过设置打印区域来实现。

具体操作步骤如下。

① 在工作表中选择需要打印输出的单元格区域。

② 单击“页面布局”选项卡“页面设置”组中的“打印区域”按钮，将所选区域设置为打印区域。这时，该区域周边将出现一个虚线边框，如图1-43所示。以后对此工作表进行打印或打印预览时，将只能打印或预览打印区域内的数据。

用同样的方法可取消前面设置的打印区域，然后即可打印输出整个工作表的数据。

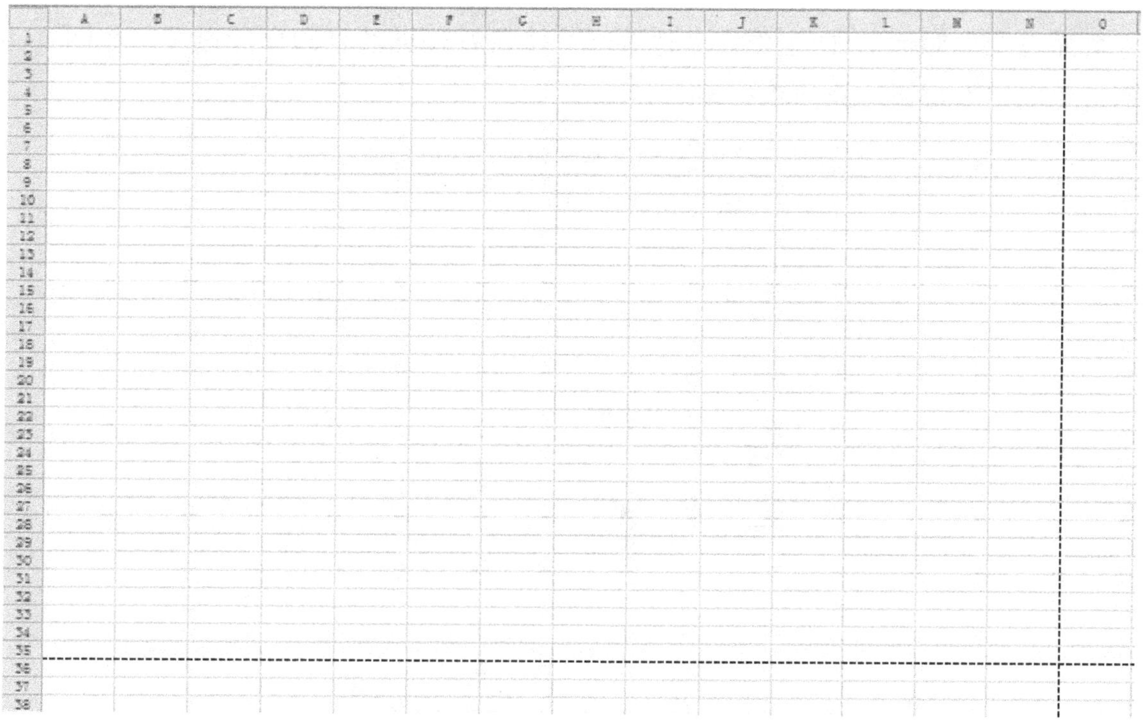

图 1-43　出现虚线边框

2．打印输出

打印设置完成，并且打印预览效果也较为满意时，就可以在打印机上进行报表的打印输出了。具体操作步骤如下。

（1）选择“文件”|“打印”命令，打开“打印”界面。

（2）在“份数”数值框中设置打印的份数。同时，可在“调整”下拉列表中设置是按页打印还是按份打印。

（3）在“打印机”下拉列表中选择要使用的打印机。

（4）打印内容可选以下 3 种之一。

① 打印活动工作表：打印活动工作表的内容。

② 打印整个工作簿：打印当前工作簿中所有工作表的内容。

③ 打印选定区域：只打印活动工作表中选定区域的内容。

（5）设置要打印的文档范围。在“页数”数值框中输入页码范围，可设置文档的打印页码范围；如果不输入页码范围，打印文档中的所有页。

（6）若要设置打印机的相关属性，可单击“打印机属性”链接，在弹出的“打印机属性”对话框中进行设置。不同的打印机，其属性对话框不同。

（7）如果对目前的页面设置不满意，可在“打印”界面继续设置。

（8）所有打印参数设置完毕后，单击“打印”按钮，即可开始打印文档内容。

基本步骤

（1）选择“文件”|“打印”命令，打开“打印”界面。

（2）可以直接在“打印”界面进行打印设置；也可以单击右下角的“页面设置”，在弹出的“页面设置”对话框（“工作表”选项卡）中进行详细的打印参数设置，如图 1-44 所示。单击“确定”按钮，返回“打印”界面。

图 1-44 “页面设置”对话框（“工作表”选项卡）

（3）单击“打印”按钮，完成打印。

小贴士

“打印”界面右侧为 Excel 提供的打印预览区域。该区域显示的内容与实际打印效果一致。

任务实施、检查与评价

1. 任务实施

安排 15 分钟学生上机操作。

2. 任务检查

教师巡视检查，解答学生问题。

3. 任务评价

（1）教师评价，如表 1-5 所示。

表 1-5 教师评价

任务操作及内容	任务评价
一、显示表格	
二、打印表格	
总　评：	

（2）学生自评，如表 1-6 所示。

表 1-6 学生自评

任务操作及内容	任务完成情况
一、显示表格	
二、打印表格	
总 评：	
问题与解疑：	

边学边练

为宏达公司设计 2020 年 8 月记账凭证清单。

要求：

（1）合并 A1:K1 单元格区域，字体为“黑体”，字号为“20”，水平居中，垂直居中。

（2）设置 E3:E50 单元格区域为文本型。

（3）设置 G3:H50 单元格区域为数值型，小数位数为“2”，使用千位分隔符。

（4）设置第 1 行行高值为“30”①，第 2～50 行行高值为“14”。

（5）设置 G、H 列列宽值为“20”，第 A～F 列、第 I～K 列列宽值为“10”。

（6）删除 Sheet2、Sheet3 工作表，如图 1-45 所示。

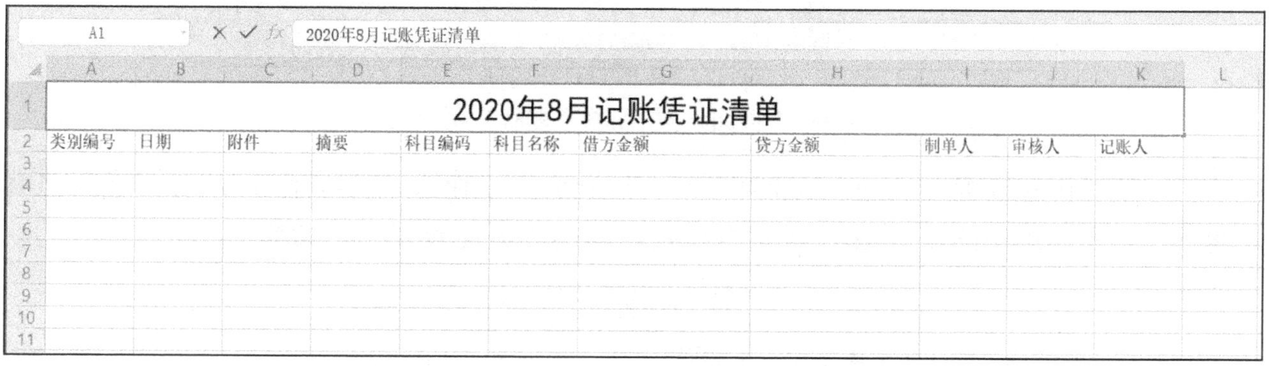

图 1-45 宏达公司 2020 年 8 月记账凭证清单

操作提示

记账凭证清单

实用小技巧

如何设置每页表格都打印表头

（1）单击“页面布局”选项卡“页面设置”组中的“打印标题”按钮，如图 1-46 所示。

（2）弹出“页面设置”对话框（“工作表”选项卡），可设置打印标题为顶端标题行和左端标题列，如图 1-47 所示。

（3）单击“顶端标题行”右侧的按钮，弹出“页面设置-顶端标题行”对话框。在其文本框中输入顶端标题行“$1:$1”或在工作表中选中第 1 行，如图 1-48 所示。若需要打印

① 在 Excel 中，行高单位为“磅”，列宽单位为“常规”样式中一个字符的宽度单位。

的顶端标题行在第2行，则输入顶端标题行“$2:$2”或在工作表中选中第2行，依次类推。

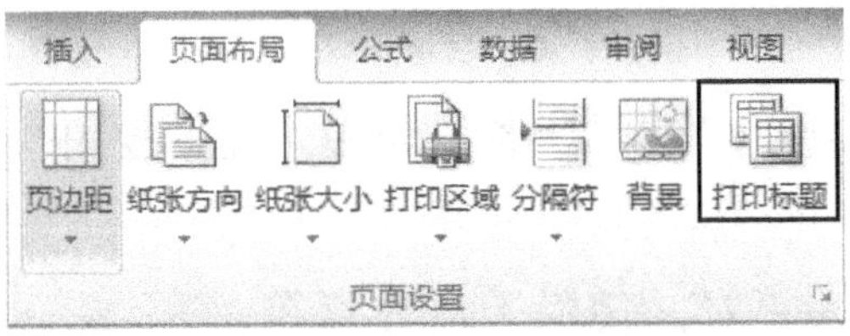

图1-46 “打印标题”按钮

图1-47 “页面设置”对话框（“工作表”选项卡）

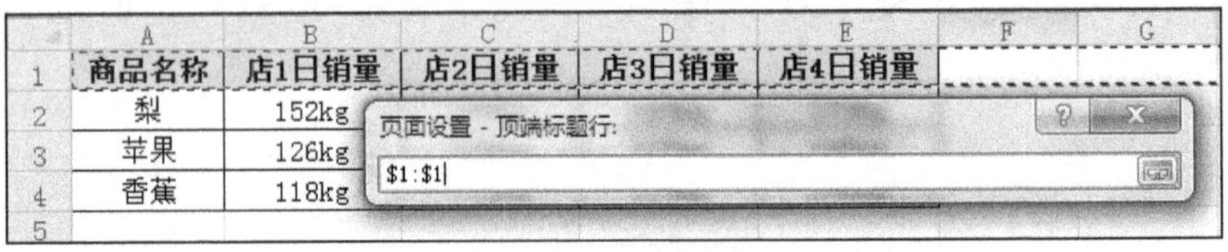

图1-48 “页面设置-顶端标题行”对话框

（4）按【Enter】键，返回“页面设置”对话框（“工作表”选项卡），此时已设置顶端标题行，如图1-49所示。单击“确定”按钮，退出“页面设置”对话框。

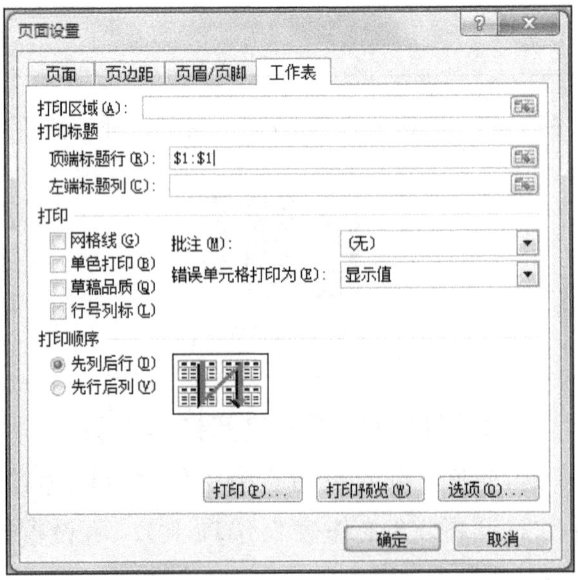

图1-49 已设置顶端标题行

（5）选择“文件”|“打印”命令，可以查看打印效果。此时已在每个打印页面中添加了标题行。

项目二

日常管理表格设计

学习目标

❖ 学会设计差旅费报销单和日常费用记录表。
❖ 熟练设置单元格格式、合并单元格。
❖ 掌握 Excel 函数的运用。

任务目标

❖ 设计差旅费报销单。
❖ 设计日常费用记录表。

任务一　差旅费报销单设计

任务导入

2020年12月5日，领航公司的采购员王鑫和赵江乘坐火车从郑州到武汉出差，并于2020年12月11日乘坐火车返回郑州，出差前预借差旅费4000元。公司规定，往返交通工具费用实报，住宿费标准为每人每天不高于150元，市内交通补助为每人每天50元，伙食补助为每人每天60元。两人所乘坐的从郑州到武汉的往返火车票票价均为165元，在此期间两人所住酒店的费用正好和标准一致。请用Excel帮他们制作一份如图2-1所示的差旅费报销单，计算应报销总额并判断是否超出借款金额。

差旅费报销单

年　月　日

<table>
<tr><td colspan="2">姓名</td><td colspan="4"></td><td colspan="2">部门</td><td></td><td colspan="2">事由</td><td colspan="3"></td></tr>
<tr><td colspan="2">起</td><td colspan="2">止</td><td colspan="2">起止地点</td><td>人数</td><td>交通工具</td><td>交通费金额</td><td colspan="2">伙食补助</td><td colspan="3">其他补助</td></tr>
<tr><td>月</td><td>日</td><td>月</td><td>日</td><td>起</td><td>止</td><td></td><td></td><td></td><td>天数</td><td>金额</td><td>项目</td><td>天数</td><td>金额</td></tr>
<tr><td></td><td></td><td></td><td></td><td></td><td></td><td></td><td></td><td></td><td></td><td></td><td>住宿费</td><td></td><td></td></tr>
<tr><td></td><td></td><td></td><td></td><td></td><td></td><td></td><td></td><td></td><td></td><td></td><td>交通费</td><td></td><td></td></tr>
<tr><td></td><td></td><td></td><td></td><td></td><td></td><td></td><td></td><td></td><td></td><td></td><td>邮电费</td><td></td><td></td></tr>
<tr><td></td><td></td><td></td><td></td><td></td><td></td><td></td><td></td><td></td><td></td><td></td><td>其他补助</td><td></td><td></td></tr>
<tr><td></td><td></td><td></td><td></td><td></td><td></td><td></td><td></td><td></td><td></td><td></td><td></td><td></td><td></td></tr>
<tr><td colspan="8">合计</td><td></td><td colspan="2"></td><td colspan="3"></td></tr>
<tr><td colspan="2">报销总额</td><td>¥</td><td colspan="3"></td><td colspan="3">大写人民币</td><td>预支</td><td></td><td>补领/退回</td><td colspan="2"></td></tr>
</table>

附件　张

单位负责人：　　会计主管：　　出纳：　　报销人：

图2-1　差旅费报销单

一、创建工作表结构

任务驱动

（1）新建一个工作簿。

（2）按照提供的格式创建工作表结构。

知识链接

差旅费报销单为会计人员对差旅费的开支范围、开支标准等进行审查并编制记账凭证的依据。该单据详细记录了交通费（车、船、飞机等）、出差补助等内容，是出差人员常用的一种单据。

基本步骤

（1）新建一个名为“差旅费报销单”的工作簿。

（2）选中A1:N1单元格区域，单击“开始”选项卡“对齐方式”组中的“合并后居中”按钮，完成合并操作。再用同样的方法分别对A2:N2、A3:B3、C3:F3、G3:H3、J3:K3、L3:N3、A4:B4、C4:D4、E4:F4、J4:K4、L4:N4、A11:H11、J11:K11、L11:N11、A12:C12、E12:F12、

G12:I12、M12:N12、A13:D13、F13:H13、J13:K13、M13:N13、O3:O12 单元格区域进行合并。然后对行高和列宽进行调整，如图 2-2 所示。

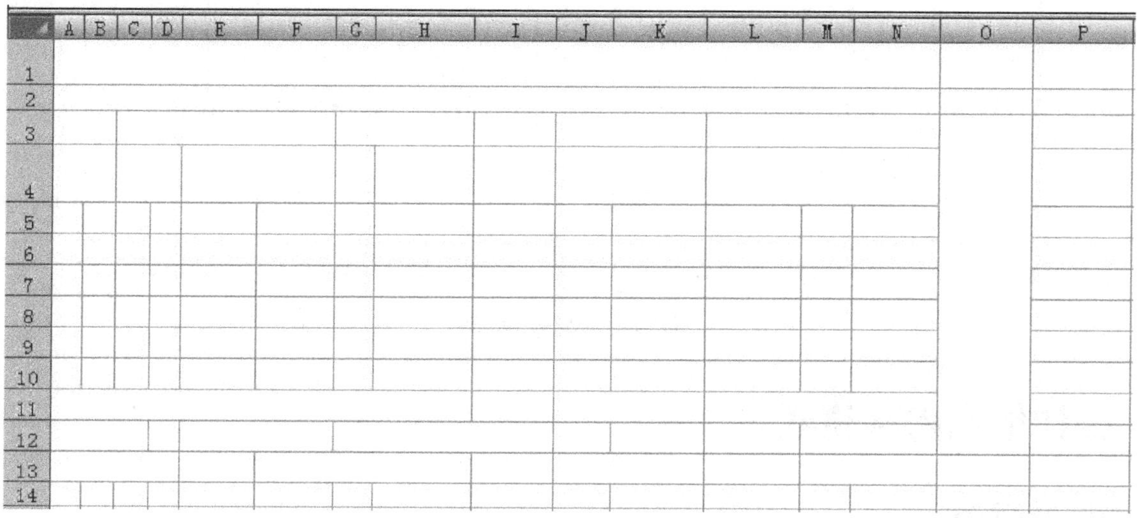

图 2-2　合并单元格区域后调整行高和列宽

（3）选中 A3:N12 单元格区域，单击“开始”选项卡“字体”组中的“边框”下拉按钮，在打开的下拉列表中选择“其他边框”选项，弹出“设置单元格格式”对话框（“边框”选项卡），如图 2-3 所示。选择“样式”列表框中的——，单击“外边框”按钮；选择“样式”列表框中的┈┈┈，单击“内部”按钮。单击“颜色”下拉按钮，在打开的下拉列表中选择“蓝色”选项，最后单击“确定”按钮。显示结果如图 2-4 所示。

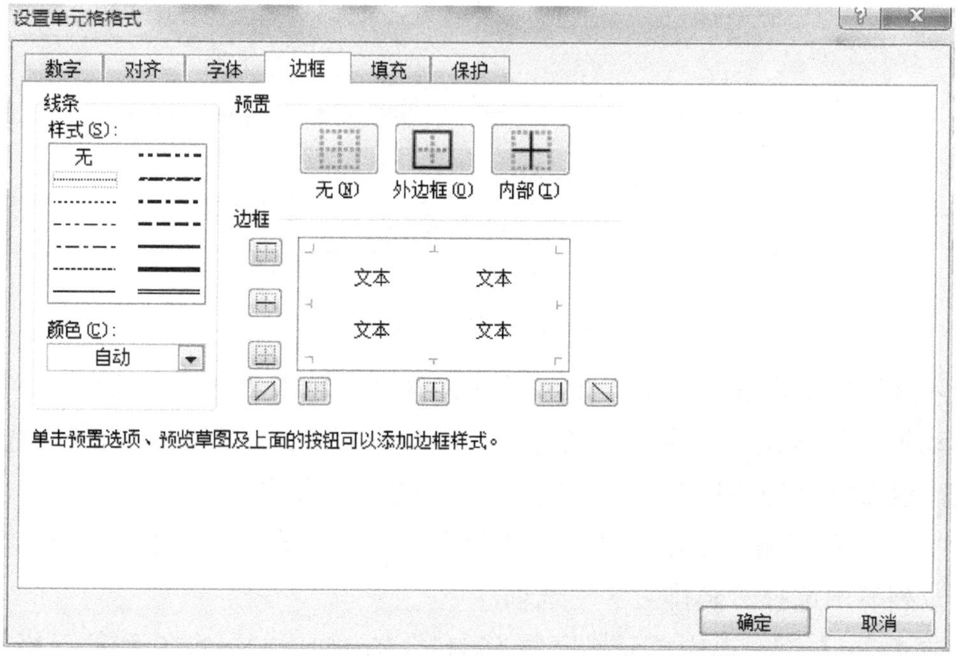

图 2-3　“设置单元格格式”对话框（“边框”选项卡）

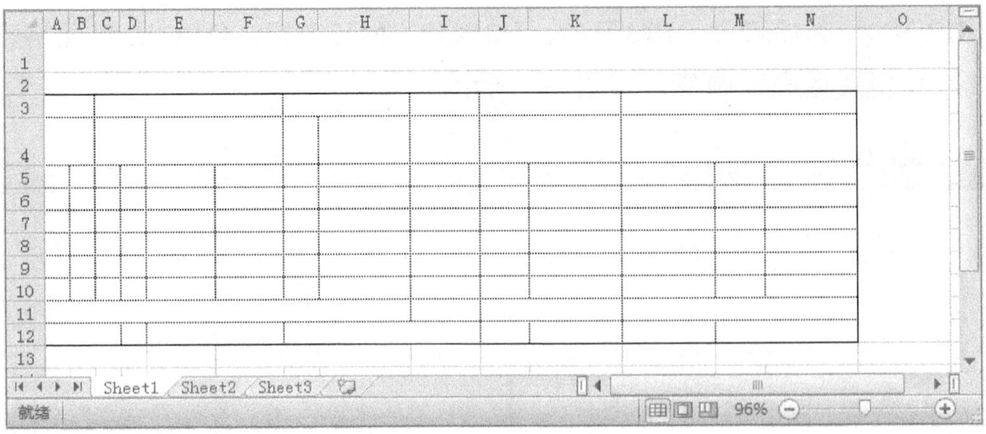

图 2-4　显示结果

二、设计单据内容格式

任务驱动

（1）添加标题并设置醒目的格式。

（2）根据差旅费报销单格式输入内容。

基本步骤

（1）在 A1 单元格中输入内容，设置字体为“宋体”，字号为“20”，加粗，单击“下画线”下拉按钮，在打开的下拉列表中选择“双下画线”选项，再根据图 2-1 输入标题内容，如图 2-5 所示。

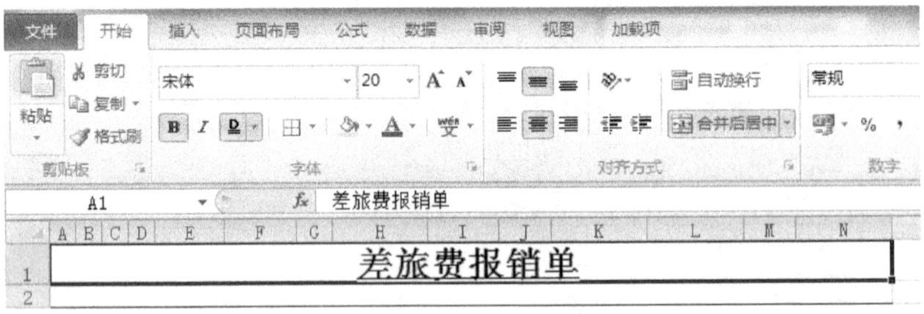

图 2-5　添加标题

（2）输入其他文字内容。选中 A4:N4 单元格区域，单击“开始”选项卡“对齐方式”组中的“自动换行”按钮，文字自动换行后，手动设置合适的行高和列宽。选中 A2:N13 单元格区域，设置字号为“12”。再分别设置文字的对齐方式。

（3）选中 O3 单元格，单击“开始”选项卡“对齐方式”组中的“方向”下拉按钮，在打开的下拉列表中选择“竖排文字”选项。

（4）按住【Ctrl】键，选中单元格区域 I6:I11、K6:K10、N6:N10 和单元格 J11、L11，设置单元格格式为“货币”。再选中 E12 单元格，设置单元格格式为“数值”。选中 D12 单元格，单击“插入”选项卡“符号”组中的“符号”按钮，在弹出的“符号”对话框中选中“¥”符号，单击“插入”按钮。完成后效果如图 2-6 所示。

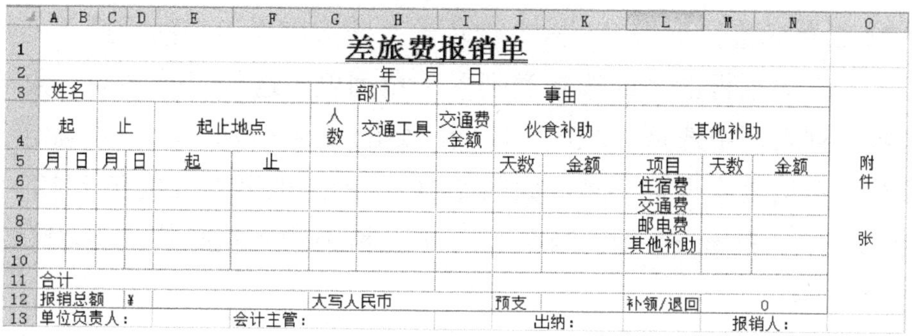

图 2-6　完成后效果

小贴士

设置合适的行高和列宽时，在选定区域单击“自动换行”按钮后，将光标移到两个行号或列标中间，待光标变换形状后双击，将自动调整到合适的行高和列宽。

三、设置表格中的计算公式

任务驱动

插入函数，设置计算公式。

基本步骤

（1）选中 I11 单元格，单击“公式”选项卡“函数库”组中的“插入函数”按钮，在弹出的“插入函数”对话框的“或选择类别”下拉列表中选择“常用函数”选项，再在“选择函数”列表框中选择“SUM”选项，如图 2-7 所示。单击“确定”按钮，在弹出的“函数参数”对话框中输入函数参数，如图 2-8 所示。

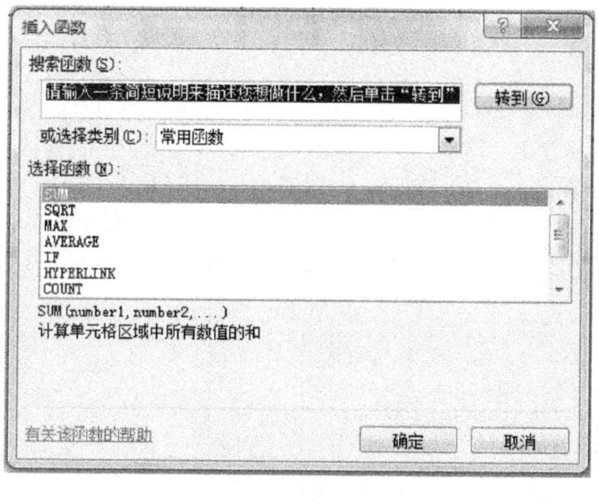

图 2-7　“插入函数”对话框（SUM）

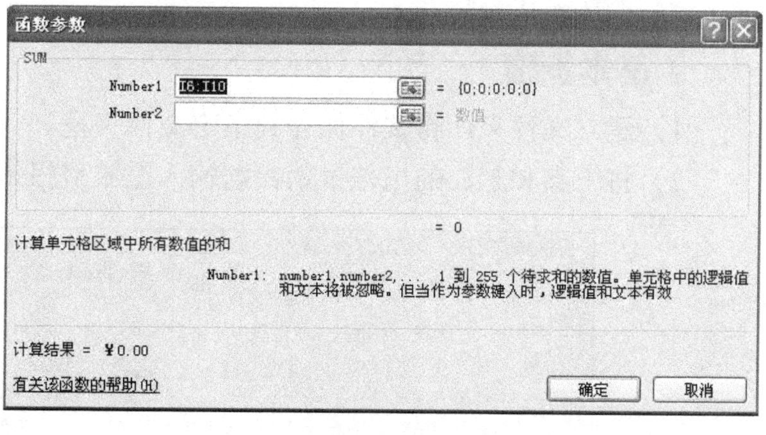

图 2-8　“函数参数”对话框（SUM）

（2）单击“确定”按钮，则当在 I6:I10 单元格区域输入数据时，I11 单元格中将自动显示合计金额。与以上操作方法一致，将 J11 单元格的公式设置为“=SUM(K6:K10)”，将 L11 单元格的公式设置为“=SUM(N6:N10)”。

（3）选中 E12 单元格，并输入“=I11+J11+L11”，按【Enter】键。当用户输入数据后，E12 单元格将自动显示报销总金额。

（4）选中 M12 单元格，单击“公式”选项卡“函数库”组中的“插入函数”按钮，在弹出的“插入函数”对话框的“或选择类别”下拉列表中选择“数学与三角函数”选项，再在“选择函数”列表框中选择“ABS”选项，如图 2-9 所示。单击“确定”按钮，在弹出的“函数参数”对话框中设置公式，如图 2-10 所示。也可以直接在 M12 单元格中输入“=ABS(K12−E12)”，按【Enter】键。当在 K12 单元格中输入相应数值后，M12 单元格将自动显示补领/退回金额。

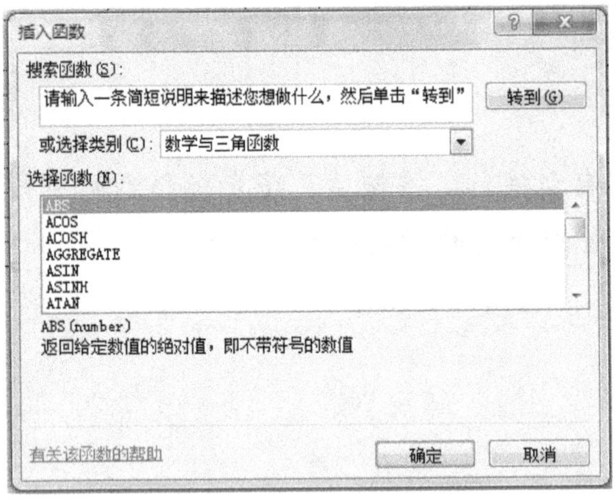

图 2-9 “插入函数”对话框（ABS）

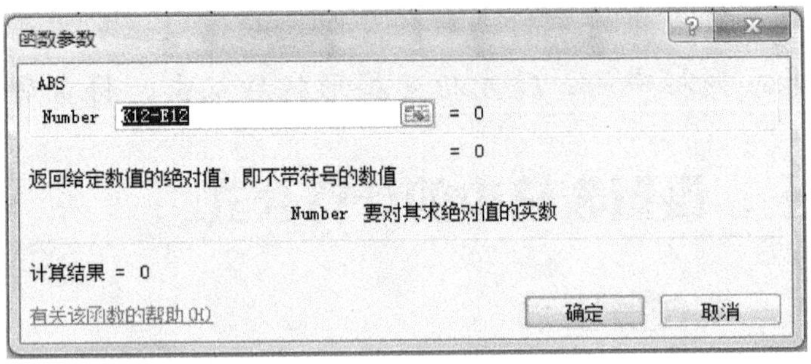

图 2-10 “函数参数”对话框（ABS）

四、后期整理和保存工作表

任务驱动

（1）设置数据有效性。

（2）保存工作表。

基本步骤

（1）建立文件夹，将文件保存到指定文件夹里。

（2）将王鑫和赵江的出差报销数据输入差旅费报销单中，如图 2-11 所示。

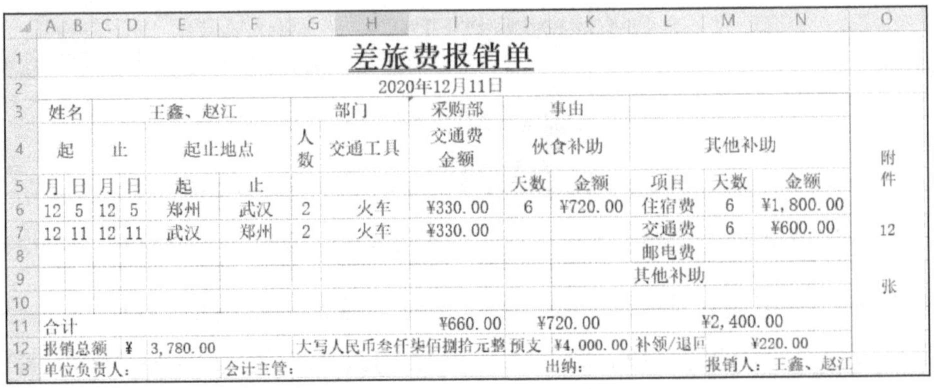

	A	B	C	D	E	F	G	H	I	J	K	L	M	N	O
1	差旅费报销单														
2	2020年12月11日														
3	姓名		王鑫、赵江				部门		采购部	事由					
4	起		止		起止地点		人数	交通工具	交通费金额	伙食补助		其他补助			附
5	月	日	月	日	起	止				天数	金额	项目	天数	金额	件
6	12	5	12	5	郑州	武汉	2	火车	¥330.00	6	¥720.00	住宿费	6	¥1,800.00	
7	12	11	12	11	武汉	郑州	2	火车	¥330.00			交通费	6	¥600.00	12
8												邮电费			
9												其他补助			张
10															
11	合计								¥660.00	¥720.00		¥2,400.00			
12	报销总额			¥	3,780.00		大写人民币叁仟柒佰捌拾元整			预支	¥4,000.00	补领/退回	¥220.00		
13	单位负责人:					会计主管:					出纳:		报销人：王鑫、赵江		

图 2-11 输入出差报销数据

（3）将工作簿另存为名为“2020-12-11 武汉出差”的文件，并归还财务部 220 元现金。

表格示例

差旅费报销单

小贴士

1. SUM 函数

【类型】数学函数。

【格式】SUM(Number1,Number2,…)

【功能】返回某个单元格区域中所有数值的和。

【说明】“Number1, Number2,…”为 1～255 个需要求和的参数。

（1）直接输入单元格中的数字、逻辑值及文本将被计算。

（2）若参数为数组或引用，则只有其中的数字将被计算。数组或引用中的空白单元格、逻辑值、文本或错误值将被忽略。

（3）若参数为错误值或不能转换成数字的文本，则会导致错误。

【举例】

（1）公式“=SUM(3,2)”表示“将 3 和 2 相加”。

（2）公式“=SUM(3,2,TRUE)”表示“将 3、2 和 1 相加”，因为文本被转换为数字，逻辑值 TRUE 被转换成数字 1。

（3）公式“=SUM(A1:A3)”表示“将 A1、A2、A3 单元格数值相加”。

（4）公式“=SUM(A1:A3,10)”表示“将 A1、A2、A3 单元格数值之和与 10 相加”。

（5）公式“=SUM(A:A)”表示“将 A 列的所有数相加”。

2. ABS 函数

【类型】数学函数。

【格式】ABS(Number)

【功能】返回数值的绝对值。

【说明】“Number”为需要计算绝对值的实数。

【举例】

（1）公式“=ABS(2)”表示“2 的绝对值”，结果为“2”。

（2）公式“=ABS(−2)”表示“−2 的绝对值”，结果为“2”。

（3）公式“=ABS(A2)”，表示“A2 单元格数值的绝对值”。例如，若 A2 单元格的值为 −4，则表示“−4 的绝对值”，结果为“4”。

任务实施、检查与评价

1. 任务实施

安排 30 分钟学生上机操作。

2. 任务检查

教师巡视检查，解答学生问题。

3. 任务评价

（1）教师评价，如表 2-1 所示。

表 2-1 教师评价

任务操作及内容	任 务 评 价
一、创建工作表结构	
二、设计单据内容格式	
三、设置表格中的计算公式	
四、后期整理和保存工作表	
总　　评：	

（2）学生自评，如表 2-2 所示。

表 2-2 学生自评

任务操作及内容	任务完成情况
一、创建工作表结构	
二、设计单据内容格式	
三、设置表格中的计算公式	
四、后期整理和保存工作表	
总　　评：	
问题与解疑：	

任务二　日常费用记录表设计

任务导入

在一个公司的日常管理活动中，经常会发生一些费用支出，为了更好地反映、控制这些日常支出，有关管理部门需要通过适当方式将这些费用统计出来。由于 Excel 具备强大的计算、统计、分析功能，所以在公司的日常费用管理中，可以借助 Excel 来提高工作效率。

领航公司日常费用记录表数据如表 2-3 所示。

表 2-3 领航公司日常费用记录表

时　间	姓　名	费 用 类 别	所 属 部 门	支　出	结　余	备　注
2020-12-1		办公费			10000.00	期初结余
2020-12-1	陈明	培训费	生产部	800.00	9200.00	业务培训

续表

时　间	姓　名	费用类别	所属部门	支　出	结　余	备　注
2020-12-2	刘玲	交通费	策划部	146.00	9054.00	交通发票
2020-12-11	赵江	差旅费	采购部	1890.00	7164.00	武汉
2020-12-11	王鑫	差旅费	采购部	1890.00	5274.00	武汉
2020-12-15	张宏	通信费	市场部	200.00	5074.00	联系客户
2020-12-18	赵华	招待费	行政部	1200.00	3874.00	业务招待
2020-12-19	周强	宣传费	销售部	3500.00	374.00	广告

表格示例

领航公司日常费用记录表

在设计好的日常费用记录表中输入数据，再按要求进行分类汇总。

一、创建记录表

任务驱动

（1）根据需要设计日常费用记录表。

（2）保存日常费用记录表。

基本步骤

（1）打开 Excel 2010，选择“文件”|“新建”命令，如图 2-12 所示，创建一个空白工作簿；将“Sheet1”工作表重命名为“日常费用记录表”，如图 2-13 所示。

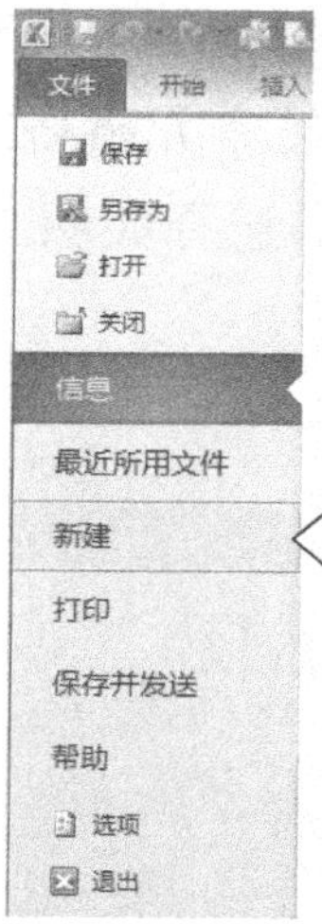

图 2-12 “新建”命令

图 2-13 重命名“Sheet1”

（2）创建完成后，选择“文件”|“另存为”命令，或按【Ctrl+S】组合键，在弹出的“另存为”对话框中将此工作簿另存为名为“日常费用记录表”的文件。通常建立一个文件夹，并将该文件保存到此文件夹中。

二、设计表格格式

任务驱动

（1）创建如表 2-3 所示的日常费用记录表。

（2）设置单元格格式。

（3）保存记录表。

基本步骤

（1）在 A1 单元格中输入内容，将 A1:G1 单元格区域合并，并设置为文字居中，字体为“宋体”，字号为“18”，加粗；在 A2:G2 单元格区域输入内容，并设置为文字居中，字体为“宋体”，字号为“11”，加粗。

（2）选中 A2:G10 单元格区域，单击“开始”选项卡“字体”组中的“边框”下拉按钮，在打开的下拉列表中选择“其他边框”选项，在弹出的“设置单元格格式”对话框的“边框”选项卡中，选择“样式”列表框中的———，单击“外边框”按钮；选择“样式”列表框中的———，单击“内部”按钮，再单击“确定”按钮，效果如图 2-14 所示。

图 2-14　设置表头和边框

（3）选中 A3:A10 单元格区域，单击“开始”选项卡“单元格”组中的“格式”下拉按钮，在打开的下拉列表中选择“设置单元格格式”选项，弹出“设置单元格格式”对话框。切换至“数字”选项卡，在“分类”列表中选择“日期”选项，再选择如图 2-15 所示的类型，单击“确定”按钮。

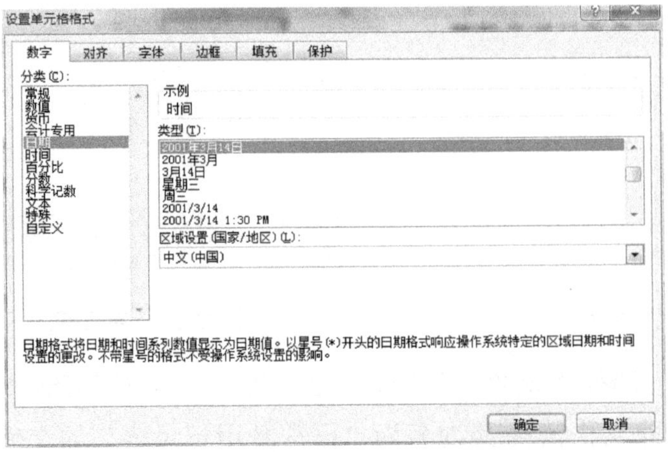

图 2-15　设置“日期”格式

（4）选中 E3:F14 单元格区域，设置单元格类型为“会计专用”，小数位数为“2”，无货币符号，如图 2-16 所示。

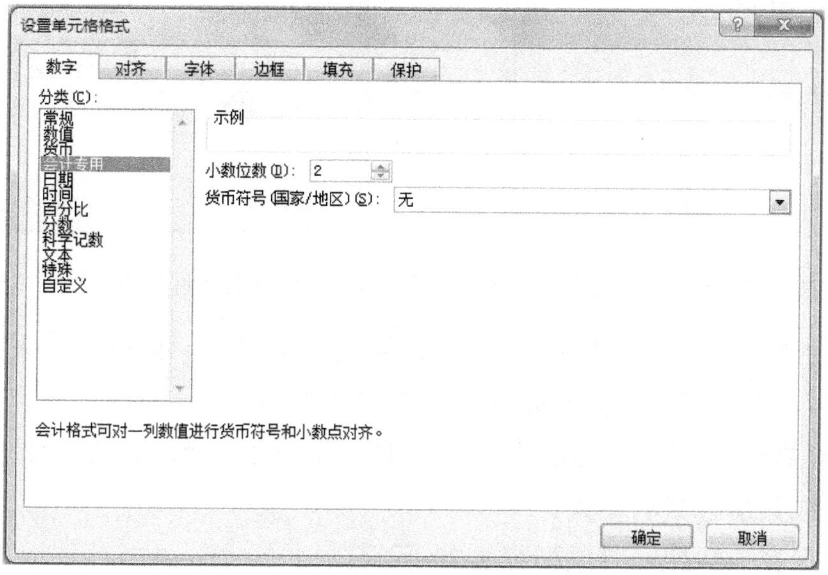

图 2-16 设置“会计专用”格式

（5）将 A～G 列列宽值设置为 14，第 2～10 行行高值设置为 18。

（6）单击“保存”按钮。

三、输入数据

任务驱动

（1）直接输入数据，利用公式进行计算。

（2）利用数据有效性输入数据。

知识链接

数据有效性验证，即验证所输入数据是否为已定义的单元格数据类型。例如，某单元格中仅可以输入字母 A～F，则可以设置数据有效性验证，以避免用户输入无效数据。或者允许输入无效数据，但在用户结束输入后进行检查。还可以提供信息，以定义期望在单元格中输入的内容，以及帮助用户改正的指令。数据有效性验证在实际工作中很实用。

基本步骤

（1）选中 C 列，单击“数据”选项卡“数据工具”组中的“数据有效性”按钮，弹出“数据有效性”对话框。切换至“设置”选项卡，在“允许”下拉列表中选择“序列”选项，在“来源”文本框中输入“办公费，培训费，交通费，差旅费，通信费，招待费，宣传费”，如图 2-17 所示。

（2）切换至“出错警告”选项卡，在“样式”下拉列表中选择“信息”选项，在“错误信息”文本框中输入“请选择费用类别”，单击“确定”按钮，如图 2-18 所示。

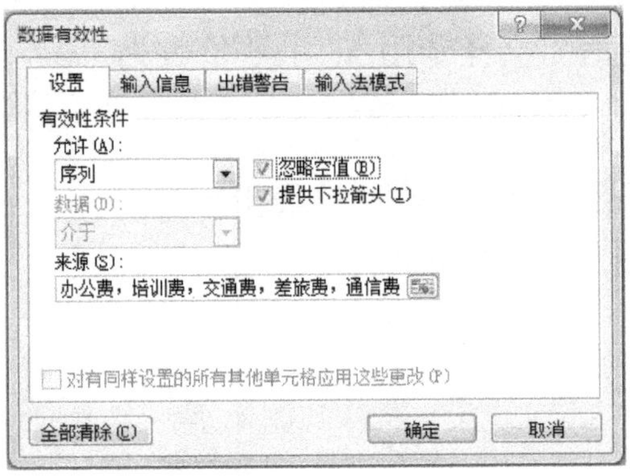

图 2-17 “数据有效性”对话框（“设置”选项卡）

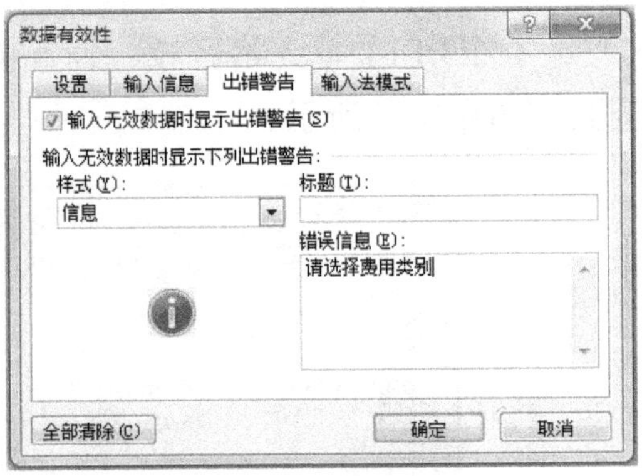

图 2-18 “数据有效性”对话框（“出错警告”选项卡）

（3）用同样的方法，将 D 列的允许序列设置为“生产部，策划部，采购部，市场部，行政部，销售部”，将出错警告信息设置为“请选择部门”。

（4）选中 F4 单元格，设置公式为“=F3−E4”，如图 2-19 所示。然后按住鼠标左键向下拖动填充柄，完成其余公式的设置。

（5）单击“保存”按钮，效果如图 2-20 所示。

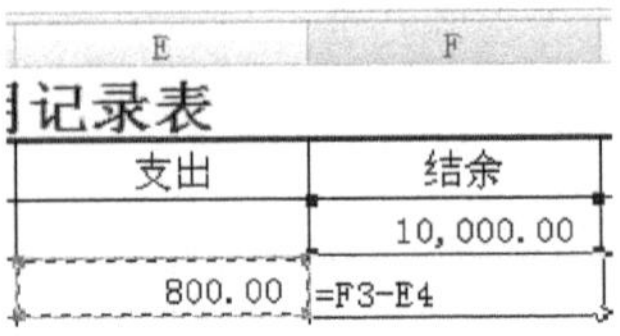

图 2-19 设置公式

时间	姓名	费用类别	所属部门	支出	结余	备注
2020年12月1日		办公费			10,000.00	期初结余
2020年12月1日	陈明	培训费	生产部	800.00	9,200.00	业务培训
2020年12月2日	刘玲	交通费	策划部	146.00	9,054.00	交通发票
2020年12月11日	赵江	差旅费	采购部	1,890.00	7,164.00	武汉
2020年12月11日	王鑫	差旅费	采购部	1,890.00	5,274.00	武汉
2020年12月15日	张宏	通信费	市场部	200.00	5,074.00	联系客户
2020年12月18日	赵华	招待费	行政部	1,200.00	3,874.00	业务招待
2020年12月19日	周强	宣传费	销售部	3,500.00	374.00	广告

图 2-20 日常费用记录表

小贴士

1. 有效数据类型

用户可以为单元格指定以下类型的有效数据。

（1）数值：指定单元格中的内容是整数或小数。可以设置最小值或最大值，将某个数值或范围排除在外，或者使用公式计算数值是否有效。

（2）日期和时间：指定单元格中的内容是日期或时间。可以设置最小值或最大值，将某些日期或时间排除在外，或者使用公式计算日期或时间是否有效。

（3）文本长度：限制单元格中可以输入的字符个数，或者要求至少输入的字符个数。

（4）序列和任何值：为单元格创建一个选项列表（如“小，中，大”），只允许在单元格中输入这些值。用户单击单元格时，将显示一个下拉箭头，可以轻松地在列表中进行选择。

2. 可以显示的信息类型

对于设置有效性条件的每个单元格，都可以显示两类不同的信息：一类是用户输入数据之前显示的信息，另一类是用户尝试输入不符合要求的数据时显示的信息。若用户已打开 Office 助手，则助手将显示这些信息。

（1）输入信息：一旦用户单击已设置有效性条件的单元格，便会显示此类信息。可以通过设置输入信息来提示用户要在单元格中输入的数据类型。

（2）出错警告：仅当用户输入无效数据并按下【Enter】键时，才会显示此类信息。可以从以下 3 类出错警告中进行选择。

① 信息：不阻止输入无效数据。除所提供的文本外，它还包含一个信息图标、一个“确定”按钮（用于在单元格中输入无效数据）和一个“取消”按钮（用于恢复单元格的前一个值）。

② 警告：不阻止输入无效数据，但有警告。它包含用户提供的文本、警告图标和 3 个按钮（“是”按钮用于在单元格中输入无效数据，“否”按钮用于返回单元格进一步进行编辑，“取消”按钮用于恢复单元格的前一个值）。

③ 停止：不允许输入无效数据。它包含用户提供的文本、停止图标和两个按钮（“重试”按钮用于返回单元格进一步进行编辑，“取消”按钮用于恢复单元格的前一个值）。请注意，不能将此类信息作为一种安全措施——虽然用户无法通过输入和按【Enter】键输入无效数据，但是可以通过复制和粘贴或者在单元格中填写数据的方式通过验证。

若未指定任何信息，则 Excel 会标记用户输入的数据是否有效，以便以后进行验证，但用户输入的数据无效时，Excel 不会通知用户。

四、分类汇总数据

任务驱动

（1）按要求进行分类汇总。

（2）保存汇总数据。

知识链接

分类汇总是指对所有资料分类进行汇总。人们在日常工作中会经常接触到 Excel 二维数据表格，经常需要根据表中的某列（数据字段）对数据进行分类汇总。在分类汇总功能中，Excel 按汇总方式提供了 11 种用于分类汇总的统计函数，它们分别是求和、计数、平均值、最大值、最小值、乘积、数值计数、标准偏差、总体标准偏差、方差、总体方差。

基本步骤

（1）为使操作结果不影响原始数据，可先将日常费用记录表中的全部数据复制到新工作表中。

（2）将光标定位在 A1:G10 单元格区域的任一单元格内，单击“数据”选项卡“分级显示”组中的“分类汇总”按钮，弹出“分类汇总”对话框。在“分类字段”下拉列表中选择“所属部门”选项，在“汇总方式”下拉列表中选择“求和”选项，在“选定汇总项”列表框中选中“支出”复选框，并选中下方的“替换当前分类汇总”和“汇总结果显示在数据下方”复选框，如图 2-21 所示。

（3）单击“确定”按钮，得到分类汇总结果，如图 2-22 所示。

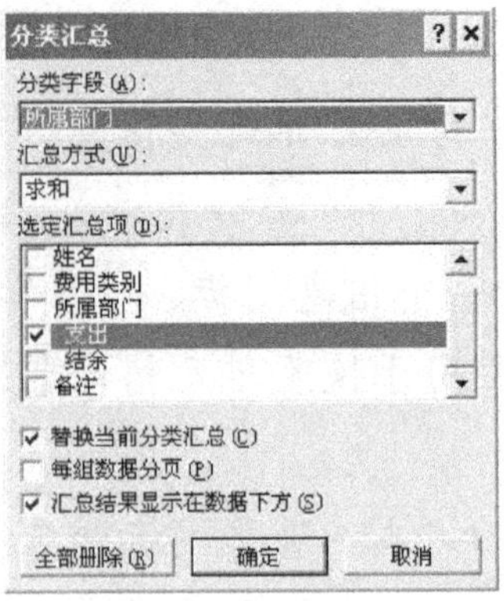

图 2-21 “分类汇总”对话框

领航公司日常费用记录表

时间	姓名	费用类别	所属部门	支出	结余	备注
2020年12月1日		办公费			10,000.00	期初结余
2020年12月1日	陈明	培训费	生产部	800.00	9,200.00	业务培训
			生产部 汇总	800.00		
2020年12月2日	刘玲	交通费	策划部	146.00	9,054.00	交通发票
			策划部 汇总	146.00		
2020年12月11日	赵江	差旅费	采购部	1,890.00	7,164.00	武汉
2020年12月11日	王鑫	差旅费	采购部	1,890.00	5,274.00	武汉
			采购部 汇总	3,780.00		
2020年12月15日	张宏	通信费	市场部	200.00	5,074.00	联系客户
			市场部 汇总	200.00		
2020年12月18日	赵华	招待费	行政部	1,200.00	3,874.00	业务招待
			行政部 汇总	1,200.00		
2020年12月19日	周强	宣传费	销售部	3,500.00	374.00	广告
			销售部 汇总	3,500.00		
			总计	9,626.00		

图 2-22 分类汇总结果

（4）单击分类汇总数据表左侧的分级显示按钮，便可创建分类汇总报表。用户可以选择显示全部或部分汇总结果。

（5）单击“保存”按钮。

表格示例

领航公司日常费用记录表——分类汇总表

小贴士

在“分类汇总”对话框中单击“全部删除”按钮，即可取消分类汇总。

任务实施、检查与评价

1. 任务实施

安排 60 分钟学生上机操作。

2. 任务检查

教师巡视检查，解答学生问题。

3. 任务评价

（1）教师评价，如表 2-4 所示。

表 2-4 教师评价

任务操作及内容	任 务 评 价
一、创建记录表	
二、设计表格格式	
三、输入数据	
四、分类汇总数据	
总　评：	

（2）学生自评，如表 2-5 所示。

表 2-5　学生自评

任务操作及内容	任务完成情况
一、创建记录表	
二、设计表格格式	
三、输入数据	
四、分类汇总数据	
总　　评：	
问题与解疑：	

边学边练

1．设计华夏公司的差旅费报销单。

要求：

（1）按图 2-23 所示的格式制作表格，输入表的内容，并画表格线。

（2）设置标题字体为“宋体”，字号为“20”，加粗、水平居中、垂直居中、双下画线。

（3）设置正文字体为“宋体”，字号为“12”，根据格式设置为居中和居左。

（4）利用 SUM 函数设置“合计”栏公式。

（5）利用 ABS 函数设置“补领/退回”栏公式。

（6）2020 年 12 月 4 日至 12 月 6 日，财务部李毅从郑州到北京参加培训（住宿自理），预借差旅费 2000 元，往返乘坐火车，车票票价均为 365 元，公司规定的市内交通补助为 50 元/天，伙食补助为 60 元/天。将上述内容填入设计好的差旅费报销单中，并计算出李毅应该补领还是退回现金，金额为多少。

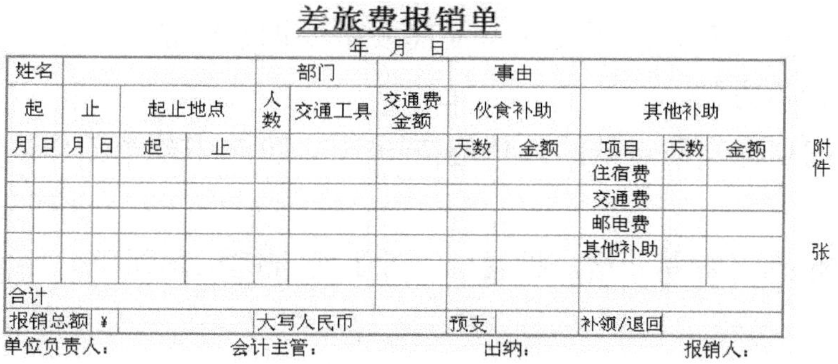
差旅费报销单

年　月　日

姓名						部门			事由				
起		止		起止地点		人数	交通工具	交通费金额	伙食补助		其他补助		
月	日	月	日	起	止				天数	金额	项目	天数	金额
											住宿费		
											交通费		
											邮电费		
											其他补助		
合计													
报销总额	￥					大写人民币			预支		补领/退回		

附件　张

单位负责人：　会计主管：　出纳：　报销人：

图 2-23　差旅费报销单

操作提示

华夏公司差旅费报销单

2．设计华夏公司的日常费用记录表。

要求：

（1）按表 2-6 所示的数据制作表格，输入表的内容，并画表格线。

表 2-6　华夏公司日常费用记录表

时　间	姓　名	费用类别	所属部门	支　出	结　余	备　注
2020-12-1		办公费			6000.00	期初结余
2020-12-3	王丽	交通费	策划部	560.00	5440.00	交通发票
2020-12-6	李毅	差旅费	财务部	1060.00	4380.00	北京培训
2020-12-11	张杰	通信费	市场部	150.00	4230.00	联系客户
2020-12-15	周磊	招待费	行政部	750.00	3480.00	业务招待
2020-12-16	宋辉	宣传费	销售部	3000.00	480.00	广告

（2）设置标题字体为“宋体”，字号为“18”，加粗。

（3）设置正文字体为“宋体”，字号为“16”，居中。

（4）将“时间”列格式设置为“日期”。

（5）将“支出”“结余”列格式设置为“会计专用”，小数位数为“2”，无货币符号。

（6）设置结余公式为上一次结余减本次支出。

（7）分类汇总以上费用记录。

操作提示

华夏公司日常费用记录表

实用小技巧

在 Excel 中复制表格如何保持原格式不变

在使用 Excel 制表过程中，经常需要将做好的表格复制到其他地方去，但是粘贴过去的表格格式、行高与列宽都发生了变化，还需要手动调整一番。那么如何保持原格式不变呢？下面介绍一个简单方法。

（1）单击行号和列标交叉点处的三角形按钮，可选中整个工作表，然后按【Ctrl+C】组合键进行复制。

（2）将光标定位到目标单元格，按【Ctrl+V】组合键粘贴即可。

项目三

销售库存管理表格设计

学习目标

❖ 学会设计入库单、出库单及材料入库表、出库表、材料总账表。
❖ 熟练运用工具定义计算公式。
❖ 掌握手动输入财务数据和自动填充财务数据。

任务目标

❖ 设计入库单、出库单。
❖ 设计材料入库表、出库表及进行数据筛选。
❖ 设计材料总账表。

任务一　入库单、出库单设计

任务导入

宏达公司有成品库和材料库两个仓库，且都采用先进先出法，成品库里存放产成品，材料库里存放原材料。之前仓库管理有些混乱，现在公司领导要求加强库存管理，确保物流畅通，但为了节约成本，没有购买库存管理软件，要求用 Excel 表格实现库存管理的功能。以下以原材料的管理表格为例，讲述 Excel 在库存管理中的应用。

材料及其计量单位如表 3-1 所示。

表 3-1　材料及其计量单位

材料代码	材料名称	计量单位
CL-101	甲材料	张
CL-102	乙材料	个
CL-103	丙材料	盒

要求设计宏达公司的入库单、出库单，格式分别如图 3-1 和图 3-2 所示。

入库单					
入库单号	入03-001	入库日期	2020/3/12		
仓库	材料库	供货单位	宏达公司		
材料代码	材料名称	计量单位	数量	单价	金额
CL-101	甲材料	张	20.00	20.30	406.00
主管	会计	验收人		交库人	

表格示例
入库单、出库单

图 3-1　入库单

出库单					
出库单号	出03-001	出库日期	2020/3/13	发出仓库	材料库
材料代码	材料名称	计量单位	数量	单价	金额
CL-101	甲材料	张	10.00	20.30	203.00
主管	会计	保管人		领物人	

图 3-2　出库单

本任务以入库单设计为例进行介绍。

一、创建入库单

任务驱动

（1）新建一个电子表格。

（2）按照入库单格式设计电子表格。

（3）保存入库单。

知识链接

存货是指企业在生产过程中未销售或耗用而储存的各种资产，包括商品、产成品、半成品、在产品，以及各种材料、燃料、包装物、低值易耗品等。存货是企业的一项重要的流动资产，其价值在企业流动资产中占有很大的比重。有适量的存货是保证企业生产经营顺利进行的必要条件。

库存管理的主要任务是通过对企业存货进行管理，即对存货进行入库及出库管理，并有效地进行库存控制，实时地进行库存账表查询及统计分析，满足采购入库、销售出库、产成品入库、材料出库、其他出入库等业务需要。

基本步骤

1. 新建一个电子表格

新建一个 Excel 工作簿，重命名为“入库单”，并保存在设定的目录中。

2. 设计入库单格式

（1）在 A1 单元格中输入表格标题“入库单”。

（2）选中 A1:F1 单元格区域，单击“开始”选项卡“单元格”组中的“格式”下拉按钮，在打开的下拉列表中选择“设置单元格格式”选项，弹出“设置单元格格式”对话框。

（3）切换至“对齐”选项卡，在“水平对齐”下拉列表中选择“居中”选项，选中“合并单元格”复选框。切换至“字体”选项卡，选择字体为“宋体”，字形为“加粗”，字号为“14”，单击“确定”按钮。

（4）在标题下一行输入表头、表体及表尾的内容，如图 3-3 所示。

	A	B	C	D	E	F
1			入库单			
2	入库单号		入库日期			
3	仓库		供货单位			
4	材料代码	材料名称	计量单位	数量	单价	金额
5						
6						
7						
8						
9						
10	主管	会计	验收人		交库人	
11						

图 3-3　表头、表体及表尾

（5）选中 A1:F10 单元格区域，单击“开始”选项卡“单元格”组中的“格式”下拉按钮，在打开的下拉列表中选择“行高”或“列宽”选项，如图 3-4 所示，在弹出的“行高”和“列宽”对话框中分别设置行高值为“20”、列宽值为“12”。也可根据需要单独调整每行的行高或每列的列宽，即将光标移到行号或列标上，当变成实心的十字形时，即可通过拖动鼠标进行行高或列宽的调整。

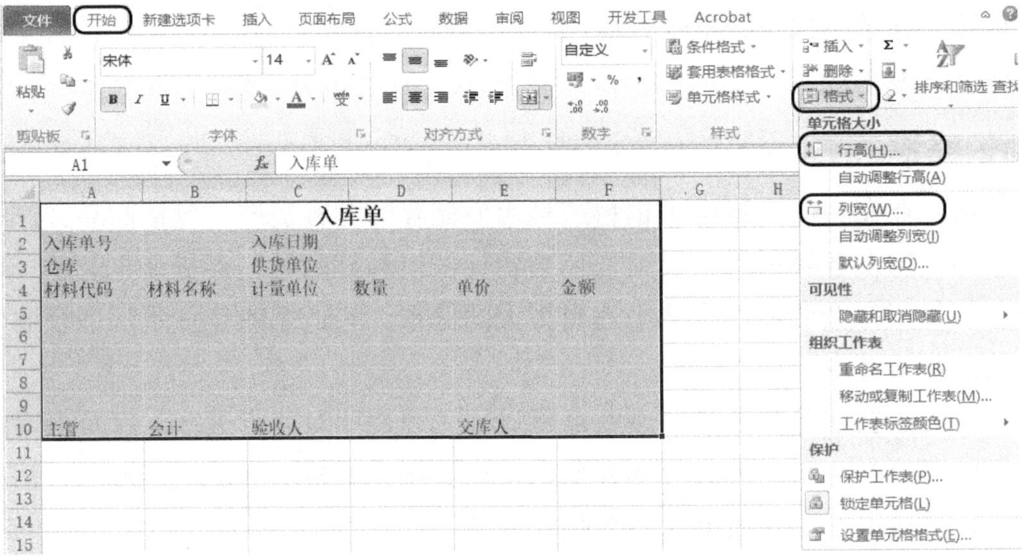

图 3-4　设置行高和列宽

（6）选中 A4:F9 单元格区域，单击“开始”选项卡“字体”组中的“边框”下拉按钮，在打开的下拉列表中选择“所有框线”选项，如图 3-5 所示，为此区域画表格线。

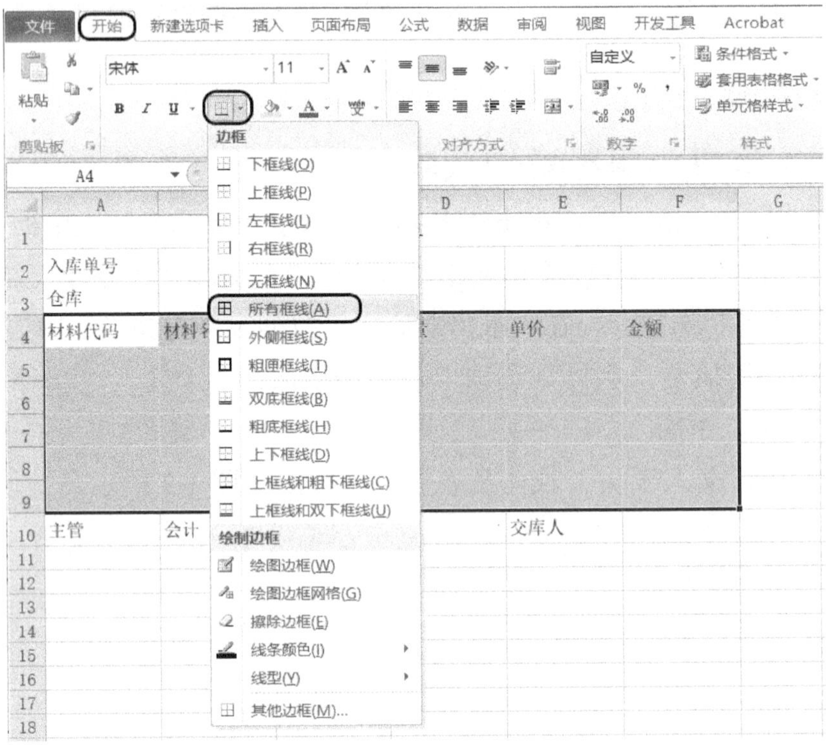

图 3-5　画表格线

（7）选中 A2:F3 单元格区域，右击，在弹出的快捷菜单中选择“设置单元格格式”命令，在弹出的“设置单元格格式”对话框中设置字体为“宋体”，字形为“常规”，字号为“10”。同样的方法设置第 10 行的字体为“宋体”，字形为“常规”，字号为“10”。

（8）选中 A4:F4 单元格区域，单击“开始”选项卡“对齐方式”组中的“居中”按钮；设置字体为“宋体”，字号为“14”，如图 3-6 所示。设置第 5～9 行的字体为“宋体”，字号为“12”，居中，加粗。

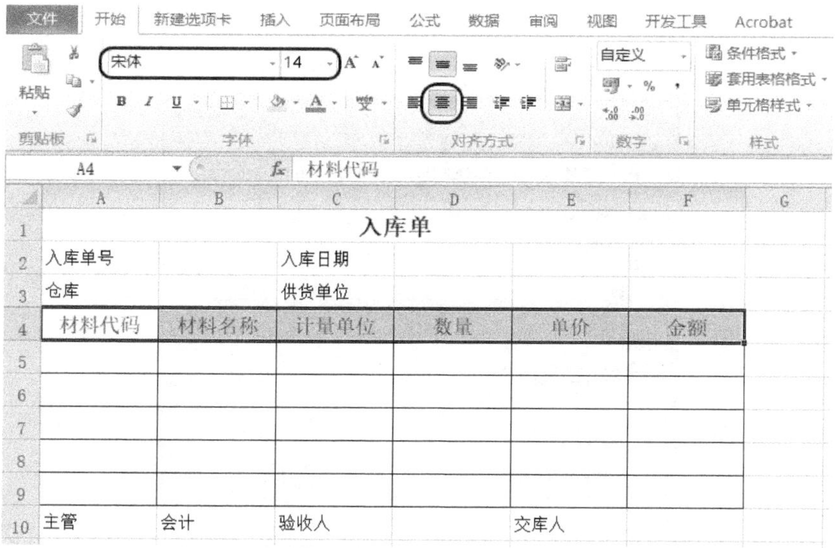

图 3-6 设置字体、字形、字号和居中对齐

（9）选中 D5:F9 单元格区域，右击，在弹出的快捷菜单中选择“设置单元格格式”命令，弹出“设置单元格格式”对话框。切换至“数字”选项卡，在“分类”列表框中选择“数值”选项，在“负数”列表框中选择“-1234.10”选项，小数位数为“2”。

（10）选中 A5:C9 单元格区域，设置单元格格式为“文本”。

二、设置表格中的计算公式

任务驱动

（1）设置金额公式。

（2）保存电子表格。

基本步骤

入库单中的金额是数量和单价的乘积，所以设置“金额”栏的公式为“数量×单价”。

（1）输入表头内容：入库单号为“入 03-001”，入库日期为“2020/3/12”，仓库为“材料库”，供货单位为“大河公司”，设置文字左对齐。

（2）输入表体内容：材料代码为“CL-101”（居中），材料名称为“甲材料”（居中），计量单位为“张”（居中），数量为“20”（居右），单价为“20.3”（居右）。

（3）选中 F5 单元格，单击“公式”选项卡“函数库”组中的“插入函数”按钮，弹出“插入函数”对话框。在“或选择类别”下拉列表中选择“数学与三角函数”选项，在“选择函数”列表框中选择能计算所有参数乘积的函数 PRODUCT，如图 3-7 所示，单击“确定”按钮，弹出“函数参数”对话框。

（4）在“Number1”文本框中输入参与计算的单元格区域“D5:E5”，如图 3-8 所示，单击“确定”按钮。

（5）用同样的方法设置 F6～F9 单元格的公式。也可将光标移到 F5 单元格的右下角，当光标变成实心的十字形时，向下拖动鼠标，至 F9 单元格松开，即将公式复制到了 F6～

F9 单元格。

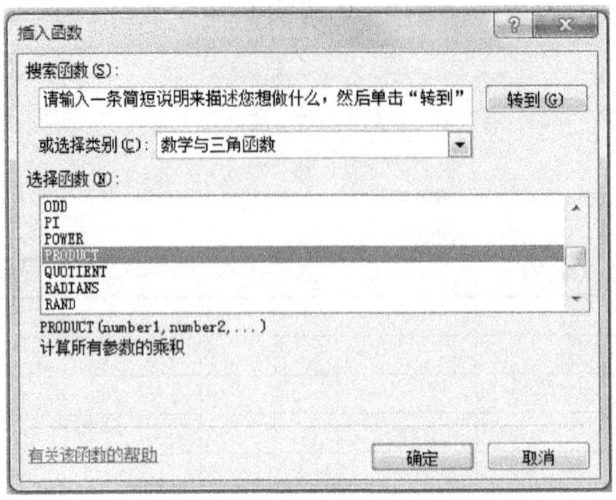

图 3-7 “插入函数”对话框（PRODUCT）

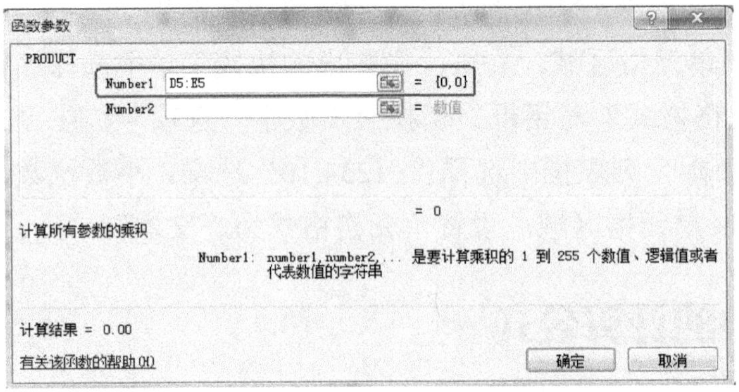

图 3-8 “函数参数”对话框（PRODUCT）

（6）单击“保存”按钮。

任务实施、检查与评价

1. 任务实施

安排 30 分钟学生上机操作。

2. 任务检查

教师巡视检查，解答学生问题。

3. 任务评价

（1）教师评价，如表 3-2 所示。

表 3-2 教师评价

任务操作及内容	任 务 评 价
一、创建入库单	
二、设置表格中的计算公式	
总　　评：	

（2）学生自评，如表 3-3 所示。

表 3-3　学生自评

任务操作及内容	任务完成情况
一、创建入库单	
二、设置表格中的计算公式	
总　　评：	
问题与解疑：	

任务二　材料入库表、出库表设计及数据筛选显示

任务导入

对公司每月材料的入库、出库情况进行登记，可随时对每种材料的出入库情况进行筛选查看及统计处理。材料入库表、出库表格式分别如图 3-9 和图 3-10 所示。

材料入库表

入库单号	供货单位	入库日期	有无发票	材料代码	材料名称	计量单位	数量	单价	金额
入03-001	大河公司	2020/3/12	有	CL-101	甲材料	张	20.00	20.30	406.00
入03-002	名成公司	2020/3/13	有	CL-102	乙材料	个	15.00	20.20	303.00
入03-003	名成公司	2020/3/14	有	CL-102	乙材料	个	20.00	20.80	416.00
入03-004	利明集团	2020/3/15	有	CL-103	丙材料	盒	30.00	30.60	918.00
入03-005	名成公司	2020/3/16	有	CL-102	乙材料	个	40.00	20.60	824.00
入03-006	大河公司	2020/3/17	有	CL-101	甲材料	张	50.00	21.50	1075.00
入03-007	名成公司	2020/3/18	有	CL-102	乙材料	个	30.00	22.10	663.00
入03-008	利明集团	2020/3/19	有	CL-103	丙材料	盒	40.00	29.40	1176.00
入03-009	利明集团	2020/3/20	有	CL-103	丙材料	盒	30.00	28.50	855.00
入03-010	名成公司	2020/3/21	有	CL-102	乙材料	个	40.00	22.60	904.00
入03-011	名成公司	2020/3/22	有	CL-102	乙材料	个	50.00	21.50	1075.00
入03-012	利明集团	2020/3/23	无	CL-103	丙材料	盒	30.00	27.90	837.00
入03-013	利明集团	2020/3/24	有	CL-103	丙材料	盒	20.00	31.90	638.00
入03-014	名成公司	2020/3/25	有	CL-102	乙材料	个	60.00	21.80	1308.00

图 3-9　材料入库表

表格示例

材料入库表、
材料出库表

材料出库表

出库单号	发料时间	材料代码	材料名称	计量单位	数量	单价	金额
出03-001	2020/3/13	CL-101	甲材料	张	10.00	20.30	203.00
出03-002	2020/3/13	CL-102	乙材料	个	12.00	20.20	242.40
出03-003	2020/3/14	CL-102	乙材料	个	18.00	20.80	374.40
出03-004	2020/3/14	CL-103	丙材料	盒	22.00	30.60	673.20
出03-005	2020/3/15	CL-102	乙材料	个	31.00	20.60	638.60
出03-006	2020/3/16	CL-101	甲材料	张	40.00	21.50	860.00
出03-007	2020/3/17	CL-102	乙材料	个	20.00	22.10	442.00
出03-008	2020/3/18	CL-103	丙材料	盒	10.00	29.40	294.00
出03-009	2020/3/19	CL-103	丙材料	盒	15.00	28.50	427.50
出03-010	2020/3/20	CL-102	乙材料	个	12.00	22.60	271.20
出03-011	2020/3/21	CL-102	乙材料	个	33.00	21.50	709.50
出03-012	2020/3/22	CL-103	丙材料	盒	26.00	27.90	725.40

图 3-10　材料出库表

本任务以材料入库表设计为例进行介绍。

一、创建材料入库表

任务驱动

（1）新建一个电子表格。

（2）按照材料入库表、出库表格式设计电子表格。
（3）整理并保存电子表格。

基本步骤

1．新建一个电子表格

新建一个Excel工作簿，重命名为“材料入库表”，并保存在设定的目录中。

2．设计材料入库表格式

（1）输入材料入库表中的内容，包括标题、表头、表体和表尾的文字内容。
（2）选中A1:J1单元格区域，设置字体为“宋体”，字号为“14”，加粗，合并后居中。
（3）选中A2:J2单元格区域，设置字体为“宋体”，字号为“12”，居中。
（4）设置行高值为“15.6”，列宽值为“10”。
（5）选中A2:J16单元格区域，画表格线。
（6）设置纸张方向为横向。
（7）选中H3:J16单元格区域，将格式设置为“数值”，小数位数为“2”。
（8）单击“保存”按钮。

二、设置表格中的计算公式

任务驱动

（1）设置金额公式。
（2）保存电子表格。

基本步骤

材料入库表中的金额是数量和单价的乘积，所以设置“金额”栏的公式为“数量×单价”。

（1）选中J3单元格，单击“插入函数”按钮，弹出“插入函数”对话框。在“或选择类别”下拉列表中选择“数学与三角函数”选项，在“选择函数”列表框中选择能计算所有参数乘积的函数PRODUCT，单击“确定”按钮。

（2）弹出“函数参数”对话框，在“Number1”文本框中输入参与计算的单元格区域H3:I3，单击“确定”按钮。

（3）用同样的方法设置J4～J16单元格的公式。也可将光标移到J3单元格的右下角，当光标变成实心的十字形时，向下拖动鼠标，至J16单元格松开，即将公式复制到了J4～J16单元格。

（4）单击“保存”按钮。

三、输入数据和筛选显示

任务驱动

（1）输入数据。

（2）分别按每种材料分开显示月度材料入库表。

基本步骤

1．输入材料入库表数据

按图 3-9 所示输入相关数据。

2．筛选显示

（1）选中 A2:J2 单元格区域，单击“数据”选项卡“排序和筛选”组中的“筛选”按钮，文字后出现下拉按钮，如图 3-11 所示。

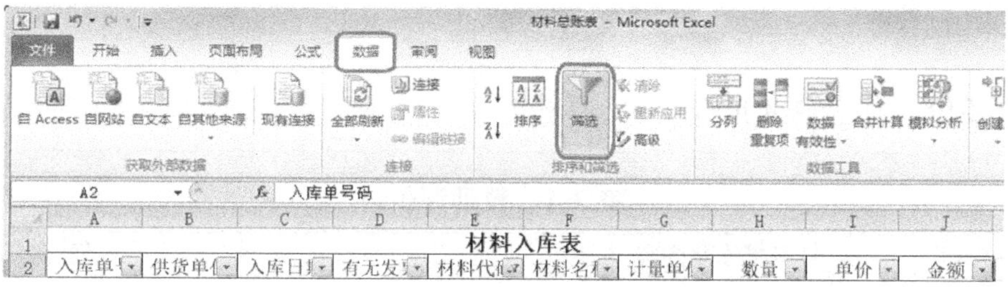

图 3-11　筛选设置

（2）单击“材料代码”下拉按钮▾，在打开的下拉列表中勾选“CL-101”复选框，如图 3-12 所示，单击“确定”按钮。

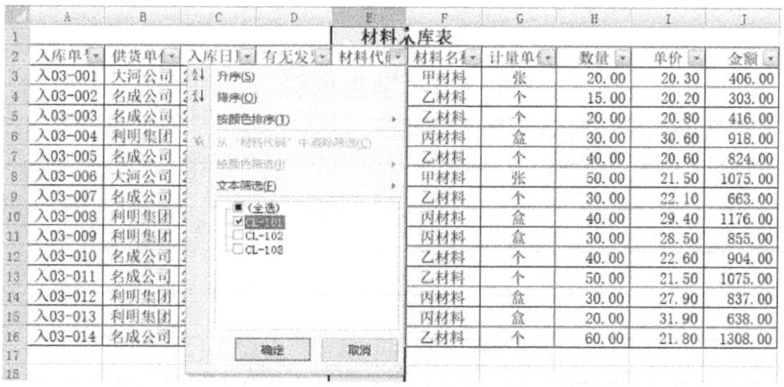

	A	B	F	G	H	I	J
3	入03-001	大河公司	甲材料	张	20.00	20.30	406.00
4	入03-002	名成公司	乙材料	个	15.00	20.20	303.00
5	入03-003	名成公司	乙材料	个	20.00	20.80	416.00
6	入03-004	利明集团	丙材料	盒	30.00	30.60	918.00
7	入03-005	名成公司	乙材料	个	40.00	20.60	824.00
8	入03-006	大河公司	甲材料	张	50.00	21.50	1075.00
9	入03-007	名成公司	乙材料	个	30.00	22.10	663.00
10	入03-008	利明集团	丙材料	盒	40.00	29.40	1176.00
11	入03-009	利明集团	丙材料	盒	30.00	28.50	855.00
12	入03-010	名成公司	乙材料	个	40.00	22.60	904.00
13	入03-011	名成公司	乙材料	个	50.00	21.50	1075.00
14	入03-012	利明集团	丙材料	盒	30.00	27.90	837.00
15	入03-013	利明集团	丙材料	盒	20.00	31.90	638.00
16	入03-014	名成公司	乙材料	个	60.00	21.80	1308.00

图 3-12　筛选材料代码“CL-101”

（3）此时显示材料代码为“CL-101”的表格，如图 3-13 所示。

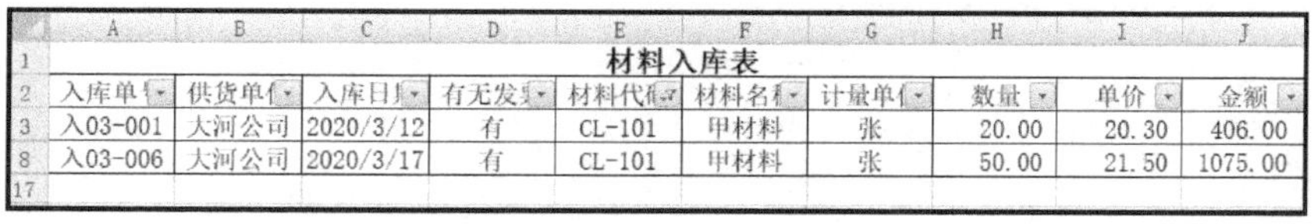

	入库单号	供货单位	入库日期	有无发票	材料代码	材料名称	计量单位	数量	单价	金额
3	入03-001	大河公司	2020/3/12	有	CL-101	甲材料	张	20.00	20.30	406.00
8	入03-006	大河公司	2020/3/17	有	CL-101	甲材料	张	50.00	21.50	1075.00

图 3-13　筛选结果

（4）可筛选其他需要的内容。之后再次单击“数据”选项卡“排序和筛选”组中的“筛选”按钮，恢复筛选前的状态。

小贴士

数据筛选是查找和处理单元格区域中数据子集的快捷方法，可以快速而方便地查找和使用单元格区域或列表中数据的子集。数据筛选不重排单元格区域，只显示出包含某个值或符合某组条件的行，而隐藏其他行。

任务实施、检查与评价

1. 任务实施

安排30分钟学生上机操作。

2. 任务检查

教师巡视检查，解答学生问题。

3. 任务评价

（1）教师评价，如表3-4所示。

表3-4　教师评价

任务操作及内容	任 务 评 价
一、创建材料入库表	
二、设置表格中的计算公式	
三、输入数据和筛选显示	
总　　评：	

（2）学生自评，如表3-5所示。

表3-5　学生自评

任务操作及内容	任务完成情况
一、创建材料入库表	
二、设置表格中的计算公式	
三、输入数据和筛选显示	
总　　评：	
问题与解疑：	

任务三　材料总账表设计

任务导入

对公司材料的入库、出库情况进行登记，编制材料总账表，格式如图3-14所示。

材料总账表

月份	材料代码	材料名称	计量单位	期初库存		本期入库		本期领用		期末库存	
				数量	金额	数量	金额	数量	金额	数量	金额
2020.03	CL-101	甲材料	张	100.00	2000.00	70.00	1481.00	50.00	1063.00	120.00	2418.00
2020.03	CL-102	乙材料	个	150.00	3150.00	255.00	5493.00	126.00	2678.10	279.00	5964.90
2020.03	CL-103	丙材料	盒	200.00	6000.00	150.00	4424.00	73.00	2120.10	277.00	8303.90

图 3-14　材料总账表

一、创建材料总账表

任务驱动

表格示例

材料总账表

（1）新建一个电子表格。

（2）按照材料总账表格式设计电子表格。

（3）保存材料总账表。

基本步骤

1．新建一个电子表格

新建一个 Excel 工作簿，重命名为“材料总账表”，并保存在设定的目录中。

2．设计材料总账表格式

（1）输入材料总账表中的内容，包括标题、表体的文字内容。

（2）选中 A1:L1 单元格区域，设置字体为“宋体”，字号为“14”，加粗，合并后居中。

（3）分别选中 A2:A3、B2:B3、C2:C3、D2:D3、E2:F2、G2:H2、I2:J2、K2:L2 单元格区域，设置合并后居中。

（4）选中 A2:L3 单元格区域，设置字体为“宋体”，字号为“12”，居中。

（5）设置行高值为“15.6”，列宽值为“10”。

（6）选中 A2:L15 单元格区域，画表格线。

（7）设置纸张方向为“横向”。

（8）单击“保存”按钮。

二、设置表格中的计算公式

任务驱动

（1）设置期末库存数量公式。

（2）设置期末库存金额公式。

知识链接

材料总账表期末库存数据是期初库存+本期入库-本期领用，所以：

期末库存数量=期初库存数量+本期入库数量-本期领用数量；

期末库存金额=期初库存金额+本期入库金额-本期领用金额。

基本步骤

（1）输入材料总账表中的数据。

（2）选中 K4 单元格，输入“=E4+G4-I4”，如图 3-15 所示，按【Enter】键。

	A	B	C	D	E	F	G	H	I	J	K	L
1	材料总账表											
2	月份	材料代码	材料名称	计量单位	期初库存		本期入库		本期领用		期末库存	
3					数量	金额	数量	金额	数量	金额	数量	金额
4	2020.03	CL-101	甲材料	张	100.00	2000.00	70.00	1481.00	50.00	1063.00	=E4+G4-I4	2418.00
5	2020.03	CL-102	乙材料	个	150.00	3150.00	255.00	5493.00	126.00	2678.10	279.00	5964.90
6	2020.03	CL-103	丙材料	盒	200.00	6000.00	150.00	4424.00	73.00	2120.10	277.00	8303.90
7												
8												
9												
10												
11												
12												
13												
14												
15												

图 3-15　设置公式

（3）用同样的方法，选中 L4 单元格，输入“=F4+H4-J4”，按【Enter】键。

（4）将光标移到 K4 单元格右下角，当光标变为实心的十字形时，向下拖动鼠标，即可将公式复制到下方的单元格；也可将光标移到 K4 单元格，右击，在弹出的快捷菜单中选择“复制”命令，再选中 K4 单元格下方的单元格，选择“粘贴”命令，将公式粘贴过来。

（5）同样，复制 L 列单元格的公式。

（6）单击“保存”按钮。

任务实施、检查与评价

1. 任务实施

安排 30 分钟学生上机操作。

2. 任务检查

教师巡视检查，解答学生问题。

3. 任务评价

（1）教师评价，如表 3-6 所示。

表 3-6　教师评价

任务操作及内容	任 务 评 价
一、创建材料总账表	
二、设置表格中的计算公式	
总　　评：	

（2）学生自评，如表 3-7 所示。

表 3-7　学生自评

任务操作及内容	任务完成情况
一、创建材料总账表	
二、设置表格中的计算公式	
总　　评：	
问题与解疑：	

边学边练

1．设计一张入库单和一张出库单。

要求：

（1）按图 3-16 和图 3-17 所示的格式制作表格，输入表的内容，画表格线。

入库单					
入库单号		入库日期			
仓库		供货单位			
存货编码	存货名称	计量单位	数量	单价	金额
CL-001	墨盒	个	50.00	80.00	4000.00
主管	会计	验收人		交库人	

图 3-16　入库单

出库单					
出库单号		出库日期		发出仓库	
存货编码	存货名称	计量单位	数量	单价	金额
CL-002	滚动轮	个	20.00	92.00	1840.00
主管	会计	保管人		领物人	

图 3-17　出库单

（2）标题文字“入库单”和“出库单”字体为“宋体”，字号为“14”，加粗，合并后居中。

（3）表头和表尾文字“入库单号”“出库单号”等字体为“宋体”，字号为“10”，居左。

（4）表体文字“存货编码”“存货名称”等字体为“宋体”，字号为“12”，居中。

（5）行高值为“20”，列宽值为“12”。

（6）“数量”“单价”“金额”栏的单元格格式为“数值”，小数位数为“2”。

（7）“金额”栏的值为数量和单价的乘积。

操作提示

入库单、出库单

2．设计一张材料入库表和一张材料出库表。

要求：

（1）按图3-18和图3-19所示的格式制作表格，输入表的内容，画表格线。

材料入库表

入库单号	供货单位	入库日期	有无发票	存货编码	存货名称	计量单位	数量	单价	金额
入03-001	大河公司	2020/3/12	有	CL-001	墨盒	个	20.00	20.30	406.00
入03-002	名成公司	2020/3/13	有	CL-002	滚动轮	个	15.00	20.20	303.00
入03-003	名成公司	2020/3/14	有	CL-002	滚动轮	个	20.00	20.80	416.00
入03-004	利明集团	2020/3/15	有	CL-003	耗材	个	30.00	30.60	918.00
入03-005	名成公司	2020/3/16	有	CL-002	滚动轮	个	40.00	20.60	824.00
入03-006	大河公司	2020/3/17	有	CL-001	墨盒	个	50.00	21.50	1075.00
入03-007	名成公司	2020/3/18	有	CL-002	滚动轮	个	30.00	22.10	663.00
入03-008	利明集团	2020/3/19	有	CL-003	耗材	个	40.00	29.40	1176.00
入03-009	利明集团	2020/3/20	有	CL-003	耗材	个	30.00	28.50	855.00
入03-010	名成公司	2020/3/21	有	CL-002	滚动轮	个	40.00	22.60	904.00
入03-011	名成公司	2020/3/22	有	CL-002	滚动轮	个	50.00	21.50	1075.00
入03-012	利明集团	2020/3/23	无	CL-003	耗材	个	30.00	27.90	837.00
入03-013	利明集团	2020/3/24	有	CL-003	耗材	个	20.00	31.90	638.00
入03-014	名成公司	2020/3/25	有	CL-002	滚动轮	个	60.00	21.80	1308.00

图3-18　材料入库表

材料出库表

出库单号	出库时间	存货编码	存货名称	计量单位	数量	单价	金额
出03-001	2020/3/13	CL-001	墨盒	个	10.00	20.30	203.00
出03-002	2020/3/13	CL-002	滚动轮	个	12.00	20.20	242.40
出03-003	2020/3/14	CL-002	滚动轮	个	18.00	20.80	374.40
出03-004	2020/3/14	CL-003	耗材	个	22.00	30.60	673.20
出03-005	2020/3/15	CL-002	滚动轮	个	31.00	20.60	638.60
出03-006	2020/3/16	CL-001	墨盒	个	40.00	21.50	860.00
出03-007	2020/3/17	CL-002	滚动轮	个	20.00	22.10	442.00
出03-008	2020/3/18	CL-003	耗材	个	10.00	29.40	294.00
出03-009	2020/3/19	CL-003	耗材	个	15.00	28.50	427.50
出03-010	2020/3/20	CL-002	滚动轮	个	12.00	22.60	271.20
出03-011	2020/3/21	CL-002	滚动轮	个	33.00	21.50	709.50
出03-012	2020/3/22	CL-003	耗材	个	26.00	27.90	725.40

图3-19　材料出库表

（2）标题文字“货物入库表”和“货物出库表”字体为“宋体”，字号为“14”，加粗，合并后居中。

（3）其他文字字体为“宋体”，字号为“12”，居中。

（4）行高值为“17”，列宽值为“12”。

（5）“数量”“单价”“金额”栏的单元格格式为“数值”，小数位数为“2”。

（6）“金额”栏的值为数量和单价的乘积。

（7）按存货编码筛选显示。

操作提示

材料入库表、材料出库表

3．设计一个存货总账表。

要求：

（1）按图 3-20 所示的格式制作表格，输入表的内容，画表格线。

存货总账表											
月份	存货编码	存货名称	计量单位	期初库存		本期入库		本期领用		期末库存	
				数量	金额	数量	金额	数量	金额	数量	金额
2020.03	CL-001	墨盒	个	500.00	2,200.00	500.00	10,780.00	180.00	4,200.00	820.00	8,780.00
2020.03	CL-002	滚动轮	个	300.00	7,500.00	640.00	35,190.00	775.00	40,240.00	165.00	2,450.00

图 3-20　存货总账表

（2）标题文字“存货总账表”字体为“宋体”，字号为“14”，加粗，合并后居中。

（3）其他文字字体为“宋体”，字号为“12”，居中。

（4）行高值为“18”，列宽值为“10”。

（5）A2:A3、B2:B3、C2:C3、D2:D3、E2:F2、G2:H2、I2:J2、K2:L2 单元格区域分别合并后居中。

（6）“数量”“金额”栏的单元格格式为数值，小数位数为“2”。

（7）期末库存数量=期初库存数量+本期入库数量-本期领用数量；

期末库存金额=期初库存金额+本期入库金额-本期领用金额。

操作提示

存货总账表

实用小技巧

浏览 Excel 中的数据时如何冻结首行或首列

在实际工作中，用户浏览数据内容较多的工作表时，拖动滚动条就看不到标题行或标题列了，也就不清楚每行或每列数据分别代表什么。如何才能固定某行或某列，方便用户查看呢？本书分享一个实用的小技巧——冻结窗格。

（1）打开工作表，单击“视图”选项卡“窗口”组中的“冻结窗格”下拉按钮，在打开的下拉列表中选择“冻结首行”或“冻结首列”选项，如图 3-21 所示，即可保持第 1 行或第 1 列不动。

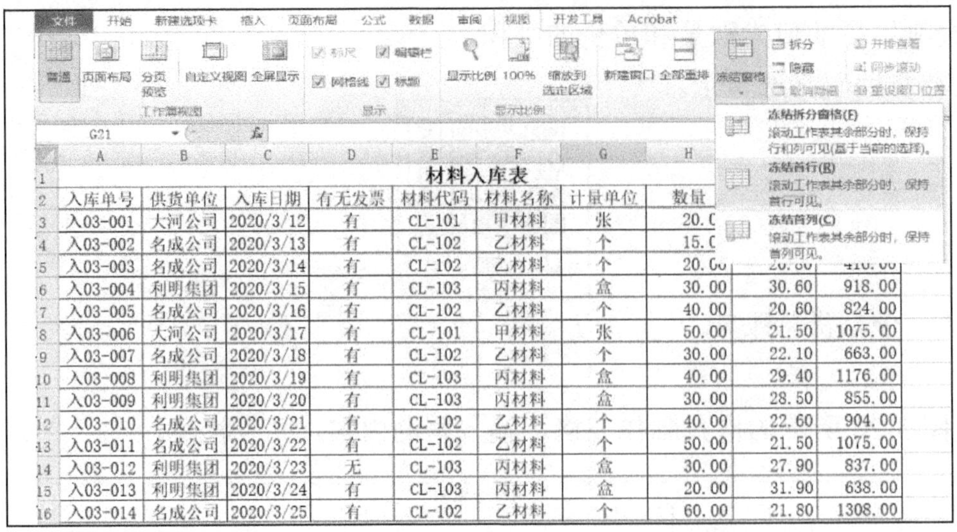

	A	B	C	D	E	F	G	H	I	J
1	材料入库表									
2	入库单号	供货单位	入库日期	有无发票	材料代码	材料名称	计量单位	数量	[illegible]	[illegible]
3	入03-001	大河公司	2020/3/12	有	CL-101	甲材料	张	20.0	[illegible]	[illegible]
4	入03-002	名成公司	2020/3/13	有	CL-102	乙材料	个	15.0	[illegible]	[illegible]
5	入03-003	名成公司	2020/3/14	有	CL-102	乙材料	个	20.00	[illegible]	[illegible]
6	入03-004	利明集团	2020/3/15	有	CL-103	丙材料	盒	30.00	30.60	918.00
7	入03-005	名成公司	2020/3/16	有	CL-102	乙材料	个	40.00	20.60	824.00
8	入03-006	大河公司	2020/3/17	有	CL-101	甲材料	张	50.00	21.50	1075.00
9	入03-007	名成公司	2020/3/18	有	CL-102	乙材料	个	30.00	22.10	663.00
10	入03-008	利明集团	2020/3/19	有	CL-103	丙材料	盒	40.00	29.40	1176.00
11	入03-009	利明集团	2020/3/20	有	CL-103	丙材料	盒	30.00	28.50	855.00
12	入03-010	名成公司	2020/3/21	有	CL-102	乙材料	个	40.00	22.60	904.00
13	入03-011	名成公司	2020/3/22	有	CL-102	乙材料	个	50.00	21.50	1075.00
14	入03-012	利明集团	2020/3/23	无	CL-103	丙材料	盒	30.00	27.90	837.00
15	入03-013	利明集团	2020/3/24	有	CL-103	丙材料	盒	20.00	31.90	638.00
16	入03-014	名成公司	2020/3/25	有	CL-102	乙材料	个	60.00	21.80	1308.00

图 3-21 冻结首行

（2）如果标题行或标题列不是第 1 行或第 1 列，而是第 *m* 行或第 *n* 列，可以选中第 *m*+1 行或第 *n*+1 列的第 1 个单元格或者第 *m*+1 行或第 *n*+1 列，单击“视图”选项卡“窗口”组中的“冻结窗格”下拉按钮，在打开的下拉列表中选择“冻结拆分窗格”选项。比如，先选中 A3 单元格或第 3 行，然后按上述步骤选择“冻结拆分窗格”选项，即可保持前两行不动。

（3）如果想同时冻结前 *m* 行和前 *n* 列，可以单击“视图”选项卡“窗口”组中的“冻结窗格”下拉按钮，在打开的下拉列表中选择“冻结拆分窗格”选项。比如，先选中 K3 单元格，然后按上述步骤选择“冻结拆分窗格”选项，即可保持前两行和前 J 列不动。

项目四

工资管理表格设计

学习目标

❖ 学会设计工资结算单，设置相关公式。

❖ 掌握工资条的制作。

任务目标

❖ 设计工资结算单。

❖ 设置相关公式。

❖ 学会制作工资条。

任务一　工资结算单设计

任务导入

大多数财务工作人员都会遇到设计、制作工资表的问题。因为关系到每个员工（包括自己）的切身利益，所以这项工作非常重要。下面以制作 2020 年 3 月宏达公司工资结算单（见图 4-1）为例，介绍如何利用 Excel 解决这一问题。

宏达公司工资结算单

编号	人员类别	部门	姓名	基本工资	奖金	事假/天	病假/天	扣款	应发合计	失业保险	养老保险	医疗保险	住房公积金	应纳税所得额	代扣税	扣发合计	实发工资	签名
001	管理人员	办公室	王妍玲	4000	560	1	3	293	4267	42.7	171	85.3	512	-1544.0	0.0	810.7	3456	
002	职工	一车间	李阳	3500	2430			0	5930	59.3	237	118.6	712	-196.7	0.0	1126.7	4803	
003	管理人员	财务部	李阳阳	3600	2277			0	5877	58.8	235	117.5	705	-239.6	0.0	1116.6	4760	
004	管理人员	市场部	陈庚	3600	710			0	4310	43.1	172	86.2	517	-1508.9	0.0	818.9	3491	
005	临时人员	市场部	王蕾	2500	0			0	2500	25.0	100	50.0	300	-2975.0	0.0	475.0	2025	
006	职工	一车间	邓梦娜	4000	1448	1		133	5315	53.1	213	106.3	638	-695.1	0.0	1009.8	4305	
007	职工	一车间	王莉华	2600	1406			0	4006	40.1	160	80.1	481	-1755.1	0.0	761.1	3245	
008	管理人员	财务部	张贺	3450	649		2	92	4007	40.1	160	80.1	481	-1754.3	0.0	761.3	3246	
009	临时人员	财务部	李小倩	2400	0			0	2400	24.0	96	48.0	288	-3056.0	0.0	456.0	1944	
010	职工	一车间	刘礼刚	3600	200	2	3	384	3416	34.2	137	68.3	410	-2233.0	0.0	649.0	2767	

图 4-1　工资结算单（部分）

一、设计工资结算单格式

表格示例

工资结算单

任务驱动

（1）新建一个工作簿。

（2）调整表格。

（3）输入表格内容。

知识链接

在日常工作中，可以利用 Excel 强大的计算及逻辑填充功能，实现复杂的、烦琐的计算。这样做不但省时省力，而且当数据发生变化时，计算结果可以自动修正。

基本步骤

1．新建一个工作簿

（1）打开 Excel，新建“宏达公司工资结算单”工作簿，将“Sheet1”修改为“三月份工资表”，如图 4-2 所示。

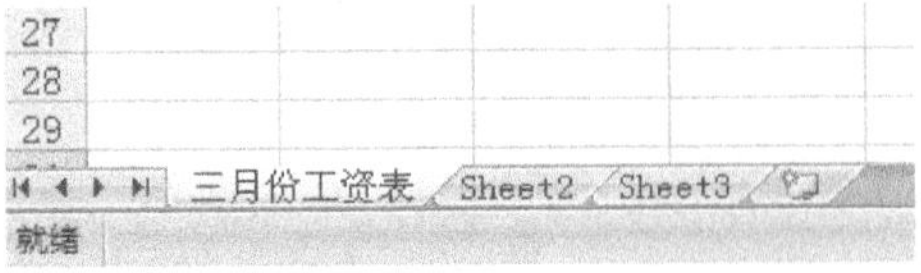

图 4-2　将“Sheet1”修改为“三月份工资表”

（2）在相应单元格中输入表头内容，加入框线，如图 4-3 所示。

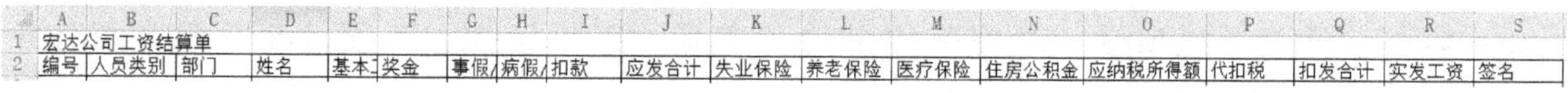

	A	B	C	D	E	F	G	H	I	J	K	L	M	N	O	P	Q	R	S
1	宏达公司工资结算单																		
2	编号	人员类别	部门	姓名	基本工	奖金	事假/	病假/	扣款	应发合计	失业保险	养老保险	医疗保险	住房公积金	应纳税所得额	代扣税	扣发合计	实发工资	签名

图 4-3　输入表头内容

2. 调整表格

（1）选中 A1～S1 单元格区域，合并单元格，并调整字体和字号。

（2）选中 A2～S2 单元格区域，单击“开始”选项卡“单元格”组中的“格式”下拉按钮，在打开的下拉列表中选择“设置单元格格式”命令，弹出“设置单元格格式”对话框。切换至“对齐”选项卡，选中“自动换行”复选框，单击“确定”按钮，表格列宽不够时文字自动换行，如图 4-4 所示。

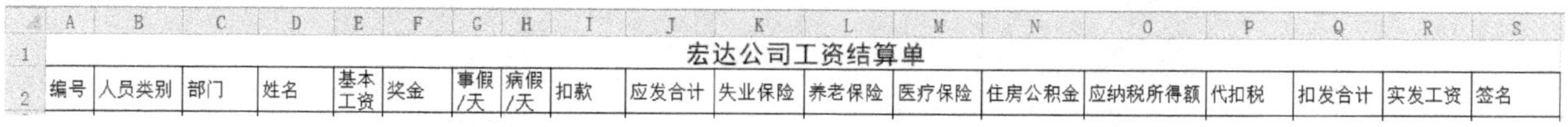

	A	B	C	D	E	F	G	H	I	J	K	L	M	N	O	P	Q	R	S
1	宏达公司工资结算单																		
2	编号	人员类别	部门	姓名	基本工资	奖金	事假/天	病假/天	扣款	应发合计	失业保险	养老保险	医疗保险	住房公积金	应纳税所得额	代扣税	扣发合计	实发工资	签名

图 4-4　调整表格

（3）调整为合适的列宽。

3. 输入表格内容

（1）在“编号”“人员类别”“部门”“姓名”“基本工资”“奖金”“事假/天”“病假/天”列中按图 4-1 输入表格内容。

（2）选中 K3 单元格，单击“开始”选项卡“单元格”组中的“格式”下拉按钮，在打开的下拉列表中选择“设置单元格格式”选项，弹出“设置单元格格式”对话框。切换至“数字”选项卡，在“分类”列表框中选择“数值”选项，小数位数选择“1”，单击“确定”按钮。用格式刷设置 K 列、M 列、O 列、P 列、Q 列的单元格保留 1 位小数。用同样的方法设置 I 列、J 列、L 列、N 列、R 列的单元格保留 0 位小数。

小贴士

1. 在单元格中输入数字“001”——单元格数字格式的编辑

在 Excel 中，各单元格中的数字格式默认为“常规”，在这种格式下输入的任何数字都被认为具有计算功能。因此，当用户在某个单元格中输入“001”并按【Enter】键后，单元格中的数字会自动变为“1”。这时必须将单元格数字格式修改为“文本”，才能使一些“特殊”需要得到满足。可以用以下两种方式实现输入。

（1）第一种方式。

① 选中某单元格。

② 单击“开始”选项卡“单元格”组中的“格式”下拉按钮，在打开的下拉列表中选择“设置单元格格式”命令，弹出“设置单元格格式”对话框。切换至“数字”选项卡，在“分类”列表框中选择“文本”选项，单击“确定”按钮。

（2）第二种方式。

① 选中某单元格。

② 单击“开始”选项卡“数字”组中的“常规”下拉按钮，如图4-5所示，在打开的下拉列表中选择“文本”选项，如图4-6所示。

图4-5 “常规”下拉按钮

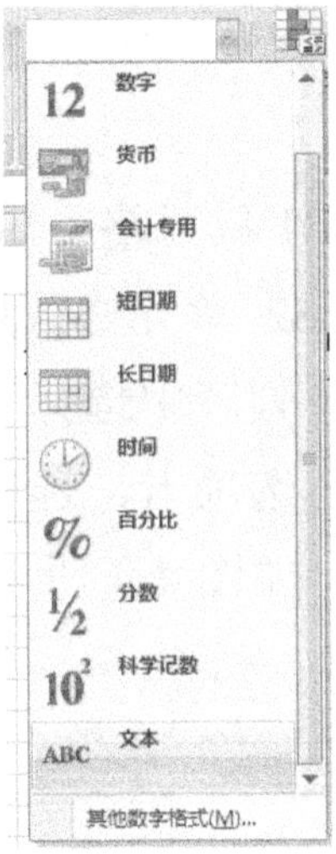

图4-6 “文本”选项

2. 在Excel中实现多于10位数字的自动填充

在Excel中，如果输入的数字位数少于或等于10位，都可以很容易地实现，并可以进行自动填充。但若输入的数字位数多于10位，则直接输入后将以科学记数形式显示，如图4-7所示。该格式是无法实现自动填充的。

如何才能实现多于10位数字的自动填充呢？可按以下步骤操作。

（1）选中要输入数字的列（行）或单元格，右击，在弹出的快捷菜单中选择“设置单元格格式”命令，弹出“设置单元格格式”对话框。

（2）切换至“数字”选项卡，在“分类”列表框中选择“自定义”选项，在右侧的“类型”文本框中输入“0”，有几位数就输入几个0，如有15位数，则输入“000000000000000”，如图4-8所示，单击“确定”按钮。

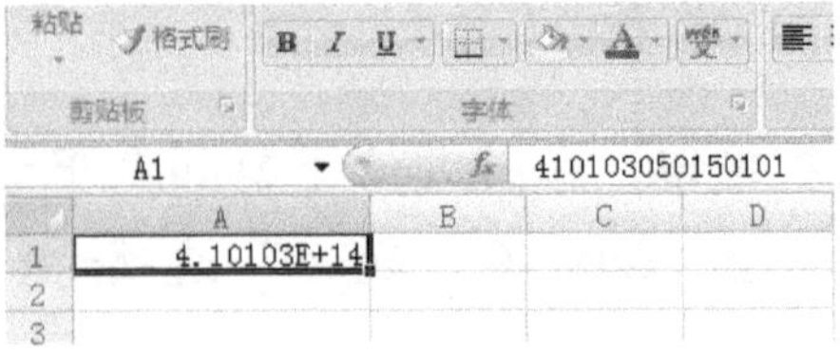

图4-7 以科学记数形式显示数字

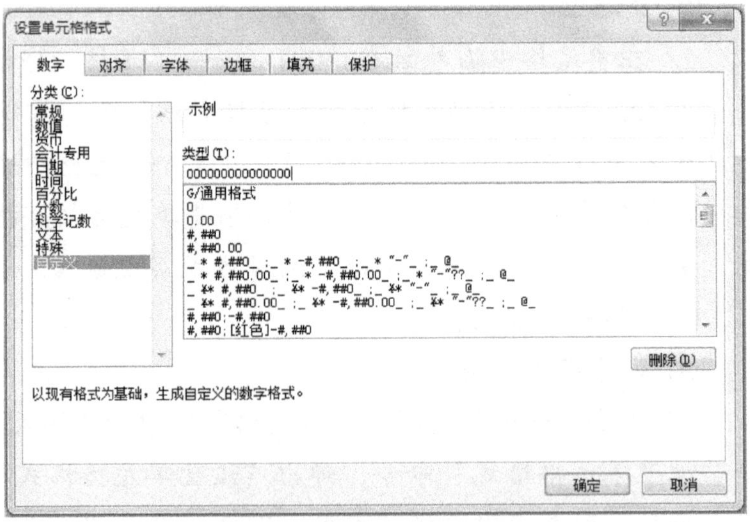

图4-8 自定义数字位数

如数字最前面为0，则要将数字转换为“文本”格式，方法如下：先按上述第（1）步进行操作，接着在弹出的“设置单元格格式”对话框中切换至“数字”选项卡，在“分类”列表框中选择“文本”选项，单击“确定”按钮即可。

（3）在第一个单元格中输入数字，如“410103050150101”，在相邻的第二个单元格中输入“410103050150102”，也就是相邻两个单元格之间的数字相差 1，选中这两个单元格，将光标移到右下角的填充柄上，拖动鼠标即可实现自动填充。

3．单元格左上角的绿色三角形的含义

如图 4-9 所示，单元格左上角的绿色三角形是一个错误（或可能有错误）提示。想消除该提示，则需选中该单元格，单击在单元格右边出现的黄色感叹号下拉按钮，在打开的下拉列表中选择相应的选项，按提示进行操作。例如，可选择“忽略错误”选项，如图 4-10 所示。

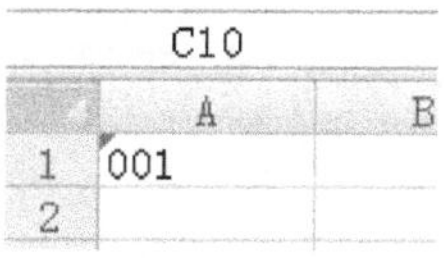

图 4-9　错误（或可能有错误）提示

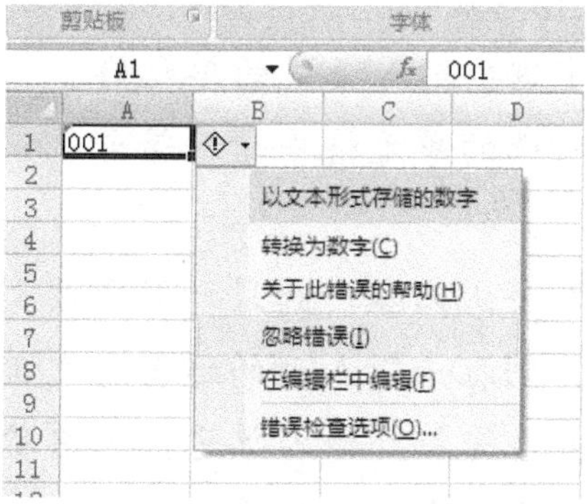

图 4-10　“忽略错误”选项

二、设置应发工资公式

任务驱动

在公式编辑栏设置“扣款”和“应发合计”的计算公式。

知识链接

应发工资相关公式如表 4-1 所示。

表 4-1　应发工资相关公式

事　项	应发工资相关公式
事假扣款	基本工资÷30×100%×天数
病假扣款	基本工资÷30×40%×天数
扣款	事假扣款+病假扣款
应发合计	基本工资+奖金−扣款

基本步骤

（1）选中 I3 单元格，在公式编辑栏中输入“=E3/30*100%*G3+E3/30*40%*H3”，按【Enter】键，如图 4-11 所示。

（2）选中 J3 单元格，在公式编辑栏中输入“=E3+F3-I3”，按【Enter】键，如图 4-12 所示。

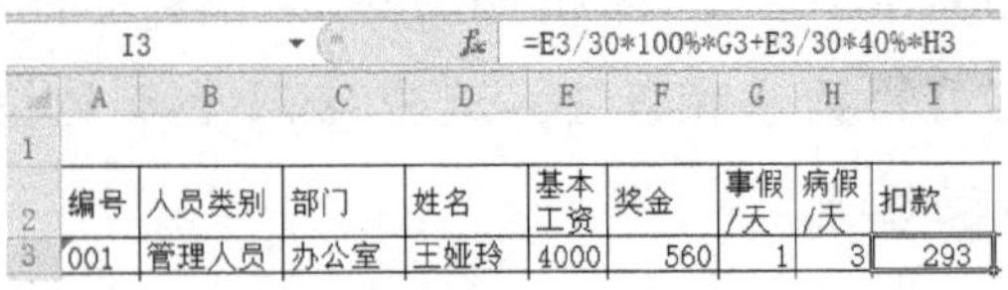

I3 =E3/30*100%*G3+E3/30*40%*H3

	A	B	C	D	E	F	G	H	I
1									
2	编号	人员类别	部门	姓名	基本工资	奖金	事假/天	病假/天	扣款
3	001	管理人员	办公室	王娅玲	4000	560	1	3	293

图 4-11　输入“扣款”公式

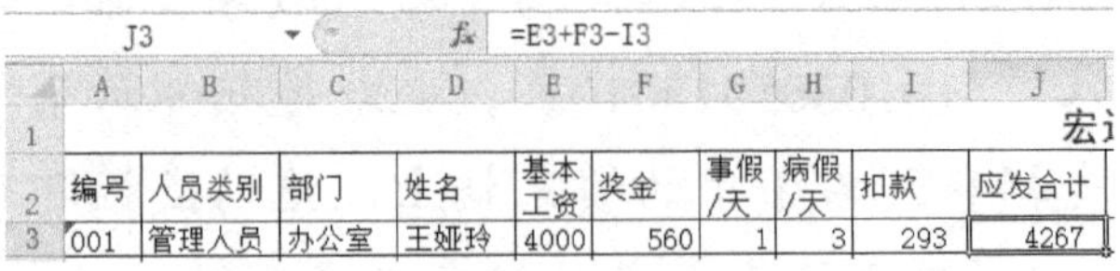

J3 =E3+F3-I3

	A	B	C	D	E	F	G	H	I	J
1										宏
2	编号	人员类别	部门	姓名	基本工资	奖金	事假/天	病假/天	扣款	应发合计
3	001	管理人员	办公室	王娅玲	4000	560	1	3	293	4267

图 4-12　输入“应发合计”公式

小贴士

在 Excel 中可以创建多种公式，如进行简单代数运算的公式、分析复杂数学模型的公式等。输入公式的方法有两种：一是直接输入公式，二是利用函数工具插入公式。

1. 直接输入公式

（1）选中需要输入公式的单元格。

（2）在所选的单元格中输入等号（=）。如果单击了“插入函数”按钮，将自动插入一个等号。

（3）输入公式内容。如果计算中要引用单元格中的数据，可单击所需引用的单元格，若单击错误，则在未输入新的运算符之前，可再单击正确的单元格；也可使用手动方法引用单元格，即在光标处输入单元格的名称。

（4）输入完公式后，按【Enter】键，Excel 将自动计算并将计算结果显示在单元格中，公式内容显示在公式编辑栏中。

2. 利用函数工具插入公式

输入的公式中如果含有函数，函数工具将有助于输入，且可显示函数的名称和功能、各个参数及其描述、函数的当前结果和整个公式的结果。具体操作时，单击“插入函数”按钮 fx 插入函数，如图 4-13 所示，弹出“插入函数”对话框。按前面所学的步骤进行操作即可。

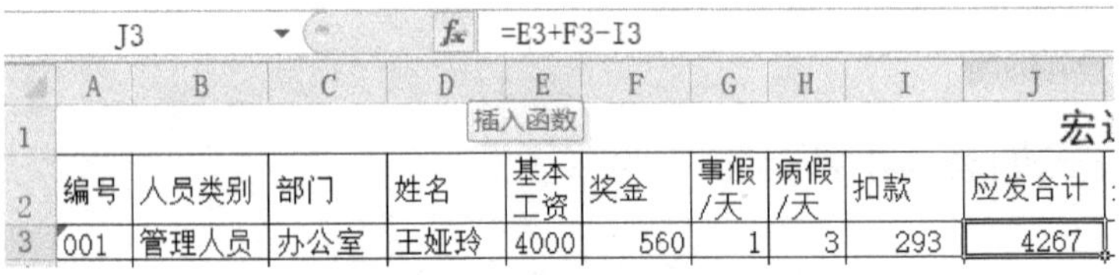

J3 =E3+F3-I3

	A	B	C	D	E	F	G	H	I	J
1										宏
2	编号	人员类别	部门	姓名	基本工资	奖金	事假/天	病假/天	扣款	应发合计
3	001	管理人员	办公室	王娅玲	4000	560	1	3	293	4267

图 4-13　“插入函数”按钮

三、设置代扣款项公式

任务驱动

在公式编辑栏设置“失业保险”“养老保险”“医疗保险”“住房公积金”的计算公式。

知识链接

代扣款项相关公式如表 4-2 所示。

表 4-2　代扣款项相关公式

事　　项	代扣款项相关公式
失业保险	应发合计×1%
养老保险	应发合计×4%
医疗保险	应发合计×2%
住房公积金	应发合计×12%

基本步骤

（1）选中 K3 单元格，在公式编辑栏中输入“=J3*1%”，按【Enter】键即可得到计算结果，如图 4-14 所示。

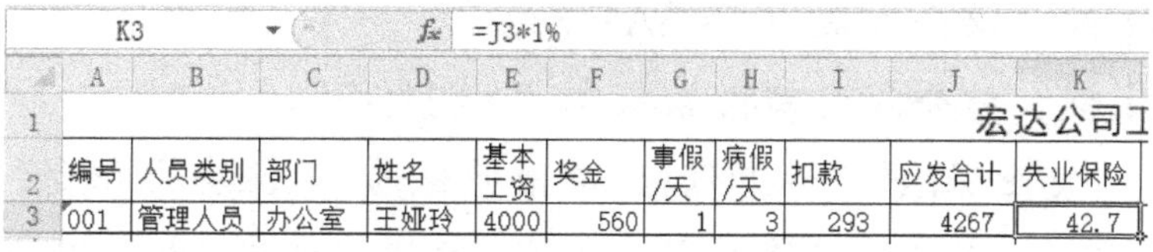

图 4-14　在公式编辑栏中输入公式

（2）选中 L3 单元格，在公式编辑栏中输入“=J3*4%”，按【Enter】键即可得到计算结果。

（3）选中 M3 单元格，在公式编辑栏中输入“=J3*2%”，按【Enter】键即可得到计算结果。

（4）选中 N3 单元格，在公式编辑栏中输入“=J3*12%”，按【Enter】键即可得到计算结果。

小贴士

1. 相对引用

相对引用是指基于公式和单元格的相对位置的引用。若公式所在单元格的位置改变，则相对引用也随之改变。若多行或多列地复制公式，则相对引用会自动调整。默认情况下，新公式使用相对引用。

例如，在 A4 单元格中输入“=A1*A2”，若拖动 A4 单元格的填充柄将其复制到 B4 单元格，则 B4 单元格的公式为“= B1*B2”。

2. 绝对引用

绝对引用总是引用指定位置的单元格。若公式所在单元格的位置改变，则绝对引用保持不变。若多行或多列地复制公式，则绝对引用将不做调整。要将它们转换为绝对引用，在引用的行标和列号前加上$即可。

例如，在 A4 单元格中输入“=$A$1*$A$2”，则将该公式复制到任何一个单元格时都不会改变。

3. 混合引用

混合引用是指具有绝对列和相对行，或者绝对行和相对列的引用。若公式所在单元格的位置改变，则相对引用改变，绝对引用不变。若多行或多列地复制公式，则相对引用自动调整，绝对引用不做调整。

例如，在 A4 单元格中输入“=$A1*A$2”，若拖动 A4 单元格的填充柄将其复制到 B4 单元格，则 B4 单元格的公式为“=$A1*B$2”；若拖动 A4 单元格的填充柄将其复制到 A5 单元格，则 A5 单元格的公式为“=$A2*A$2”。

4. 相对引用与绝对引用的切换

在 Excel 中输入公式时，使用【F4】键，就能方便地对单元格的相对引用和绝对引用进行切换。

例如，在 A4 单元格中输入“=A1*A2”，选中整个公式，按【F4】键，该公式变为“=$A$1*$A$2”。

第二次按【F4】键，该公式变为“=A$1*A$2”。

第三次按【F4】键，该公式变为“=$A1*$A2”。

第四次按【F4】键，该公式变回初始状态“=A1*A2”。

在上述操作中，“失业保险”“养老保险”“医疗保险”“住房公积金”的计算都是在“应发合计”的基础上进行的，可以使用绝对引用形式，这样定义完“失业保险”的公式“=J3*1%”后，将“J3”修改为“$J$3”，则之后的“养老保险”“医疗保险”“住房公积金”的公式只需要拖动填充柄，更改各项扣款所占比例即可，即分别为“= $J$3*4%”“= $J$3*2%”“= $J$3*12%”。

但是这样操作可能会导致后续的填充计算错误。当所有公式均定义完后，向下填充其他员工的工资时，会发现填充的数字与第一个员工的各项扣款额一样，并没有随着其他变量的改变而改变，所以在使用绝对引用时要慎重。

四、设置个人所得税公式

任务驱动

在公式编辑栏设置“应纳税所得额”和“代扣税”的计算公式。

知识链接

1. 我国的工资、薪金个人所得税征收采用超额累进税率计算方法

表 4-3 所示为 2018 年 10 月 1 日起实施的个人所得税工资、薪金部分的计征办法（每月的应纳税所得额暂按全年应纳税所得额的 1/12 计算，起征点：5000 元）。

表 4-3 2018 年 10 月 1 日起实施的个人所得税工资、薪金部分的计征办法

级 数	每月应纳税所得额	税率(%)	速算扣除数
1	不超过 3000 元的	3	0
2	超过 3000 元至 12000 元的部分	10	210
3	超过 12000 元至 25000 元的部分	20	1410
4	超过 25000 元至 35000 元的部分	25	2660

续表

级　　数	每月应纳税所得额	税率(%)	速算扣除数
5	超过 35000 元至 55000 元的部分	30	4410
6	超过 55000 元至 80000 元的部分	35	7160
7	超过 80000 元的部分	45	15160

工资、薪金个人所得税的具体计算公式如下：

每月应纳税所得额=（应发工资-三险一金）-5000

应纳税额=每月应纳税所得额×税率-速算扣除数

2．IF 函数

格式：IF(条件,表达式 1,表达式 2)

IF(logical_test,value_if_true,value_if_false)

IF 函数是逻辑函数，用于对满足条件的数据进行处理，条件满足则输出表达式 1，不满足则输出表达式 2。可以省略表达式 1 或表达式 2，但不能同时省略。

（1）条件表达式。将两个表达式用关系运算符（主要有=、<>、>、<、>=、<=等）连接起来就构成条件表达式。

例如：

=IF(A1=10,1,0)

表达式含义：若 A1 单元格的值为 10，则显示 1，否则显示 0。

（2）IF 函数嵌套的执行过程。

例如，对数值进行以下判断等级操作：若 A1 单元格的值为“60（含 60）以下”，则显示等级为“不及格”；若为“60～90（含 90）”，则显示等级为“及格”；若为“90 以上”，则显示等级为“优秀”。

表达式如下：

=IF(A1>60,IF(A1>90,"优秀","及格"),"不及格")

表达式含义：若 A1 单元格的值大于 60，则执行第二个参数，在这里为嵌套函数。继续判断 A1 单元格的值是否大于 90，若是，则在单元格中显示“优秀”字样；若否，则显示“及格”字样。若 A1 单元格的值不满足以上条件，则执行第三个参数，即在单元格中显示“不及格”字样。

课堂互动

IF 函数的应用实例

（1）判断某班 50 名学生的某科成绩，大于或等于 60 分为及格，否则为不及格。

表达式如下：

=IF(A1>=60,"及格","不及格")

表达式含义：若 A1 单元格的值大于或等于 60，执行第二个参数，即在单元格中显示“及格”字样；否则执行第三个参数，即在单元格中显示“不及格”字样。

（2）若 A1 和 B1 单元格的值相等，则在 C1 单元格中显示 1，否则显示 0。

表达式如下：

=IF(A1=B1, 1,0)

3. AND 函数

格式：AND(条件 1,条件 2,...)

AND(logical1,logical2,...)

AND 函数是逻辑函数，参数必须是逻辑值，或者包含逻辑值的数组或引用。“条件 1,条件 2,...”表示待检测的 1～30 个条件值，各条件值为 TRUE 或 FALSE。

4. IF 函数和 AND 函数嵌套使用

格式：IF(AND(条件 1,条件 2,...),表达式 1,表达式 2)

IF(AND(logical1,logical2,...)_test,value_if_true,value_if_false)

例如：

① =IF(AND(A1>60,B1>60,C1>60),"及格","不及格")

表达式含义：当 A1>60、B1>60、C1>60 都满足时，显示“及格”；其中一项不满足时，显示“不及格”。

② =IF(A1<60,"不及格",IF(AND(A1>=60,A1<70),"及格",IF(AND(A1>=70,A1<85),"良好",IF(A1>=85,"优秀"))))

表达式含义：当 A1<60 时，显示“不及格”；当 60≤A1<70 时，显示“及格”；当 70≤A1<85 时，显示“良好”；当 A1≥85 时，显示“优秀”。

换成 IF 嵌套形式：

=IF(A1>=60,"及格",IF(A1>=70,"良好",IF(A1>=85,"优秀","不及格")))

基本步骤

1. 设置“应纳税所得额”公式

选中 O3 单元格，在公式编辑栏中输入“=J3-K3-L3-M3-N3-5000”，按【Enter】键，如图 4-15 所示。

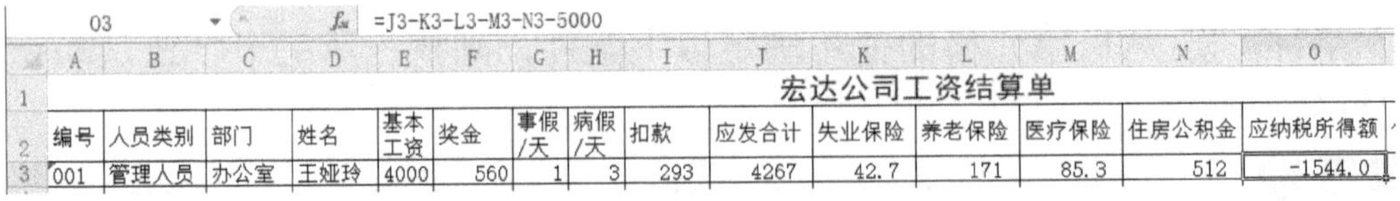

O3 =J3-K3-L3-M3-N3-5000

宏达公司工资结算单

编号	人员类别	部门	姓名	基本工资	奖金	事假/天	病假/天	扣款	应发合计	失业保险	养老保险	医疗保险	住房公积金	应纳税所得额
001	管理人员	办公室	王娅玲	4000	560	1	3	293	4267	42.7	171	85.3	512	-1544.0

图 4-15 设置“应纳税所得额”公式

2. 设置“代扣税”公式

选中 P3 单元格，在公式编辑栏中输入“=IF(AND(O3>0,O3<=3000),O3*0.03,IF(AND(O3>3000,O3<=12000),O3*0.1-210,IF(AND(O3>12000,O3<=25000),O3*0.2-1410,IF(AND(O3>25000,O3<=35000),O3*0.25-2660,IF(AND(O3>35000,O3<=55000),O3*0.3-4410,IF(AND (O3>55000,O3<=80000),O3*0.35-7160,IF(O3>80000,O3*0.45-15160,0)))))))”，按【Enter】键，如图 4-16 所示。

P3　fx

```
=IF(AND(O3>0,O3<=3000),O3*0.03,IF(AND(O3>3000,O3<=12000),O3*0.1-210,IF(AND(O3>12000,O3<=25000),O3*0.2-1410,IF(AND(O3>25000,O3<=35000),O3*0.25-2660,IF(AND(O3>35000,O3<=55000),O3*0.3-4410,IF(AND(O3>55000,O3<=80000),O3*0.35-7160,IF(O3>80000,O3*0.45-15160,0)))))))
```

	A	B	C	D	E	F	G	H	I	J	K	L	M	N	O	P	Q	R	S
1	宏达公司工资结算单																		
2	编号	人员类别	部门	姓名	基本工资	奖金	事假/天	病假/天	扣款	应发合计	失业保险	养老保险	医疗保险	住房公积金	应纳税所得额	代扣税	扣发合计	实发工资	签名
3	001	管理人员	办公室	王娅玲	4000	560	1	3	293	4267	42.7	171	85.3	512	-1544.0	0.0			

图 4-16　输入“代扣税”公式

小贴士

在 Excel 中输入公式后，有时会在单元格内显示错误信息，不能正确地计算出结果。这些错误信息，有的是因公式本身产生的，有的不是。下面介绍几种常见的错误信息，以及避免出错的办法。

1. 错误信息：####

含义：单元格中的数据太长或单元格公式所计算出的结果太大，使结果在单元格中显示不下；或者是日期和时间格式的单元格做减法，出现了负值。

解决办法：增加列的宽度，使结果能够完全显示；如果是由日期和时间格式的单元格做减法出现了负值引起的，可以改变单元格的格式，如改为“文本”，使结果为负的时间量。

2. 错误信息：#DIV/0!

含义：试图除以 0，即除数为 0、公式中的除数使用了空单元格或包含 0 值的单元格引用。

解决办法：修改单元格引用，或者在作为除数的单元格中输入不为 0 的值。

3. 错误信息：#VALUE!

含义：输入了引用文本的数学公式，使用了不正确的参数或运算符，或者执行了自动更正公式功能而不能更正公式。

解决办法：确认公式所需的运算符或参数是否正确，公式引用的单元格中是否包含有效的数值。例如，C4 单元格中有一个数字或逻辑值，而 D4 单元格包含文本，则在计算公式“=C4＋D4”时，Excel 不能将文本转换为正确的数据类型，因而返回错误信息＃VALUE!。

4. 错误信息：#REF!

含义：删除了被公式引用的单元格范围。

解决办法：恢复被引用的单元格范围，或重新设定引用范围。

5. 错误信息：#N/A

含义：无信息可用于所要执行的计算。用户可以在单元格中输入#N/A，以表明正在等待数据。任何引用了含有#N/A 值的单元格都将返回#N/A。

解决办法：在等待数据的单元格内填充数据。

6. 错误信息：#NAME?

含义：在公式中使用了 Excel 不能识别的文本，如输入了错误名称或已删除的名称；或者没有将文本放在双引号中。

解决办法：确认引用的名称拼写正确且确实存在；确认公式中引用的连续单元格区域使用了冒号（:），如“SUM(C1:C10)”；将公式中的文本放在双引号中。

7. 错误信息：#NUM!

含义：提供了无效的参数；或者因公式的计算结果太大或太小而无法在工作表中表示。

解决办法：确认公式中的参数类型正确；如果是公式的计算结果太大或太小，就要修改公式，使其结果在-1×10^{307}和1×10^{307}之间。

8. 错误信息：#NULL!

含义：使用了不正确的区域运算符；或者在两个范围之间插入了一个空格表示公共单元格，但这两个范围没有公共单元格。例如，输入“=SUM(A1:A10 C1:C10)”就会产生这种情况。

解决办法：检查区域运算符；取消两个范围之间的空格。例如，上式可改为“=SUM(A1:A10,C1:C10)”。

五、设置实发工资公式

任务驱动

在公式编辑栏设置“扣发合计”和“实发工资”的计算公式。

知识链接

扣发合计=失业保险+养老保险+医疗保险+住房公积金+代扣税

实发工资=应发合计−扣发合计

基本步骤

1. 设置“扣发合计”公式

选中 Q3 单元格，在公式编辑栏中输入“=K3+L3+M3+N3+P3”，按【Enter】键，如图 4-17 所示。

Q3 =K3+L3+M3+N3+P3

	A	B	C	D	E	F	G	H	I	J	K	L	M	N	O	P	Q	R	S
1	宏达公司工资结算单																		
2	编号	人员类别	部门	姓名	基本工资	奖金	事假/天	病假/天	扣款	应发合计	失业保险	养老保险	医疗保险	住房公积金	应纳税所得额	代扣税	扣发合计	实发工资	签名
3	001	管理人员	办公室	王娅玲	4000	560	1	3	293	4267	42.7	171	85.3	512	-1544.0	0.0	810.7		

图 4-17 设置“扣发合计”公式

2. 设置“实发工资”公式

选中 R3 单元格，在公式编辑栏中输入“=J3−Q3”，按【Enter】键，如图 4-18 所示。

	A	B	C	D	E	F	G	H	I	J	K	L	M	N	O	P	Q	R	S
1	宏达公司工资结算单																		
2	编号	人员类别	部门	姓名	基本工资	奖金	事假/天	病假/天	扣款	应发合计	失业保险	养老保险	医疗保险	住房公积金	应纳税所得额	代扣税	扣发合计	实发工资	签名
3	001	管理人员	办公室	王娅玲	4000	560	1	3	293	4267	42.7	171	85.3	512	-1544.0	0.0	810.7	3456	

图 4-18 设置“实发工资”公式

六、填充计算

任务驱动

填充计算 I3:R3 单元格区域数据。

基本步骤

选中 I3:R3 单元格区域，将光标移到选中区域右下角的填充柄上，向下拖动鼠标进行填充计算，将出现完整的计算结果，如图 4-19 所示。

宏达公司工资结算单

编号	人员类别	部门	姓名	基本工资	奖金	事假/天	病假/天	扣款	应发合计	失业保险	养老保险	医疗保险	住房公积金	应纳税所得额	代扣税	扣发合计	实发工资	签名
001	管理人员	办公室	王娅玲	4000	560	1	3	293	4267	42.7	171	85.3	512	-1544.0	0.0	810.7	3456	
002	职工	一车间	李阳	3500	2430			0	5930	59.3	237	118.6	712	-196.7	0.0	1126.7	4803	
003	管理人员	财务部	李阳阳	3600	2277			0	5877	58.8	235	117.5	705	-239.6	0.0	1116.6	4760	
004	管理人员	市场部	陈庚	3600	710			0	4310	43.1	172	86.2	517	-1508.9	0.0	818.9	3491	
005	临时人员	市场部	王蕾	2500	0			0	2500	25.0	100	50.0	300	-2975.0	0.0	475.0	2025	
006	职工	一车间	邓梦娜	4000	1448	1		133	5315	53.1	213	106.3	638	-695.1	0.0	1009.8	4305	
007	职工	一车间	王莉华	2600	1406			0	4006	40.1	160	80.1	481	-1755.1	0.0	761.1	3245	
008	管理人员	财务部	张贺	3450	649		2	92	4007	40.1	160	80.1	481	-1754.3	0.0	761.3	3246	
009	临时人员	财务部	李小倩	2400	0			0	2400	24.0	96	48.0	288	-3056.0	0.0	456.0	1944	
010	职工	一车间	刘礼刚	3600	200	2	3	384	3416	34.2	137	68.3	410	-2233.0	0.0	649.0	2767	

图 4-19　填充计算

任务实施、检查与评价

1．任务实施

安排 90 分钟学生上机操作。

2．任务检查

教师巡视检查，解答学生问题。

3．任务评价

（1）教师评价，如表 4-4 所示。

表 4-4　教师评价

任务操作及内容	任 务 评 价
一、设计工资结算单格式	
二、设置应发工资公式	
三、设置代扣款项公式	
四、设置个人所得税公式	
五、设置实发工资公式	
六、填充计算	
总　　评：	

（2）学生自评，如表 4-5 所示。

表 4-5　学生自评

任务操作及内容	任务完成情况
一、设计工资结算单格式	
二、设置应发工资公式	
三、设置代扣款项公式	
四、设置个人所得税公式	

续表

任务操作及内容	任务完成情况
五、设置实发工资公式	
六、填充计算	
总　　评：	
问题与解疑：	

任务二　制作和打印工资条

任务导入

财务人员每天面对的工作烦琐且单调，能不能找到更简单、更有效率的方法呢？例如，在工资结算单中，工资的项目名称（表头）一般只出现在表格的第一行，而在工资条中，为了便于阅读，则要求每个员工的工资条都有表头，那么如何巧妙地将工资结算单制作成便于打印的工资条呢？

一、制作工资条

任务驱动

制作针对每个员工的有每个项目名称的工资条。

知识链接

制作工资条的一般方法是复制标题行，插入复制单元格，然后裁剪下来发给每个员工。但这样做很麻烦，特别是员工人数多的企业，制作起来很费时间。

“条条大路通罗马”，不过路有远近之分，方法也有难易之别。下面提供一种利用Excel的排序功能制作工资条的简单方法。

基本步骤

（1）打开如图4-1所示的工资结算单。

（2）复制工作表。

方法一：在“三月份工资表”工作表标签上右击，在弹出的快捷菜单中选择“移动或复制”命令，如图4-20所示。在弹出的“移动或复制工作表”对话框中选择要存放的工作簿和位置，选中“建立副本”复选框，如图4-21所示，单击“确定”按钮。

方法二：选中“三月份工资表”工作表标签，在按住【Ctrl】键的同时拖动鼠标，此时标签的左上角出现一个黑色小三角，在合适位置松开鼠标，将生成工作表副本。

（3）复制的工作表“三月份工资表（2）”如图4-22所示。然后将“三月份工资表（2）”重命名为“三月份工资条”。

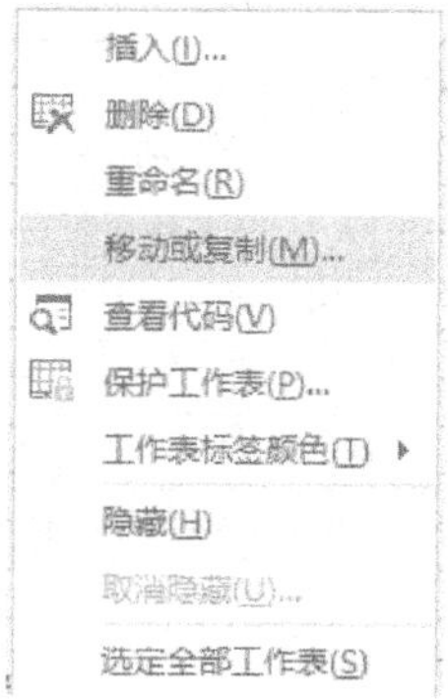

图 4-20　快捷菜单

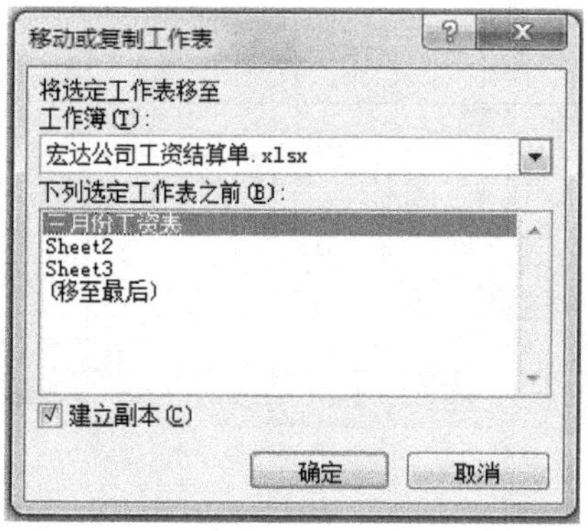

图 4-21　“移动或复制工作表”对话框

图 4-22　复制工作表

（4）删除标题所在行，如图 4-23 所示。

编号	人员类别	部门	姓名	基本工资	奖金	事假/天	病假/天	扣款	应发合计	失业保险	养老保险	医疗保险	住房公积金	应纳税所得额	代扣税	扣发合计	实发工资	签名
001	管理人员	办公室	王妍玲	4000	560	1	3	293	4267	42.7	171	85.3	512	-1544.0	0.0	810.7	3456	
002	职工	一车间	李阳	3500	2430			0	5930	59.3	237	118.6	712	-196.7	0.0	1126.7	4803	
003	管理人员	财务部	李阳阳	3600	2277			0	5877	58.8	235	117.5	705	-239.6	0.0	1116.6	4760	
004	管理人员	市场部	陈庚	3600	710			0	4310	43.1	172	86.2	517	-1508.9	0.0	818.9	3491	
005	临时人员	市场部	王蕾	2500	0			0	2500	25.0	100	50.0	300	-2975.0	0.0	475.0	2025	
006	职工	一车间	邓梦娜	4000	1448	1		133	5315	53.1	213	106.3	638	-695.1	0.0	1009.8	4305	
007	职工	一车间	王莉华	2600	1406			0	4006	40.1	160	80.1	481	-1755.1	0.0	761.1	3245	
008	管理人员	财务部	张贺	3450	649		2	92	4007	40.1	160	80.1	481	-1754.3	0.0	761.3	3246	
009	临时人员	财务部	李小倩	2400	0			0	2400	24.0	96	48.0	288	-3056.0	0.0	456.0	1944	
010	职工	一车间	刘礼刚	3600	200	2	3	384	3416	34.2	137	68.3	410	-2233.0	0.0	649.0	2767	

图 4-23　调整表格

（5）在“签名”列中依次输入 1,2,…,10，如图 4-24 所示。注意：输入的数字为员工数量；在“签名”列中输入数字是因为此列内容为空白。

编号	人员类别	部门	姓名	基本工资	奖金	事假/天	病假/天	扣款	应发合计	失业保险	养老保险	医疗保险	住房公积金	应纳税所得额	代扣税	扣发合计	实发工资	签名
001	管理人员	办公室	王妍玲	4000	560	1	3	293	4267	42.7	171	85.3	512	-1544.0	0.0	810.7	3456	1
002	职工	一车间	李阳	3500	2430			0	5930	59.3	237	118.6	712	-196.7	0.0	1126.7	4803	2
003	管理人员	财务部	李阳阳	3600	2277			0	5877	58.8	235	117.5	705	-239.6	0.0	1116.6	4760	3
004	管理人员	市场部	陈庚	3600	710			0	4310	43.1	172	86.2	517	-1508.9	0.0	818.9	3491	4
005	临时人员	市场部	王蕾	2500	0			0	2500	25.0	100	50.0	300	-2975.0	0.0	475.0	2025	5
006	职工	一车间	邓梦娜	4000	1448	1		133	5315	53.1	213	106.3	638	-695.1	0.0	1009.8	4305	6
007	职工	一车间	王莉华	2600	1406			0	4006	40.1	160	80.1	481	-1755.1	0.0	761.1	3245	7
008	管理人员	财务部	张贺	3450	649		2	92	4007	40.1	160	80.1	481	-1754.3	0.0	761.3	3246	8
009	临时人员	财务部	李小倩	2400	0			0	2400	24.0	96	48.0	288	-3056.0	0.0	456.0	1944	9
010	职工	一车间	刘礼刚	3600	200	2	3	384	3416	34.2	137	68.3	410	-2233.0	0.0	649.0	2767	10

图 4-24　输入数字

（6）在刚刚输入的数字 10 下的单元格中继续输入 1.1,2.1,3.1,…,9.1，比上面的数据少一个。

（7）复制“编号”～“实发工资”文字，粘贴到 1.1 左侧，如图 4-25 所示。按住鼠标左键拖动填充柄，将“编号”～“实发工资”文字复制填充至 2.1～9.1 左侧。

（8）选中“签名”所在单元格，单击“开始”选项卡“编辑”组中的“排序和筛选”下拉按钮，在打开的下拉列表中选择“升序”选项，如图 4-26 所示。

（9）删除“签名”列，如图 4-27 所示。

编号	人员类别	部门	姓名	基本工资	奖金	事假/天	病假/天	扣款	应发合计	失业保险	养老保险	医疗保险	住房公积金	应纳税所得额	代扣税	扣发合计	实发工资	签名
001	管理人员	办公室	王娅玲	4000	560	1	3	293	4267	42.7	171	85.3	512	-1544.0	0.0	810.7	3456	1
002	职工	一车间	李阳	3500	2430			0	5930	59.3	237	118.6	712	-196.7	0.0	1126.7	4803	2
003	管理人员	财务部	李阳阳	3600	2277			0	5877	58.8	235	117.5	705	-239.6	0.0	1116.6	4760	3
004	管理人员	市场部	陈庚	3600	710			0	4310	43.1	172	86.2	517	-1508.9	0.0	818.9	3491	4
005	临时人员	市场部	王蕾	2500	0			0	2500	25.0	100	50.0	300	-2975.0	0.0	475.0	2025	5
006	职工	一车间	邓梦娜	4000	1448	1		133	5315	53.1	213	106.3	638	-695.1	0.0	1009.8	4305	6
007	职工	一车间	王莉华	2600	1406			0	4006	40.1	160	80.1	481	-1755.1	0.0	761.1	3245	7
008	管理人员	财务部	张贺	3450	649		2	92	4007	40.1	160	80.1	481	-1754.3	0.0	761.3	3246	8
009	临时人员	财务部	李小倩	2400	0			0	2400	24.0	96	48.0	288	-3056.0	0.0	456.0	1944	9
010	职工	一车间	刘礼刚	3600	200	2	3	384	3416	34.2	137	68.3	410	-2233.0	0.0	649.0	2767	10
编号	人员类别	部门	姓名	基本工资	奖金	事假/天	病假/天	扣款	应发合计	失业保险	养老保险	医疗保险	住房公积金	应纳税所得额	代扣税	扣发合计	实发工资	1.1
																		2.1
																		3.1
																		4.1
																		5.1
																		6.1
																		7.1
																		8.1
																		9.1

图 4-25　复制、粘贴文字

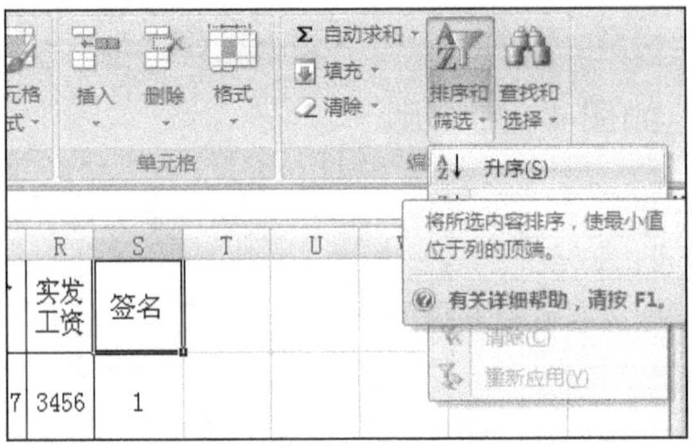

图 4-26　按“签名”列排序

编号	人员类别	部门	姓名	基本工资	奖金	事假/天	病假/天	扣款	应发合计	失业保险	养老保险	医疗保险	住房公积金	应纳税所得额	代扣税	扣发合计	实发工资
001	管理人员	办公室	王娅玲	4000	560	1	3	293	4267	42.7	171	85.3	512	-1544.0	0.0	810.7	3456
编号	人员类别	部门	姓名	基本工资	奖金	事假/天	病假/天	扣款	应发合计	失业保险	养老保险	医疗保险	住房公积金	应纳税所得额	代扣税	扣发合计	实发工资
002	职工	一车间	李阳	3500	2430			0	5930	59.3	237	118.6	712	-196.7	0.0	1126.7	4803
编号	人员类别	部门	姓名	基本工资	奖金	事假/天	病假/天	扣款	应发合计	失业保险	养老保险	医疗保险	住房公积金	应纳税所得额	代扣税	扣发合计	实发工资
003	管理人员	财务部	李阳阳	3600	2277			0	5877	58.8	235	117.5	705	-239.6	0.0	1116.6	4760
编号	人员类别	部门	姓名	基本工资	奖金	事假/天	病假/天	扣款	应发合计	失业保险	养老保险	医疗保险	住房公积金	应纳税所得额	代扣税	扣发合计	实发工资
004	管理人员	市场部	陈庚	3600	710			0	4310	43.1	172	86.2	517	-1508.9	0.0	818.9	3491
编号	人员类别	部门	姓名	基本工资	奖金	事假/天	病假/天	扣款	应发合计	失业保险	养老保险	医疗保险	住房公积金	应纳税所得额	代扣税	扣发合计	实发工资
005	临时人员	市场部	王蕾	2500	0			0	2500	25.0	100	50.0	300	-2975.0	0.0	475.0	2025
编号	人员类别	部门	姓名	基本工资	奖金	事假/天	病假/天	扣款	应发合计	失业保险	养老保险	医疗保险	住房公积金	应纳税所得额	代扣税	扣发合计	实发工资
006	职工	一车间	邓梦娜	4000	1448	1		133	5315	53.1	213	106.3	638	-695.1	0.0	1009.8	4305
编号	人员类别	部门	姓名	基本工资	奖金	事假/天	病假/天	扣款	应发合计	失业保险	养老保险	医疗保险	住房公积金	应纳税所得额	代扣税	扣发合计	实发工资
007	职工	一车间	王莉华	2600	1406			0	4006	40.1	160	80.1	481	-1755.1	0.0	761.1	3245
编号	人员类别	部门	姓名	基本工资	奖金	事假/天	病假/天	扣款	应发合计	失业保险	养老保险	医疗保险	住房公积金	应纳税所得额	代扣税	扣发合计	实发工资
008	管理人员	财务部	张贺	3450	649		2	92	4007	40.1	160	80.1	481	-1754.3	0.0	761.3	3246
编号	人员类别	部门	姓名	基本工资	奖金	事假/天	病假/天	扣款	应发合计	失业保险	养老保险	医疗保险	住房公积金	应纳税所得额	代扣税	扣发合计	实发工资
009	临时人员	财务部	李小倩	2400	0			0	2400	24.0	96	48.0	288	-3056.0	0.0	456.0	1944
编号	人员类别	部门	姓名	基本工资	奖金	事假/天	病假/天	扣款	应发合计	失业保险	养老保险	医疗保险	住房公积金	应纳税所得额	代扣税	扣发合计	实发工资
010	职工	一车间	刘礼刚	3600	200	2	3	384	3416	34.2	137	68.3	410	-2233.0	0.0	649.0	2767

图 4-27　工资条

小贴士

在制作工资条的操作中，进行排序前需先取消合并单元格或将合并单元格调整为相同大小，否则将会提示“此操作要求合并单元格都具有相同大小”。

二、打印工资条

任务驱动

（1）页面设置。

（2）打印设置。

基本步骤

（1）因为工资条涉及的人员较多，可以将纸张设置为 A4 纸，纵向。

（2）调整页边距，使其与表格内容适合。

（3）按需要打印的员工工资条设置打印范围。

（4）进行打印输出，再将每个员工的工资条裁剪出来。

任务实施、检查与评价

1. 任务实施

安排 20 分钟学生上机操作。

2. 任务检查

教师巡视检查，解答学生问题。

3. 任务评价

（1）教师评价，如表 4-6 所示。

表 4-6　教师评价

任务操作及内容	任 务 评 价
一、制作工资条	
二、打印工资条	
总　　评：	

（2）学生自评，如表 4-7 所示。

表 4-7　学生自评

任务操作及内容	任务完成情况
一、制作工资条	
二、打印工资条	
总　　评：	
问题与解疑：	

边学边练

如图 4-28～图 4-30 所示，在 Excel 中创建 2020 年 4 月伟业公司财会部、工程部和销售部工资结算单。事假、病假扣款标准及公式如表 4-1 所示，失业保险、养老保险、医疗保险、住房公积金缴纳标准及公式如表 4-2 所示，代扣个人所得税税率如表 4-3 所示。

2020年4月伟业公司财会部工资结算单

编号	人员类别	姓名	基本工资	奖金	事假/天	病假/天	扣款	应发合计	失业保险	养老保险	医疗保险	住房公积金	应纳税所得额	代扣税	扣发合计	实发工资	签名
002	职工	宋莹	3067	780		1	40.9	3806.1	38.1	152.2	76.1	456.7	-1917.1	0.0	723.2	3082.9	
003	管理人员	张飞燕	2584	670		2	68.9	3185.1	31.9	127.4	63.7	382.2	-2420.1	0.0	605.2	2579.9	
004	管理人员	魏鹏	2226	660		5	148.4	2737.6	27.4	109.5	54.8	328.5	-2782.5	0.0	520.1	2217.5	
005	临时人员	高亚萍	5008	690			0.0	5698.0	57.0	227.9	114.0	683.8	-384.6	0.0	1082.6	4615.4	
006	职工	迟胜男	5627	840			0.0	6467.0	64.7	258.7	129.3	776.0	238.3	7.1	1235.9	5231.1	
007	职工	鲍玉霞	5582	650			0.0	6232.0	62.3	249.3	124.6	747.8	47.9	1.4	1185.5	5046.5	
008	管理人员	郑天娇	2506	580			0.0	3086.0	30.9	123.4	61.7	370.3	-2500.3	0.0	586.3	2499.7	

图 4-28　2020 年 4 月伟业公司财会部工资结算单

2020年4月伟业公司工程部工资结算单

编号	人员类别	姓名	基本工资	奖金	事假/天	病假/天	扣款	应发合计	失业保险	养老保险	医疗保险	住房公积金	应纳税所得额	代扣税	扣发合计	实发工资	签名
001	管理人员	徐文酒	3198	950			0.0	4148.0	41.5	165.9	83.0	497.8	-1640.1	0.0	788.1	3359.9	
002	职工	李宁	2565	620	1		85.5	3099.5	31.0	124.0	62.0	371.9	-2489.4	0.0	588.9	2510.6	
003	管理人员	李艺	2265	350	2		151.0	2464.0	24.6	98.6	49.3	295.7	-3004.2	0.0	468.2	1995.8	
004	管理人员	周奕南	3567	860	2		237.8	4189.2	41.9	167.6	83.8	502.7	-1606.7	0.0	795.9	3393.3	
005	临时人员	周雪	2457	980		2	65.5	3371.5	33.7	134.9	67.4	404.6	-2269.1	0.0	640.6	2730.9	
006	职工	杨雅君	2134	780	5		355.7	2558.3	25.6	102.3	51.2	307.0	-2927.8	0.0	486.1	2072.3	
007	职工	王丽	3568	450			0.0	4018.0	40.2	160.7	80.4	482.2	-1745.4	0.0	763.4	3254.6	
008	管理人员	张佳佳	3565	340			0.0	3905.0	39.1	156.2	78.1	468.6	-1837.0	0.0	742.0	3163.1	
009	临时人员	陈亚军	2087	550			0.0	2637.0	26.4	105.5	52.7	316.4	-2864.0	0.0	501.0	2136.0	
010	职工	彭丽坤	3554	330	3	0.5	379.1	3504.9	35.0	140.2	70.1	420.6	-2161.0	0.0	665.9	2839.0	
011	管理人员	方圆	2578	450			0.0	3028.0	30.3	121.1	60.6	363.4	-2547.3	0.0	575.3	2452.7	
012	职工	周小玉	3565	870			0.0	4435.0	44.4	177.4	88.7	532.2	-1407.7	0.0	842.7	3592.4	
013	管理人员	张智彬	3087	740			0.0	3827.0	38.3	153.1	76.5	459.2	-1900.1	0.0	727.1	3099.9	
014	管理人员	陶意凡	3554	910			0.0	4464.0	44.6	178.6	89.3	535.7	-1384.2	0.0	848.2	3615.8	
015	临时人员	肖雨阳	3978	610	1	0.5	159.1	4428.9	44.3	177.2	88.6	531.5	-1412.6	0.0	841.5	3587.4	

图 4-29　2020 年 4 月伟业公司工程部工资结算单

2020年4月伟业公司销售部工资结算单

编号	人员类别	姓名	基本工资	奖金	事假/天	病假/天	扣款	应发合计	失业保险	养老保险	医疗保险	住房公积金	应纳税所得额	代扣税	扣发合计	实发工资	签名
001	管理人员	李杨	4317	520		1	57.6	4779.4	47.8	191.2	95.6	573.5	-1128.7	0.0	908.1	3871.3	
002	职工	陈雨飞	5146	520			0.0	5666.0	56.7	226.6	113.3	679.9	-410.5	0.0	1076.5	4589.5	
003	管理人员	李清炎	3890	480	1	2	233.4	4136.6	41.4	165.5	82.7	496.4	-1649.4	0.0	786.0	3350.6	
004	管理人员	张泽旺	4112	460			0.0	4572.0	45.7	182.9	91.4	548.6	-1296.7	0.0	868.7	3703.3	
005	临时人员	郝林林	4098	450			0.0	4548.0	45.5	181.9	91.0	545.8	-1316.1	0.0	864.1	3683.9	
006	职工	李志任	4606	450	0.5		76.8	4979.2	49.8	199.2	99.6	597.5	-966.8	0.0	946.1	4033.2	
007	职工	孟令军	4608	466			0.0	5074.0	50.7	203.0	101.5	608.9	-890.1	0.0	964.1	4109.9	
008	管理人员	王晓博	5013	460		7	467.9	5005.1	50.1	200.2	100.1	600.6	-945.9	0.0	951.0	4054.1	
009	临时人员	邢建华	4640	466			0.0	5106.0	51.1	204.2	102.1	612.7	-864.1	0.0	970.1	4135.9	
010	职工	张光波	4641	630			0.0	5271.0	52.7	210.8	105.4	632.5	-730.5	0.0	1001.5	4269.5	
011	管理人员	张欢波	4775	430		0.5	31.8	5173.2	51.7	206.9	103.5	620.8	-809.7	0.0	982.9	4190.3	
012	职工	张肖光	4681	480			0.0	5161.0	51.6	206.4	103.2	619.3	-819.6	0.0	980.6	4180.4	
013	管理人员	潘恒伟	4219	551			0.0	4770.0	47.7	190.8	95.4	572.4	-1136.3	0.0	906.3	3863.7	
014	管理人员	李鹏	4305	400			0.0	4705.0	47.1	188.2	94.1	564.6	-1189.0	0.0	894.0	3811.1	
015	临时人员	陈佳佳	4690	460		3	187.6	4962.4	49.6	198.5	99.2	595.5	-980.5	0.0	942.9	4019.5	
016	管理人员	海旭亮	4009	800		4	213.8	4595.2	46.0	183.8	91.9	551.4	-1277.9	0.0	873.1	3722.1	
017	职工	张云龙	4435	831			0.0	5266.0	52.7	210.6	105.3	631.9	-734.5	0.0	1000.5	4265.5	
018	管理人员	李小龙	4605	800		1	61.4	5343.6	53.4	213.7	106.9	641.2	-671.7	0.0	1015.3	4328.3	
019	管理人员	杨霖	4634	843		3	185.4	5291.6	52.9	211.7	105.8	635.0	-713.8	0.0	1005.4	4286.2	
020	临时人员	田亚龙	4634	830			0.0	5464.0	54.6	218.6	109.3	655.7	-574.2	0.0	1038.2	4425.8	

图 4-30　2020 年 4 月伟业公司销售部工资结算单

要求：

（1）分别制作财会部、工程部和销售部工资结算单，设置“扣发合计”和“实发工资”列的单元格类型为“数值”且保留 1 位小数，进行公式定义和计算填充。

（2）分别计算 3 个部门的平均工资，同时在新建工作表中插入以“各部门平均工资比较图”命名的各部门平均工资柱形比较图，并在图中标注平均工资数值（自学此部分内容）。

（3）制作工程部工资条。

操作提示

工资结算单

实用小技巧

Excel 快捷键小技巧

可以用下面这几个 Excel 快捷键小技巧来提高工作效率。

（1）用【Ctrl+PgDn / PgUp】组合键切换工作表。按【Ctrl+PgDn / PgUp】组合键，可以实现在 Sheet1、Sheet2 等工作表中快速切换。

（2）用【Ctrl+方向】组合键快速切换单元格。可以只按方向键，然后一个一个地切换单元格。如果想快速切换单元格，按【Ctrl+方向】组合键即可。

（3）用【Shift】键选择数据。按【Ctrl + Shift +方向】组合键，能够选中连续的多个同行或同列单元格。

（4）双击自动填充数据。用公式填充同行或同列数据时，可以按住填充柄拖动鼠标，到最后一行或最后一列时松开鼠标。但如果需要填充上百行或上百列数据呢？此时双击填充柄，即可轻松填充连续的多行或多列数据。

（5）迅速统一数据格式。要让数据显示两位小数，按【Ctrl + Shift + !】组合键；单位要用美元，按【Ctrl + Shift + $】组合键；要用百分比格式，按【Ctrl + Shift + %】组合键。

项目五

固定资产管理表格设计

学习目标

❖ 掌握固定资产卡片的设计方法。

❖ 熟悉固定资产折旧的计算方法及固定资产卡片内容的输入方式。

❖ 了解固定资产中的数据管理。

任务目标

❖ 固定资产卡片设计。

❖ 固定资产折旧计算。

❖ 固定资产数据管理。

任务一　固定资产卡片设计

任务导入

3 月初，宏达公司准备进行固定资产清查，公司董事会要求财务部门配合资产管理部门尽快提供年底的固定资产明细清单。财务部门主管和资产管理部门主管经商议后决定，先让会计小张制作“固定资产管理”工作簿，再由资产管理员小李提供全部资产的明细资料，补充到“固定资产管理”工作簿中。由于固定资产清查完成后，固定资产卡片将不再手工填制，于是小张决定用“固定资产管理”工作簿直接生成卡片并用于打印。为了办好此项任务，小张需要做好两项工作：利用 Excel 制作“固定资产管理”工作簿；设计固定资产明细与固定资产卡片之间的数据关系，防止重复工作。

表格示例

固定资产管理

一、创建固定资产卡片结构

任务驱动

（1）新建一个工作簿。

（2）工作簿包含“固定资产卡片”“固定资产明细”“基础信息”3 个工作表。

（3）整理并保存工作簿。

知识链接

固定资产管理的基本信息内容是固定资产的信息库。一般情况下，需要在固定资产信息库中填列的内容比较多，如卡片编号、固定资产编号、固定资产名称、类别名称、增加方式、规格型号、使用部门、使用状况、使用年限、计量单位、数量、折旧方法、开始使用日期、已计提月份、剩余计提月份、原值、净残值率、净残值等。一般来说，企业有多少项固定资产，就应建立多少张固定资产卡片。因此，一个界面友好、输入方便的卡片格式就显得很重要。

固定资产管理主要包括以下几个方面的内容。

（1）固定资产卡片：主要用于使用部门的保存管理，可以作为固定资产台账的记录依据。

（2）固定资产明细：包含与固定资产有关的所有项目内容，资产管理部门可根据本表对固定资产进行有效管理。

（3）基础信息：为了提高数据输入的准确性和效率，可将一些数据内容相对比较固定的项目信息集中到本表。

基本步骤

1. 新建一个工作簿

（1）在桌面空白处右击，在弹出的快捷菜单中选择“新建”|“Microsoft Excel”命令，新建一个工作簿。

（2）将工作簿重命名为“固定资产管理”。

2. 设计“固定资产管理”工作簿结构

（1）在工作表标签“Sheet1”上右击，在弹出的如图5-1所示的快捷菜单中选择“重命名”命令，输入“固定资产卡片”，按【Enter】键确认。

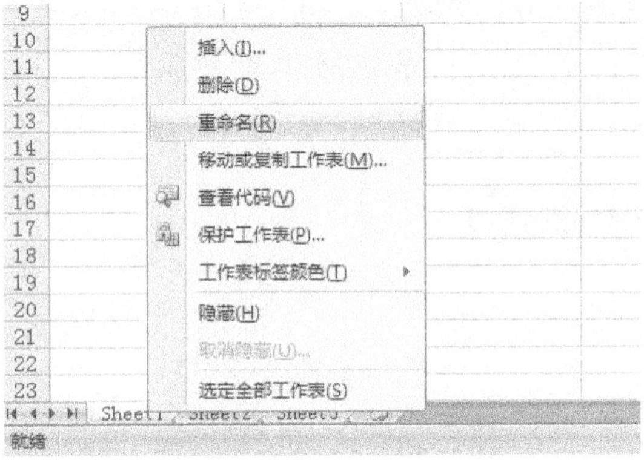

图5-1　快捷菜单

（2）用同样的方法将工作表“Sheet2”和“Sheet3”分别重命名为“固定资产明细”和“基础信息”。

3. 整理并保存工作簿

（1）选择“文件”|“保存”或“另存为”命令，直接保存或弹出“另存为”对话框。

（2）在“另存为”对话框中选择保存路径，输入文件名“固定资产管理”，单击“保存”按钮。

二、设计固定资产卡片内容和格式

任务驱动

在上述操作结果的基础上，完成以下任务。

（1）选择“固定资产卡片”工作表，设计固定资产卡片样式，如表5-1所示。

（2）根据以下资料对“固定资产卡片”工作表所需填写部分进行格式设计。

① 列宽：15。

② 卡片编号：文本型，带下画线。

③ 固定资产编号：文本型。

表 5-1　固定资产卡片样式

固定资产卡片

卡片编号　　　　　　　　　　　　　　　　　　　　　　　日期

固定资产编号		固定资产名称			
类别名称		增加方式		规格型号	
使用部门		使用状况		使用年限	
计量单位		数量		折旧方法	
开始使用日期		已计提月份		剩余计提月份	
原值		净残值率		净残值	
年份	年折旧额			累计折旧	年末折余价值
0					
1					

④ 日期、开始使用日期：日期型，类型为“2001 年 3 月 14 日”（与操作时的日期一致）。

⑤ 净残值率：百分比型，小数位数为“0”。

⑥ 使用年限、已计提月份、剩余计提月份、原值、净残值、年折旧额、累计折旧、年末折余价值：数值型，小数位数为“0”，使用千位分隔符。

⑦ 表格边框：外边框为粗线，内边框为虚线。

⑧ 对齐方式：居中。

知识链接

固定资产卡片内容、格式设计主要包括以下几个方面。

（1）文字内容的输入。

（2）卡片列宽的设置。

（3）卡片中单元格属性的设置：如文本型、日期型、百分比型、数值型等。

（4）卡片中表格边框的设置。

（5）卡片中对齐方式的设置。

基本步骤

1. 输入固定资产卡片的文字内容

（1）打开“固定资产管理”工作簿。

（2）在“固定资产卡片”工作表中输入下列固定资产卡片项目。

① 在 A1 单元格中输入“固定资产卡片”。

② 在 A2 单元格中输入“卡片编号”；在 E2 单元格中输入“日期”。

③ 在 A3 单元格中输入“固定资产编号”；在 C3 单元格中输入“固定资产名称”。

④ 在 A4 单元格中输入“类别名称”；在 C4 单元格中输入“增加方式”；在 E4 单元格中输入“规格型号”。

⑤ 在 A5 单元格中输入“使用部门”；在 C5 单元格中输入“使用状况”；在 E5 单元格中输入“使用年限”。

⑥ 在 A6 单元格中输入“计量单位”；在 C6 单元格中输入“数量”；在 E6 单元格中输入“折旧方法”。

⑦ 在 A7 单元格中输入“开始使用日期”；在 C7 单元格中输入“已计提月份”；在 E7 单元格中输入“剩余计提月份”。

⑧ 在 A8 单元格中输入“原值”；在 C8 单元格中输入“净残值率”；在 E8 单元格中输入“净残值”。

⑨ 在 A9 单元格中输入“年份”；在 B9 单元格中输入“年折旧额”；在 E9 单元格中输入“累计折旧”；在 F9 单元格中输入“年末折余价值”。

⑩ 在 A10 单元格中输入“0”。

⑪ 在 A11 单元格中输入“1”，如图 5-2 所示。

	A	B	C	D	E	F	G
1	固定资产卡片						
2	卡片编号				日期		
3	固定资产编号		固定资产名称				
4	类别名称		增加方式		规格型号		
5	使用部门		使用状况		使用年限		
6	计量单位		数量		折旧方法		
7	开始使用日期		已计提月份		剩余计提月份		
8	原值		净残值率		净残值		
9	年份	年折旧额			累计折旧	年末折余价值	
10	0						
11	1						

图 5-2　输入固定资产卡片项目

2．设计固定资产卡片格式

（1）选中 A1:F1 单元格区域，单击“开始”选项卡“对齐方式”组中的“合并后居中”按钮。用同样的方法分别合并 D3:F3、B9:D9、B10:D10、B11:D11 单元格区域，如图 5-3 所示。

	A	B	C	D	E	F	G
1			固定资产卡片				
2	卡片编号				日期		
3	固定资产编号		固定资产				
4	类别名称		增加方式		规格型号		
5	使用部门		使用状况		使用年限		
6	计量单位		数量		折旧方法		
7	开始使用日期		已计提月份		剩余计提月份		
8	原值		净残值率		净残值		
9	年份		年折旧额		累计折旧	年末折余价值	
10	0						
11	1						

图 5-3　合并单元格

（2）选中列标 A:F 并右击，在弹出的快捷菜单中选择“列宽”命令，设置列宽值为 15。

（3）选中 B2 单元格，单击“开始”选项卡“字体”组中的“下画线”按钮 U 。选中 B2 和 B3 单元格并右击，在弹出的快捷菜单中选择“设置单元格格式”命令，弹出“设置单元格格式”对话框。在“数字”选项卡中设置其分类为“文本”，单击“确定”按钮。

（4）选中 F2、B7 单元格并右击，在弹出的快捷菜单中选择“设置单元格格式”命令，弹出“设置单元格格式”对话框。在“数字”选项卡中设置其分类为“日期”，类型为“2001 年 3 月 14 日”，单击“确定”按钮。

（5）选中 D8 单元格并右击，在弹出的快捷菜单中选择“设置单元格格式”命令，弹出“设置单元格格式”对话框。在“数字”选项卡中设置其分类为“百分比”，小数位数为“0”，单击“确定”按钮。

（6）选中 F5、D7、F7、B8、F8、B10、E10、F10、B11、E11 和 F11 单元格并右击，在弹出的快捷菜单中选择“设置单元格格式”命令，弹出“设置单元格格式”对话框。在“数字”选项卡中设置其分类为“数值”，小数位数为“0”，并使用千位分隔符，单击“确定”按钮。

（7）选中 A3:F11 单元格区域并右击，在弹出的快捷菜单中选择“设置单元格格式”命令，弹出“设置单元格格式”对话框。设置外边框为粗线、内边框为虚线，如图 5-4 所示。

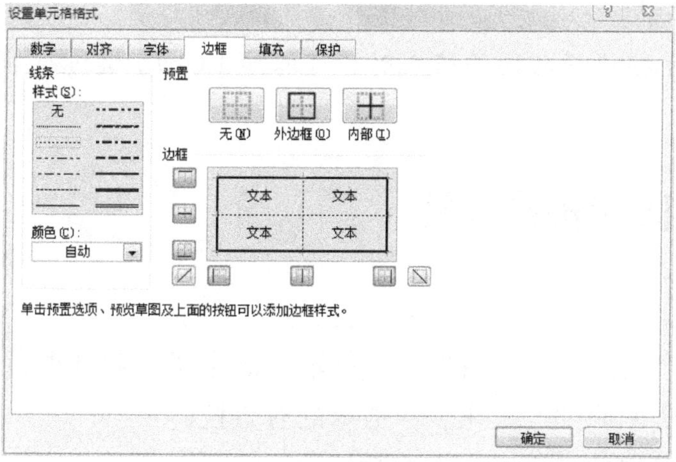

图 5-4　设置边框

（8）选中 A3:F11 单元格区域并右击，在弹出的快捷菜单中选择“设置单元格格式”命令，弹出“设置单元格格式”对话框。设置水平、垂直对齐方式均为“居中”，如图 5-5 所示。

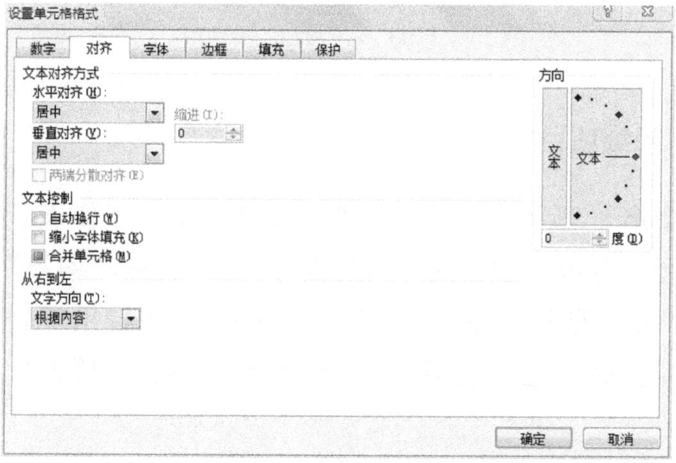

图 5-5　设置对齐方式

以上操作步骤完成后，界面效果如图 5-6 所示。

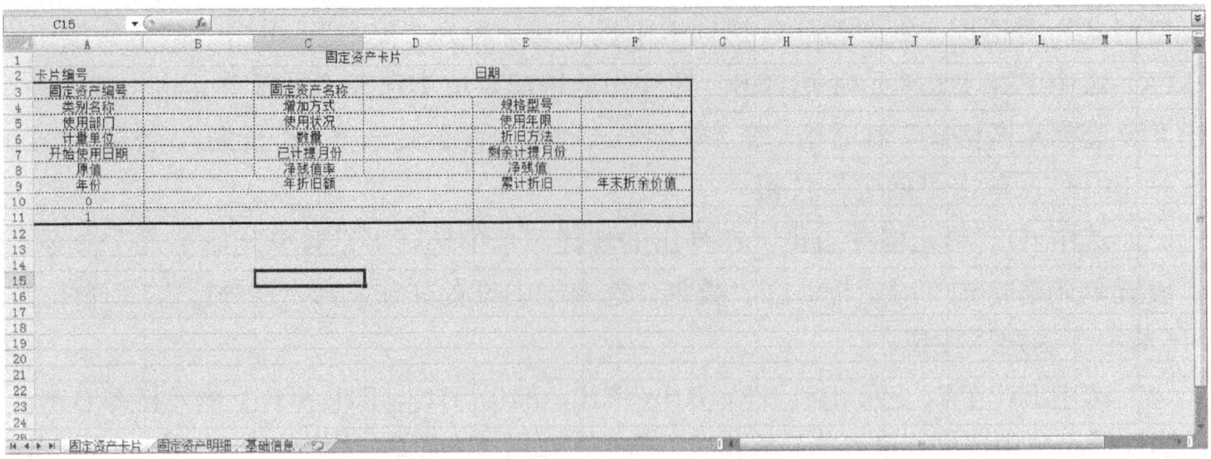

图 5-6　固定资产卡片设计完成后的效果

小贴士

（1）合并单元格时，B9:D9、B10:D10、B11:D11 单元格区域可以使用跨越合并，即按行合并。

（2）对不同的单元格设置相同的格式时，可以按【Ctrl】键进行非连续选择，然后进行统一设置。

三、整理和保存固定资产卡片

任务驱动

（1）在“固定资产明细”工作表的第一行输入固定资产明细项目。

（2）设置“固定资产明细”工作表中数据的有效性。

（3）设置“固定资产明细”工作表中数据的公式。

（4）设置“固定资产卡片”工作表中数据的来源。

知识链接

“固定资产管理”工作簿中的相关数据要能够被及时更新到相关表页中。

基本步骤

1. 输入固定资产明细项目

（1）打开“固定资产管理”工作簿的“固定资产明细”工作表。

（2）在 A1:S1 单元格区域分别输入“卡片编号”“固定资产编号”“固定资产名称”“类别名称”“增加方式”“规格型号”“使用部门”“使用状况”“使用年限”“计量单位”“数量”“折旧方法”“开始使用日期”“已计提月份”“剩余计提月份”“原值”“净残值率”“净残值”“总工作量”。

（3）设置 A、B 列单元格格式为“文本”；M 列单元格格式为“日期”，类型为“2001 年 3 月 14 日”；I、N、O、P、R、S 列单元格格式为“数值”，小数位数为“0”；Q 列单元格格式为“百分比”，小数位数为“0”。

（4）为使单元格中隐藏的数据完整地显示出来，选中 A1:S1 单元格区域并右击，在弹出的快捷菜单中选择“设置单元格格式”命令，弹出“设置单元格格式”对话框。在“对齐”选项卡中设置水平对齐和垂直对齐均为“居中”，文本控制为“自动换行”，单击“确定”按钮。显示效果如图 5-7 所示。

图 5-7　设置完成后的显示效果

2. 设置数据有效性序列

由于“类别名称”“使用部门”“增加方式”“使用状况”和“折旧方法”这些项目中的数据内容比较固定，如“增加方式”可以选择“直接购入”“投资者投入”“捐赠”“盘盈”“在建工程转入”和“融资租入”，“折旧方法”可以选择“平均年限法”“工作量法”“双倍余额递减法”“年数总和法”，为了提高数据输入的准确性和效率，可以对这些单元格设置数据有效性序列。

（1）选择“基础信息”工作表，按照表 5-2 输入相应项目及内容。

表 5-2　基础信息

类别名称	使用部门	增加方式	使用状况	折旧方法
房屋建筑	企管部	直接购入	正常使用	平均年限法
机器设备	财务部	投资者投入	季节性停用	工作量法
办公设备	供应部	捐赠	经营性出租	双倍余额递减法
运输设备	销售部	盘盈	大修理停用	年数总和法
	生产部	在建工程转入	未使用	
	仓储部	融资租入	不需用	

（2）定义区域名称。

① 选中 A2:A5 单元格区域，在名称框中输入“类别名称”，按【Enter】键，如图 5-8 所示。

图 5-8　定义区域名称

② 选中 B2:B7 单元格区域，在名称框中输入“使用部门”，按【Enter】键。

③ 选中 C2:C7 单元格区域，在名称框中输入“增加方式”，按【Enter】键。

④ 选中 D2:D7 单元格区域，在名称框中输入“使用状况”，按【Enter】键。

⑤ 选中 E2:E5 单元格区域，在名称框中输入“折旧方法”，按【Enter】键。

（3）设置数据有效性。

① 选择“固定资产明细”工作表，选中 D 列，单击“数据”选项卡“数据工具”组中的“数据有效性”按钮，弹出“数据有效性”对话框。在“允许”下拉列表中选择“序列”选项，在“来源”文本框中输入“=类别名称”，如图 5-9 所示，单击“确定”按钮。

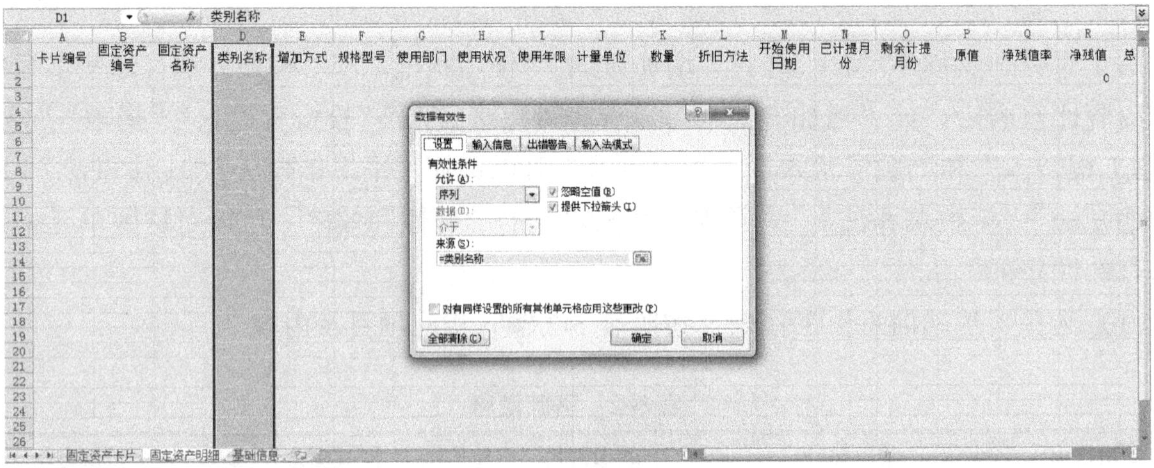

图 5-9　设置数据有效性

② 选中 D1 单元格，单击“数据”选项卡“数据工具”组中的“数据有效性”按钮，弹出“数据有效性”对话框。单击左下角的“全部清除”按钮，再单击“确定”按钮，关闭对话框，完成对 D 列的数据有效性设置。

③ 用同样的方法分别对 E 列、G 列、H 列和 L 列进行数据有效性设置，区别是在“来源”文本框中分别输入“=增加方式”“=使用部门”“=使用状况”和“=折旧方法”。

通过以上步骤设置数据有效性后，用户再输入数据就会十分方便，如要在 D2 单元格中输入类别名称，选中 D2 单元格后，右侧会显示下拉按钮，单击下拉按钮，显示如图 5-10 所示的“类别名称”下拉列表，在该下拉列表中选择相应的类别名称即可。

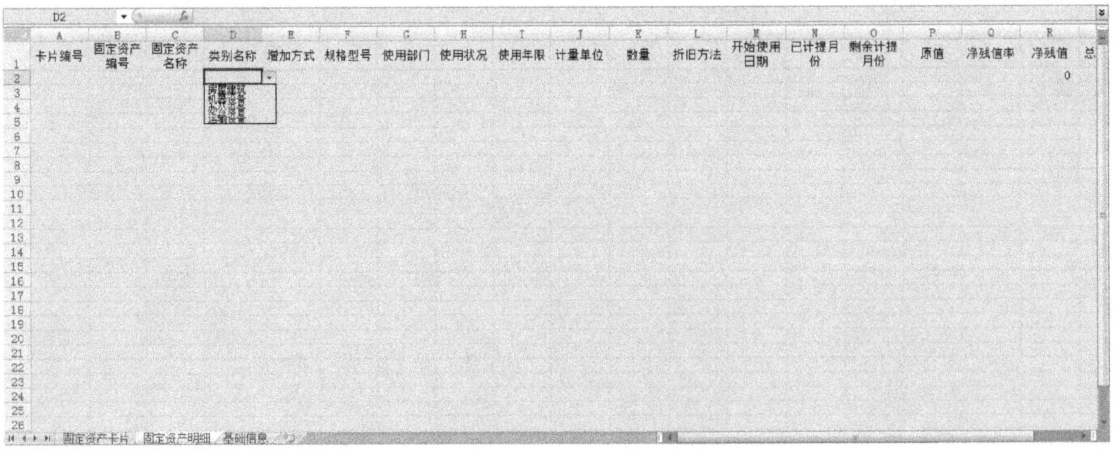

图 5-10　“类别名称”下拉列表

3. 设置固定资产明细数据公式

（1）选择“固定资产明细”工作表。

（2）在 N2 单元格中输入“=(YEAR(TODAY())-YEAR(M2))*12+(MONTH(TODAY())-MONTH(M2))-1”（忽略“日”，粗略计算），按【Enter】键。

（3）在 O2 单元格中输入“=I2*12-N2”，按【Enter】键。

（4）在 R2 单元格中输入“=P2*Q2”，按【Enter】键。

4. 设置固定资产卡片数据来源

（1）选择“固定资产卡片”工作表。

（2）在 F2 单元格中输入“=TODAY()”，按【Enter】键。

（3）在 B3 单元格中输入“=VLOOKUP(B2,固定资产明细!A2:S100,2)”，按【Enter】键。

（4）在 D3 单元格中输入“=VLOOKUP(B2,固定资产明细!A2:S100,3)”，按【Enter】键。

（5）在 B4 单元格中输入“=VLOOKUP(B2,固定资产明细!A2:S100,4)”，按【Enter】键。

（6）在 D4 单元格中输入“=VLOOKUP(B2,固定资产明细!A2:S100,5)”，按【Enter】键。

（7）在 F4 单元格中输入“=IF(VLOOKUP(B2,固定资产明细!A2:S100,6)=0,"",VLOOKUP(B2,固定资产明细!A2:S100,6))”，按【Enter】键。

（8）在 B5 单元格中输入“=VLOOKUP(B2,固定资产明细!A2:S100,7)”，按【Enter】键。

（9）在 D5 单元格中输入“=VLOOKUP(B2,固定资产明细!A2:S100,8)”，按【Enter】键。

（10）在 F5 单元格中输入“=VLOOKUP(B2,固定资产明细!A2:S100,9)”，按【Enter】键。

（11）在 B6 单元格中输入“=VLOOKUP(B2,固定资产明细!A2:S100,10)”，按【Enter】键。

（12）在 D6 单元格中输入“=VLOOKUP(B2,固定资产明细!A2:S100,11)”，按【Enter】键。

（13）在 F6 单元格中输入“=VLOOKUP(B2,固定资产明细!A2:S100,12)”，按【Enter】键。

（14）在 B7 单元格中输入“=VLOOKUP(B2,固定资产明细!A2:S100,13)”，按【Enter】键。

（15）在 D7 单元格中输入“=VLOOKUP(B2,固定资产明细!A2:S100,14)”，按【Enter】键。

（16）在 F7 单元格中输入“=VLOOKUP(B2,固定资产明细!A2:S100,15)”，按【Enter】键。

（17）在 B8 单元格中输入“=VLOOKUP(B2,固定资产明细!A2:S100,16)”，按【Enter】键。

（18）在 D8 单元格中输入“=VLOOKUP(B2,固定资产明细!A2:S100,17)”，按【Enter】键。

（19）在 F8 单元格中输入“=VLOOKUP(B2,固定资产明细!A2:S100,18)”，按【Enter】键。

设置完成后按【Enter】键，如图 5-11 所示。

小贴士

（1）YEAR 函数：返回年份值。

（2）TODAY 函数：返回系统当前日期。

（3）MONTH 函数：返回月份值。

（4）VLOOKUP 函数：Excel 中的一个纵向查找函数。它与 LOOKUP 函数和 HLOOKUP 函数属于一类函数，VLOOKUP 函数是按列查找，最终返回该列在查找区域对应的值；与之对应的HLOOKUP函数是按行查找。

该函数的语法规则如下：

VLOOKUP(lookup_value,table_array,col_index_num,range_lookup)

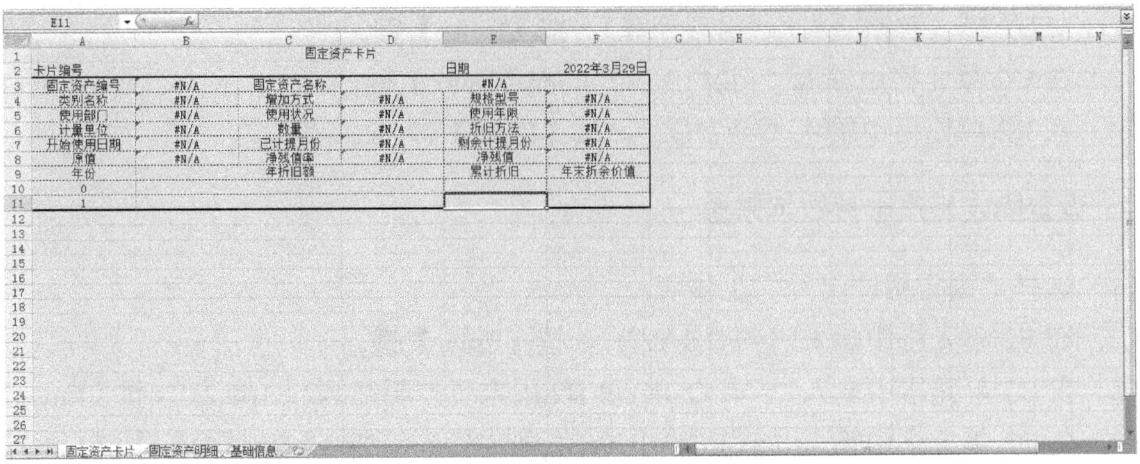

图5-11　设置固定资产卡片数据来源

各参数说明如表5-3所示。

表5-3　VLOOKUP函数参数说明

参　　数	简 单 说 明	输入数据类型
lookup_value	要查找的值	数值、引用或文本字符串
table_array	要查找的区域	数据表区域
col_index_num	返回数据在区域的第几列	正整数
range_lookup	模糊匹配	TRUE（或不填）/FALSE

（5）IF函数：执行真假值判断，根据逻辑计算的真假值，返回不同结果。可以使用IF函数对数值和公式进行条件检测。

（6）跨表引用：格式一般为“工作表标签!单元格引用”。

任务实施、检查与评价

1．任务实施

安排30分钟学生上机操作。

2．任务检查

教师巡视检查，解答学生问题。

3．任务评价

（1）教师评价，如表5-4所示。

表 5-4 教师评价

任务操作及内容	任 务 评 价
一、创建固定资产卡片结构	
二、设计固定资产卡片内容和格式	
三、整理和保存固定资产卡片	
总　　评：	

（2）学生自评，如表 5-5 所示。

表 5-5 学生自评

任务操作及内容	任务完成情况
一、创建固定资产卡片结构	
二、设计固定资产卡片内容和格式	
三、整理和保存固定资产卡片	
总　　评：	
问题与解疑：	

任务二 折旧函数的使用

任务导入

“固定资产管理”工作簿创建完成后，小张发现小李提供的资产明细资料中计提折旧的方法并不完全相同。为了便于进行不同折旧方法下固定资产的管理，小张决定按不同的折旧方法各做一个卡片模板，具体如下：

（1）平均年限法下固定资产卡片的模板；

（2）工作量法下固定资产卡片的模板；

（3）双倍余额递减法下固定资产卡片的模板；

（4）年数总和法下固定资产卡片的模板。

一、平均年限法的使用

任务驱动

（1）复制“固定资产卡片”工作表。

（2）设置用平均年限法计算折旧额的公式。

（3）输入运用平均年限法的固定资产明细，验证公式的可靠性。

知识链接

平均年限法又称直线法，假定固定资产折旧的原因是时间而不是使用，认为服务潜力降低的决定因素是随时间推移所造成的陈旧和破坏，而不是使用所造成的有形磨损，因而假定固定资产的服务潜力在各个会计期间的服务总成本是相同的，而不管其实际使用程度如何。

采用这种方法时，固定资产在一定时期内应计提折旧额的大小主要取决于两个基本因素，即固定资产的原值和预计使用年限。

报废清理固定资产时所取得的净残值的多少对固定资产在一定时期内应计提折旧额的大小也有一定影响，因此采用这种方法计提折旧时，还要考虑固定资产净残值这个因素。

综上所述，平均年限法的固定资产折旧额计算公式如下：

年折旧额 =（原值-预计净残值）÷ 预计使用年限

月折旧额 = 年折旧额 ÷12

基本步骤

1. 复制“固定资产卡片”工作表

（1）打开“固定资产管理”工作簿，选择“固定资产卡片”工作表，按住【Ctrl】键，同时按住鼠标左键拖曳“固定资产卡片”工作表标签，直接在工作簿内生成该工作表的副本。

（2）将复制的工作表重命名为“固定资产卡片 P”。

2. 设置用平均年限法计算折旧额的公式

（1）选择“固定资产卡片 P”工作表，在 B11 单元格中输入“=SLN($B$8,$F$8,$F$5)”，按【Enter】键，如图 5-12 所示。

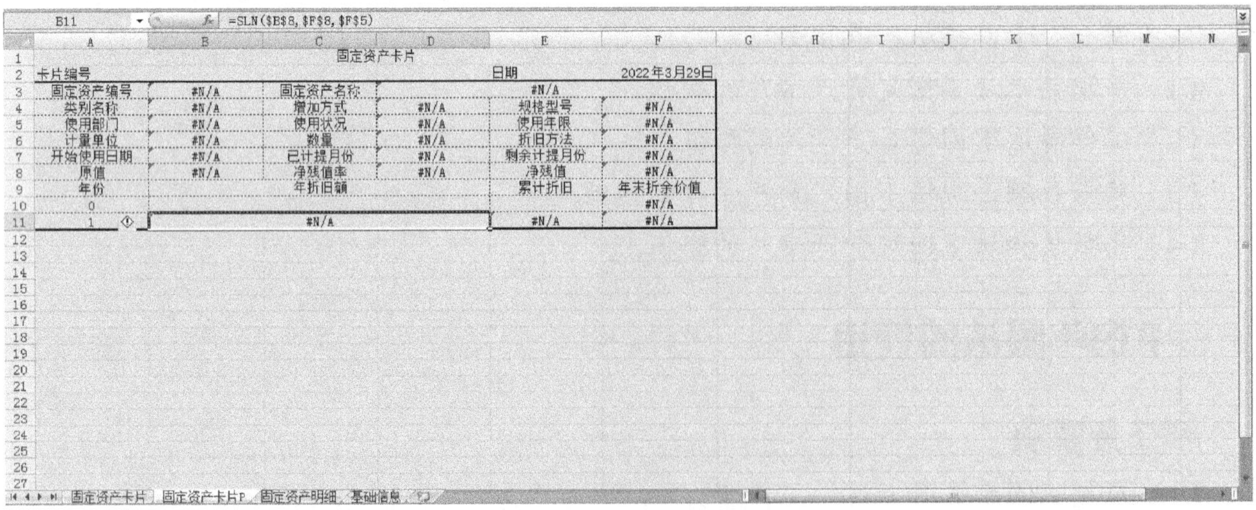

图 5-12　设置用平均年限法计算折旧额的公式

（2）在 E11 单元格中输入“=E10+B11”，按【Enter】键。

（3）在 F11 单元格中输入“=F10-B11”，按【Enter】键。

3. 输入运用平均年限法的固定资产明细

按照表 5-6 输入固定资产明细并生成固定资产卡片。

表 5-6　固定资产明细（1）

卡片编号	固定资产编号	固定资产名称	类别名称	增加方式	规格型号	使用部门	使用状况	使用年限	计量单位	数量	折旧方法	开始使用日期	原值	净残值率
001	105002	厂房	房屋建筑	在建工程转入		生产部	正常使用	20	幢	1	平均年限法	2021 年 5 月 31 日	200000	5%

（1）选择“固定资产明细”工作表，在相应位置输入表 5-6 中的信息。注意，“类别名称”“增加方式”“使用部门”“使用状况”和“折旧方法”列的信息需从下拉列表中选择；“已计提月份”“剩余计提月份”和“净残值”列的信息使用快速填充方法。

（2）选择“固定资产卡片 P”工作表，在 B2 单元格中输入“001”，按【Enter】键，其余项将自动生成，效果如图 5-13 所示。

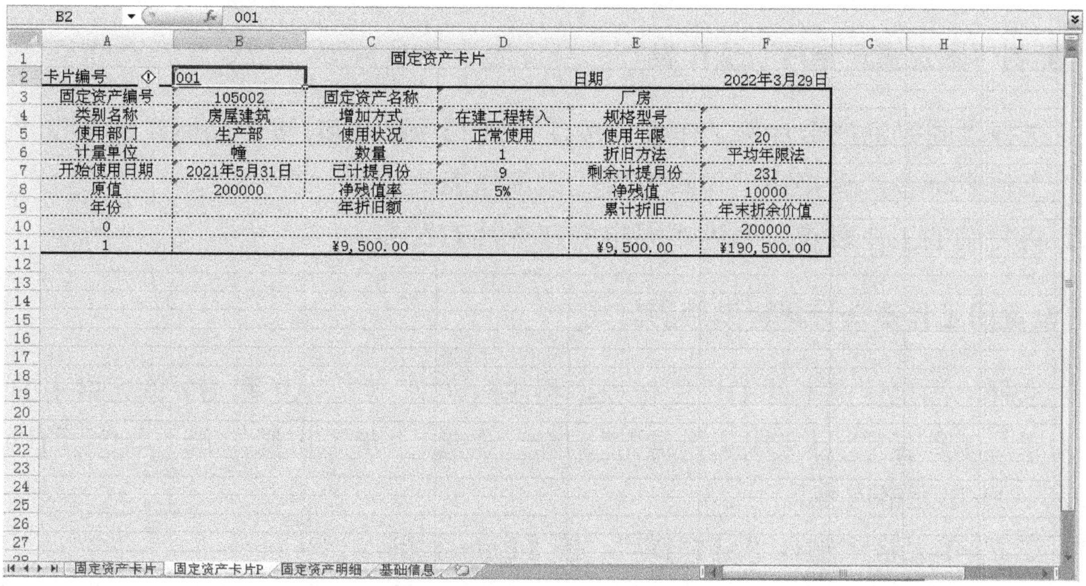

	A	B	C	D	E	F
1			固定资产卡片			
2	卡片编号	001			日期	2022年3月29日
3	固定资产编号	105002	固定资产名称		厂房	
4	类别名称	房屋建筑	增加方式	在建工程转入	规格型号	
5	使用部门	生产部	使用状况	正常使用	使用年限	20
6	计量单位	幢	数量	1	折旧方法	平均年限法
7	开始使用日期	2021年5月31日	已计提月份	9	剩余计提月份	231
8	原值	200000	净残值率	5%	净残值	10000
9	年份		年折旧额		累计折旧	年末折余价值
10	0					200000
11	1		¥9,500.00		¥9,500.00	¥190,500.00

图 5-13　卡片 001 生成效果

小贴士

SLN 函数用于计算固定资产的每期线性折旧值。

该函数的语法规则如下：

SLN (cost, salvage, life)

各参数说明如下：

cost 表示固定资产原值。

salvage 表示固定资产使用年限终了时的估计残值。

life 表示固定资产进行折旧计算的周期总数。

二、工作量法的使用

任务驱动

（1）复制“固定资产卡片”工作表。

（2）设置用工作量法计算折旧额的公式。

（3）输入运用工作量法的固定资产明细，验证公式的可靠性。

知识链接

工作量法是指按实际工作量计提固定资产折旧额的一种方法。企业一般按固定资产所能工作的时数计算折旧额。该方法适用于那些在使用期间负担程度差异很大、提供的经济效益很不均衡的固定资产。

工作量法的固定资产折旧额计算公式如下：

单位折旧额=（原值−预计净残值）÷总工作量

基本步骤

1．复制“固定资产卡片”工作表

（1）选择“固定资产卡片”工作表，按住【Ctrl】键，同时按住鼠标左键拖曳“固定资产卡片”工作表标签，直接在工作簿内生成该工作表的副本。

（2）将复制的工作表重命名为“固定资产卡片 G”。

2．设置用工作量法计算折旧额的公式

（1）选择“固定资产卡片 G”工作表，将 E5、C7、E7、A9 和 B9 单元格中的内容分别修改为“总工作量”“已完成工作量”“剩余工作量”“年工作量”和“单位折旧额”，清空 A10 和 A11 单元格内容。

（2）在 F7 单元格中输入“=F5−D7”，按【Enter】键。

（3）在 B11 单元格中输入“=($B$8−$F$8)/$F$5*A11”，按【Enter】键，如图 5-14 所示。

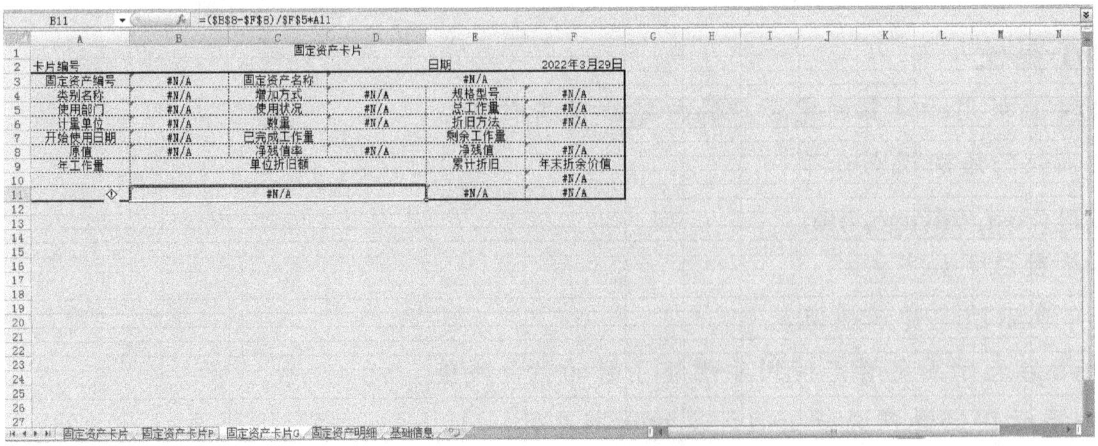

图 5-14　设置用工作量法计算折旧额的公式

（4）在 E11 单元格中输入“=E10+B11”，按【Enter】键。

（5）在 F11 单元格中输入“=F10−B11”，按【Enter】键。

3. 输入运用工作量法的固定资产明细

按照表 5-7 输入固定资产明细并生成固定资产卡片。

表 5-7 固定资产明细（2）

卡片编号	固定资产编号	固定资产名称	类别名称	增加方式	规格型号	使用部门	使用状况	总工作量	计量单位	数量	折旧方法	开始使用日期	原值	净残值率
002	304002	一体机	办公设备	直接购入	SX6062FR	销售部	正常使用	60000	台	1	工作量法	2023 年 1 月 31 日	10000	5%

（1）选择“固定资产明细”工作表，在相应位置输入表 5-7 中的信息。注意，“类别名称”“增加方式”“使用部门”“使用状况”和“折旧方法”列的信息需从下拉列表中选择；“已完成工作量”“剩余工作量”和“净残值”列的信息使用快速填充方法。

（2）选择“固定资产卡片 G”工作表，在 B2 单元格中输入“002”，按【Enter】键，其余项将自动生成，效果如图 5-15 所示。

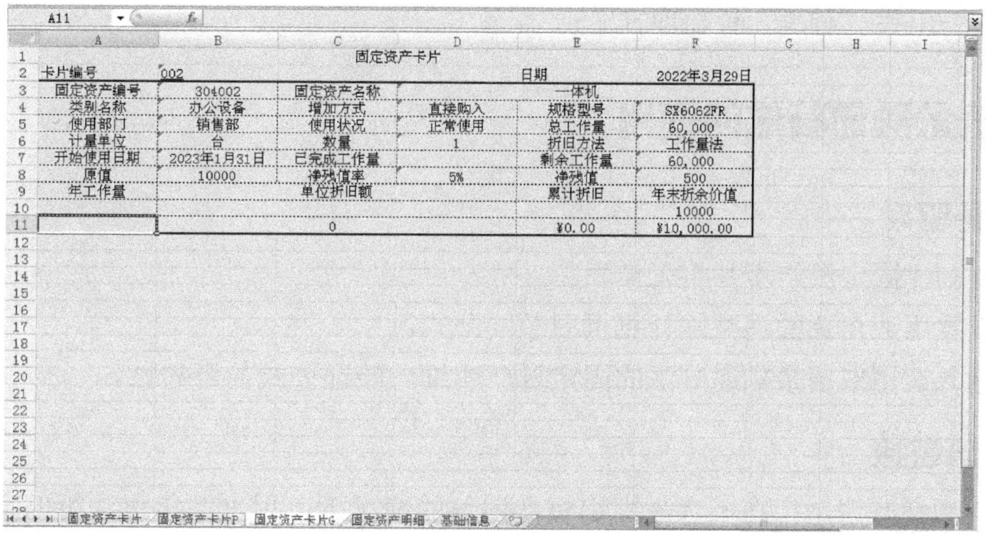

图 5-15 卡片 002 生成效果

小贴士

输入固定资产明细时，除了可以直接输入外，还可以利用“记录单”输入。

（1）选择“文件”|“选项”命令，如图 5-16 所示，弹出“Excel 选项”对话框。选择“自定义功能区”选项，单击“从下列位置选择命令”下拉按钮，在打开的下拉列表中选择“所有命令”或“不在功能区中的命令”选项，在其下方的列表框中选中“记录单”选项，如图 5-17 所示。依次单击“添加”按钮、“新建选项卡”按钮和“确定”按钮，“记录单”按钮将被添加到“新建选项卡”选项卡“新建组”组中。

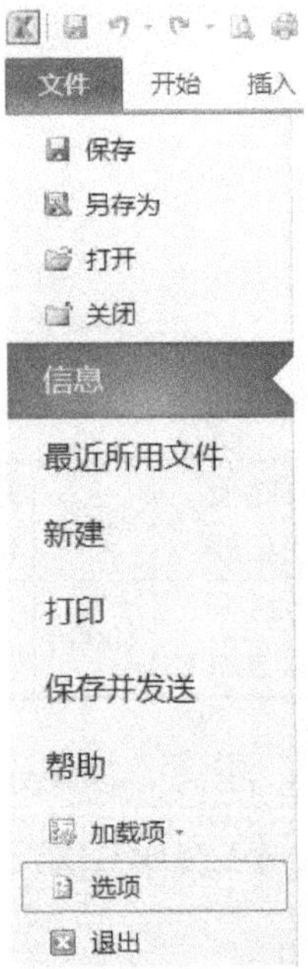

图 5-16 “选项”命令

图 5-17 “Excel 选项”对话框

（2）选中已在 Excel 中输入的标题行，单击“记录单”按钮，在弹出的对话框中按要求输入信息，单击“新建”按钮即可。

三、双倍余额递减法的使用

任务驱动

（1）复制“固定资产卡片”工作表。

（2）设置用双倍余额递减法计算折旧额的公式。

（3）输入运用双倍余额递减法的固定资产明细，验证公式的可靠性。

知识链接

双倍余额递减法是指在不考虑固定资产残值的情况下，用平均年限法折旧率的两倍作为固定的折旧率乘以逐年递减的固定资产期初账面折余价值，得出各年应计提折旧额。双倍余额递减法是加速折旧法的一种，其假设固定资产的服务潜力在前期消耗较大，在后期消耗较少，因此前期多计提折旧，后期少计提折旧。

双倍余额递减法的固定资产折旧额计算公式如下：

期初账面折余价值=原值-累计折旧

年折旧率=2÷预计的折旧年限×100%

年折旧额=期初账面折余价值×年折旧率

月折旧额=年折旧额÷12

需要注意的是，运用双倍余额递减法计提折旧的固定资产，应当在固定资产折旧年限到期前若干年内（当平均年限法的折旧额大于或等于双倍余额递减法的折旧额时），将固定资产账面折余价值扣除预计净残值后的余额平均摊销。

基本步骤

1. 复制“固定资产卡片”工作表

（1）选择“固定资产卡片”工作表，按住【Ctrl】键，同时按住鼠标左键拖曳“固定资产卡片”工作表标签，直接在工作簿内生成该工作表的副本。

（2）将复制的工作表重命名为“固定资产卡片 S”。

2. 设置用双倍余额递减法计算折旧额的公式

（1）选择“固定资产卡片 S”工作表，在 B11 单元格中输入“=DDB($B$8,$F$8,$F$5,A11)”，按【Enter】键，如图 5-18 所示。

（2）在 E11 单元格中输入“=E10+B11”，按【Enter】键。

（3）在 F11 单元格中输入“=F10−B11”，按【Enter】键。

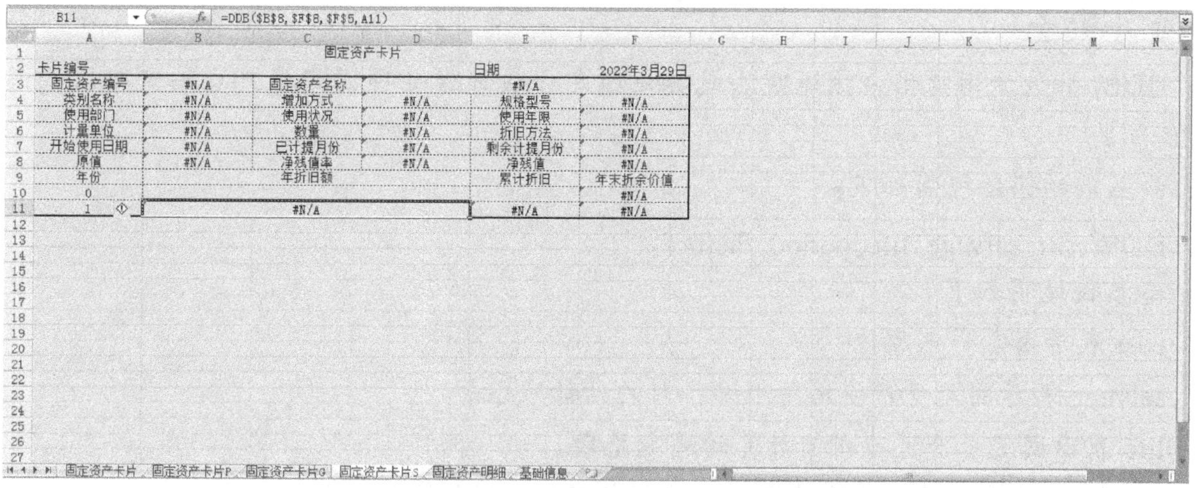

图 5-18　设置用双倍余额递减法计算折旧额的公式

3. 输入运用双倍余额递减法的固定资产明细

按照表 5-8 输入固定资产明细并生成固定资产卡片。

表 5-8　固定资产明细（3）

卡片编号	固定资产编号	固定资产名称	类别名称	增加方式	规格型号	使用部门	使用状况	使用年限	计量单位	数量	折旧方法	开始使用日期	原值	净残值率
003	401003	小轿车	运输设备	直接购入	GB7220R	企管部	正常使用	8	辆	1	双倍余额递减法	2021 年 11 月 1 日	85000	5%

（1）选择“固定资产明细”工作表，在相应位置输入表 5-8 中的信息。注意，“类别名称”“增加方式”“使用部门”“使用状况”和“折旧方法”列的信息需从下拉列表中选择；“已计提月份”“剩余计提月份”和“净残值”列的信息使用快速填充方法。

（2）选择“固定资产卡片 S”工作表，在 B2 单元格中输入“003”，按【Enter】键，其余项将自动生成，效果如图 5-19 所示。

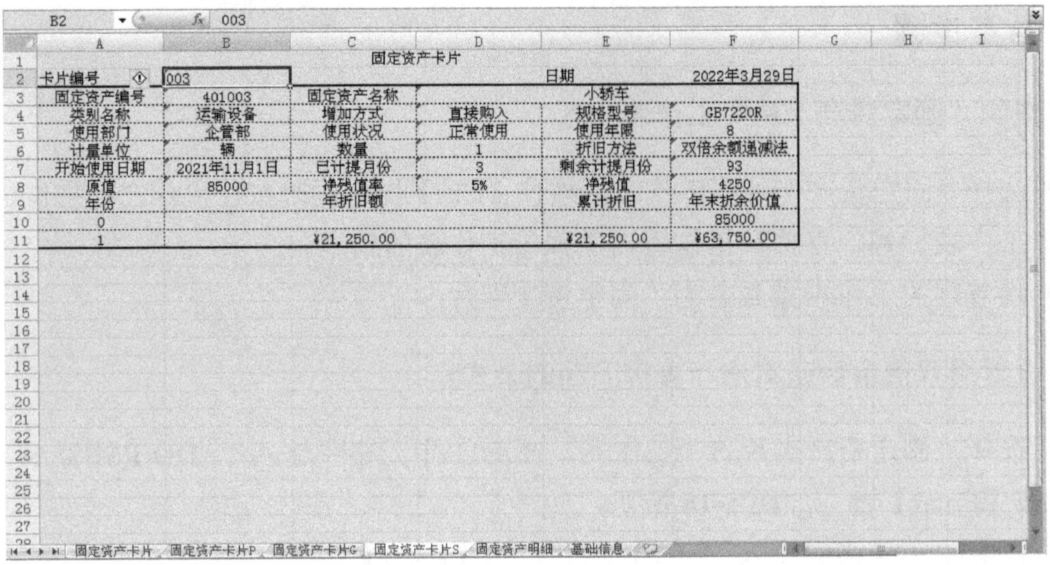

固定资产卡片					
卡片编号	003			日期	2022年3月29日
固定资产编号	401003	固定资产名称	小轿车		
类别名称	运输设备	增加方式	直接购入	规格型号	GB7220R
使用部门	企管部	使用状况	正常使用	使用年限	8
计量单位	辆	数量	1	折旧方法	双倍余额递减法
开始使用日期	2021年11月1日	已计提月份	3	剩余计提月份	93
原值	85000	净残值率	5%	净残值	4250
年份		年折旧额		累计折旧	年末折余价值
0					85000
1		¥21,250.00		¥21,250.00	¥63,750.00

图 5-19　卡片 003 生成效果

小贴士

DDB 函数使用双倍余额递减法或其他指定方法计算某项固定资产在给定期间内的折旧值。

该函数的语法规则如下：

DDB(cost, salvage, life, period, factor)

各参数说明如下：

cost 表示固定资产原值。

salvage 表示固定资产使用年限终了时的估计残值。

life 表示固定资产进行折旧计算的周期总数。

period 表示进行折旧计算的期次，必须与 life 使用相同的单位。

factor 表示余额递减速率，若省略，则采用默认值 2（双倍余额递减）。

四、年数总和法的使用

任务驱动

（1）复制“固定资产卡片”工作表。

（2）设置用年数总和法计算折旧额的公式。

（3）输入运用年数总和法的固定资产明细，验证公式的可靠性。

知识链接

年数总和法又称折旧年限积数法、年数比率法、级数递减法或年限合计法，是固定资产加速折旧法的一种。它是将固定资产的原值减去残值后的净额乘以一个逐年递减的分数计算确定固定资产折旧额的一种方法。

逐年递减分数的分子代表固定资产尚可使用的年数；分母代表使用年数之和，假定使用年限为 n，分母即 $1+2+3+\cdots+n=n(n+1)\div 2$。

综上所述，年数总和法的固定资产折旧额计算公式如下：

年折旧率=尚可使用年数÷年数总和×100%

年折旧额=（原值-预计净残值）×年折旧率

月折旧额=年折旧额÷12

基本步骤

1．复制“固定资产卡片”工作表

（1）选择“固定资产卡片”工作表，按住【Ctrl】键，同时按住鼠标左键拖曳“固定资产卡片”工作表标签，直接在工作簿内生成该工作表的副本。

（2）将复制的工作表重命名为“固定资产卡片 N”。

2．设置用年数总和法计算折旧额的公式

（1）选择“固定资产卡片 N”工作表，在 B11 单元格中输入“=SYD($B$8,$F$8,$F$5,A11)”，按【Enter】键，如图 5-20 所示。

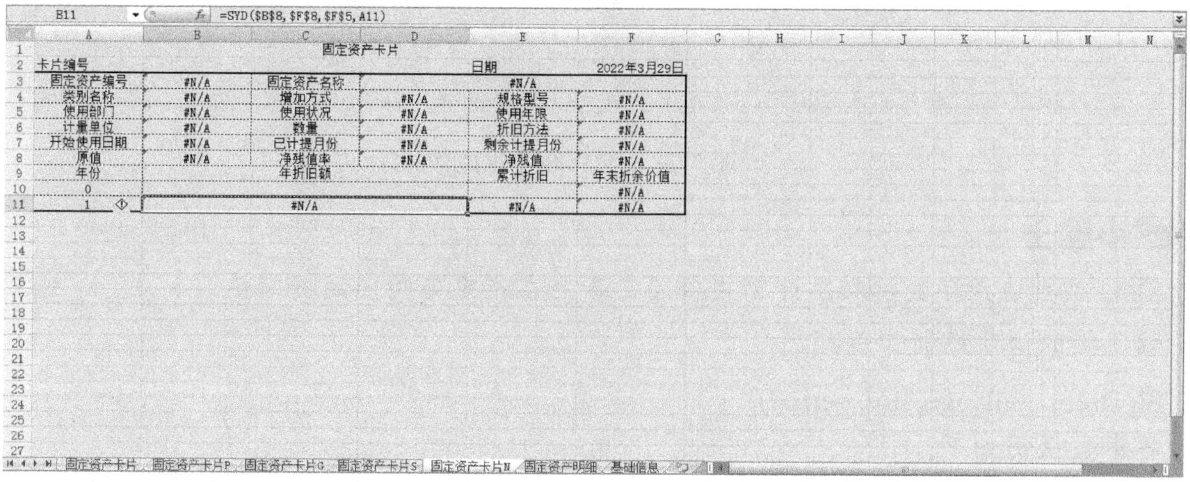

图 5-20　设置用年数总和法计算折旧额的公式

（2）在 E11 单元格中输入“=E10+B11”，按【Enter】键。

（3）在 F11 单元格中输入“=F10-B11”，按【Enter】键。

3．输入运用年数总和法的固定资产明细

按照表 5-9 输入固定资产明细并生成固定资产卡片。

表 5-9　固定资产明细（4）

卡片编号	固定资产编号	固定资产名称	类别名称	增加方式	规格型号	使用部门	使用状况	使用年限	计量单位	数量	折旧方法	开始使用日期	原值	净残值率
004	205004	车床	机器设备	直接购入	CJK6150B	生产部	正常使用	10	台	1	年数总和法	2021 年 12 月 17 日	163100	5%

（1）选择“固定资产明细”工作表，在相应位置输入表5-9中的信息。注意，“类别名称”“增加方式”“使用部门”“使用状况”和“折旧方法”列的信息需从下拉列表中选择；“已计提月份”“剩余计提月份”和“净残值”列的信息使用快速填充方法。

（2）选择“固定资产卡片N”工作表，在B2单元格中输入“004”，按【Enter】键，其余项将自动生成，效果如图5-21所示。

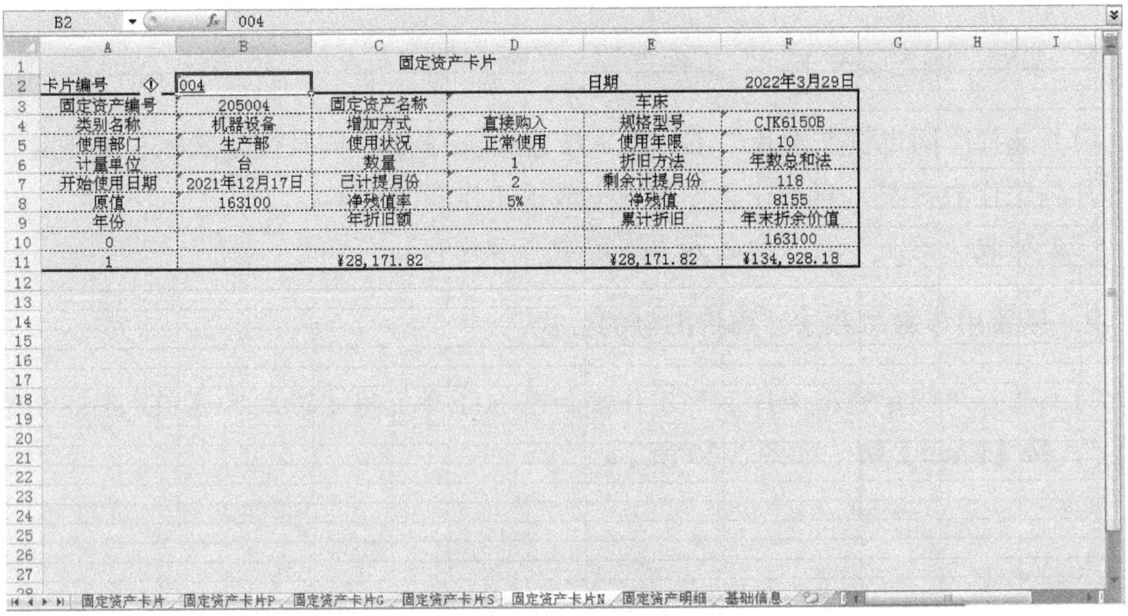

	A	B	C	D	E	F
1			固定资产卡片			
2	卡片编号	004			日期	2022年3月29日
3	固定资产编号	205004	固定资产名称		车床	
4	类别名称	机器设备	增加方式	直接购入	规格型号	CJK6150B
5	使用部门	生产部	使用状况	正常使用	使用年限	10
6	计量单位	台	数量	1	折旧方法	年数总和法
7	开始使用日期	2021年12月17日	已计提月份	2	剩余计提月份	118
8	原值	163100	净残值率	5%	净残值	8155
9	年份		年折旧额		累计折旧	年末折余价值
10	0					163100
11	1		¥28,171.82		¥28,171.82	¥134,928.18

图5-21　卡片004生成效果

小贴士

SYD函数使用年数总和法计算某项固定资产在指定期间内的折旧值。

该函数的语法规则如下：

SYD(cost, salvage, life, period)

各参数说明如下：

cost表示固定资产原值。

salvage表示固定资产使用年限终了时的估计残值。

life表示固定资产进行折旧计算的周期总数。

period表示进行折旧计算的期次，必须与life使用相同的单位。

任务实施、检查与评价

1. 任务实施

安排80分钟学生上机操作。

2. 任务检查

教师巡视检查，解答学生问题。

3. 任务评价

（1）教师评价，如表 5-10 所示。

表 5-10　教师评价

任务操作及内容	任 务 评 价
一、平均年限法的使用	
二、工作量法的使用	
三、双倍余额递减法的使用	
四、年数总和法的使用	
总　　评：	

（2）学生自评，如表 5-11 所示。

表 5-11　学生自评

任务操作及内容	任务完成情况
一、平均年限法的使用	
二、工作量法的使用	
三、双倍余额递减法的使用	
四、年数总和法的使用	
总　　评：	
问题与解疑：	

边学边练

1．创建固定资产卡片。

要求：

（1）按图 5-22 创建固定资产卡片。将“Sheet1”工作表重命名为“固定资产卡片”。

	A	B	C	D	E	F
1			固定资产卡片			
2	卡片编号				日期	2022年8月29日
3	固定资产编号	#N/A	固定资产名称		#N/A	
4	类别名称	#N/A	增加方式	#N/A	规格型号	#N/A
5	使用部门	#N/A	使用状况	#N/A	使用年限	#N/A
6	计量单位	#N/A	数量	#N/A	折旧方法	#N/A
7	开始使用日期	#N/A	已计提月份	#N/A	剩余计提月份	#N/A
8	原值	#N/A	净残值率	#N/A	净残值	#N/A
9	年份		年折旧额		累计折旧	年末折余价值
10	0					
11	1					

图 5-22　固定资产卡片

（2）将“Sheet2”工作表重命名为“固定资产明细”，并建立“固定资产卡片”与“固定资产明细”工作表之间的关联。固定资产明细如图 5-23 和图 5-24 所示。

	A	B	C	D	E	F	G	H	I	J
1	卡片编号	固定资产编号	固定资产名称	类别名称	增加方式	规格型号	使用部门	使用状况	使用年限	计量单位
2	001	105002	厂房	房屋建筑	在建工程转入		生产部	正常使用	20	幢
3	002	304002	一体机	办公设备	直接购入	SX6062FR	销售部	正常使用	5	台
4	003	401003	小轿车	运输设备	直接购入	GB7220R	企管部	正常使用	8	辆
5	004	205004	车床	机器设备	直接购入	CJK6150B	生产部	正常使用	10	台

图 5-23　固定资产明细（5）

	J	K	L	M	N	O	P	Q	R	S
1	计量单位	数量	折旧方法	开始使用日期	已计提月份/工作量	剩余计提月份/工作量	原值	净残值率	净残值	总工作量
2	幢	1	平均年限法	2014年5月31日	98	142	200000	5%	10000	
3	台	1	工作量法	2023年1月31日	0	60000	10000	5%	500	60000
4	辆	1	双倍余额递减法	2020年11月1日	20	76	85000	5%	4250	
5	台	1	年数总和法	2021年12月17日	7	113	163100	5%	8155	

图 5-24　固定资产明细（6）

（3）将“Sheet3”工作表重命名为“基础信息”。基础信息如图 5-25 所示。

	A	B	C	D	E
1	类别名称	使用部门	增加方式	使用状况	折旧方法
2	房屋建筑	企管部	直接购入	正常使用	平均年限法
3	机器设备	财务部	投资者投入	季节性停用	工作量法
4	办公设备	供应部	捐赠	经营性出租	双倍余额递减法
5	运输设备	销售部	盘盈	大修理停用	年数总和法
6		生产部	在建工程转入	未使用	
7		仓储部	融资租入	不需用	

图 5-25　基础信息

2．按上述固定资产明细的内容增加 4 张固定资产卡片，将各种折旧公式分别用四则运算公式替换。

要求：

（1）练习平均年限法折旧公式。

（2）练习工作量法折旧公式。

（3）练习双倍余额递减法折旧公式。

（4）练习年数总和法折旧公式。

操作提示

固定资产管理

实用小技巧

用 VLOOKUP 函数向后复制公式时的小技巧

VLOOKUP 函数的第 3 个参数是返回值所在的列数，如果需要返回多个列数，这个列数需要一个个更改，即如果需要返回第 2 列的值，将参数设置为 2；如果需要返回第 3 列的值，将参数设置为 3。如果有几十列的值需要返回，那么操作会比较麻烦。能不能让第 3 个参数自动改变呢？如向后复制时自动变为 2、3、4、5 等。

Excel 中的 COLUMN 函数就可以返回指定单元格的列数，如“=COLUMN(A1)”的返回值为 1，“=COLUMN(B1)”的返回值为 2。

向后复制单元格时引用会自动发生变化，即 A1 随公式向右复制时会变为 B1、C1、D1 等，COLUMN 函数将其转换成数字 1、2、3、4 等。

举例：需要在图 5-26 中同时查找性别、年龄、身高（单位：米）和体重（单位：千克）。

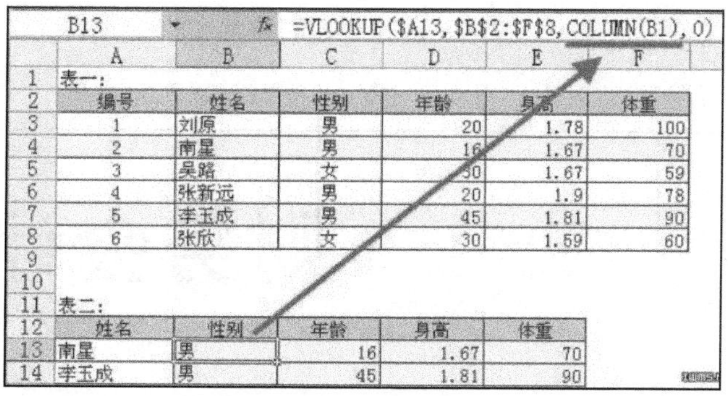
B13　fx　=VLOOKUP($A13,$B$2:$F$8,COLUMN(B1),0)

	A	B	C	D	E	F
1	表一：					
2	编号	姓名	性别	年龄	身高	体重
3	1	刘原	男	20	1.78	100
4	2	南星	男	16	1.67	70
5	3	吴路	女	30	1.67	59
6	4	张新远	男	20	1.9	78
7	5	李玉成	男	45	1.81	90
8	6	张欣	女	30	1.59	60
9						
10						
11	表二：					
12	姓名	性别	年龄	身高	体重	
13	南星	男	16	1.67	70	
14	李玉成	男	45	1.81	90	

图 5-26　VLOOKUP 函数中运用 COLUMN 函数举例

公式：=VLOOKUP($A13,$B$2:$F$8,COLUMN(B1),0)

公式说明：使用 COLUMN(B1)转化成可以自动递增的数字。

项目六

财务会计报表设计

学习目标

- ❖ 学会设计和编制利润表、资产负债表及各种自定义报表。
- ❖ 熟练运用工具设置报表计算公式。
- ❖ 掌握手动输入财务数据和自动填充财务数据的方法。

任务目标

- ❖ 利润表设计。
- ❖ 资产负债表设计。

任务一　利润表设计

任务导入

2020 年 3 月，宏达公司准备召开月度工作会议，公司董事长打电话要求财务部门提供本月的利润表，并通过电子邮件发给经理及其他董事会成员。财务部门主管决定让会计小张来完成这项工作。由于财务部门使用的是手工做账，平时采用纸质报表，于是小张决定用 Excel 编制一份利润表。为了办好此项任务，小张需要做好两项工作：利用 Excel 制作一份利润表；从财务部门主管处取得有关 2020 年 3 月利润表的相关数据，输入表格中。

一、设计利润表格式

表格示例

利润表

任务驱动

（1）新建一个电子表格。

（2）按照利润表格式设计电子表格。

知识链接

利润表是反映企业一定会计期间（月度、年度等）经营成果的财务报表，又称损益表，是反映收入、费用和利润 3 个会计要素的动态报表。利润表是以会计等式“收入-费用=利润”为理论依据编制的。

利润表通常由表头、表尾和表体 3 个部分组成。表头和表尾部分主要说明报表的名称、编制单位的名称、所属时期、金额单位和相关人员。表体部分作为利润表的基本内容，主要按会计核算的要求和顺序，综合反映企业净利润的计算过程。

利润表通常有单步式和多步式两种格式，我国企业利润表常用多步式结构。利润表主要包括以下几个方面的内容。

（1）营业收入：由主营业务收入和其他业务收入组成。

（2）营业利润：营业收入减去营业成本（包括主营业务成本和其他业务成本）、营业税金及附加、销售费用、管理费用、财务费用，加上投资净收益。

（3）利润总额：营业利润加上营业外收入，减去营业外支出。

（4）净利润：利润总额减去所得税费用。

基本步骤

1. 新建一个电子表格

选择“开始”|“所有程序”|“Microsoft Office”|“Microsoft Excel 2010”命令，打开一个包含新工作表的工作簿，即创建了一个电子表格。

2．按照利润表格式设计电子表格

（1）表头部分设计为3行3列。合并A1:C1单元格区域，输入“利润表”，设置为宋体、20号、居中。在C2单元格中输入“会企02表”，设置为宋体、11号、右对齐。将A3:C3单元格区域设置为宋体、11号，在A3单元格中输入“编制单位：宏达公司”，左对齐；在B3单元格中输入“2020年3月”，居中对齐；在C3单元格中输入“单位：元”，右对齐。

（2）表尾部分，在A18、B18和C18单元格中分别输入“单位负责人：”“会计主管：”和“制表人：”。

（3）表体部分，在A4单元格中输入“项目”，在B4单元格中输入“本期数”，在C4单元格中输入“本年累计数”，均设置为居中对齐。在A5:A17单元格区域按利润计算过程顺序输入项目内容，左对齐，如图6-1所示。

利润表		
		会企02表
编制单位：宏达公司	2020年3月	单位：元
项目	本期数	本年累计数
一、营业收入		
减：营业成本		
税金及附加		
销售费用		
管理费用		
财务费用		
加：投资净收益		
二、营业利润		
加：营业外收入		
减：营业外支出		
三、利润总额		
减：所得税费用		
四、净利润		
单位负责人：	会计主管：	制表人：

图6-1 利润表

（4）格式设置。选中A4:C17单元格区域，设计表格边框，同时对字号等进行设计修改。

二维码

利润表格式

小贴士

利润表和资产负债表参照会计准则的统一格式设计，有些企业按行业会计制度或地方税务局的规定设计，格式可能有些区别。

二、设置利润表公式

任务驱动

（1）设置利润表“本期数”公式。

（2）设置利润表“本年累计数”公式。

知识链接

利润表公式主要包括以下几个方面的内容。

（1）营业利润=营业收入-营业成本-税金及附加-销售费用-管理费用-财务费用+投资净收益。

（2）利润总额=营业利润+营业外收入-营业外支出。

（3）净利润=利润总额-所得税费用。

基本步骤

1. 设置利润表“本期数”公式

（1）设置“营业利润”的“本期数”公式。打开已设计好格式的利润表，在B12单元格中输入“=B5-B6-B7-B8-B9-B10+B11”，按【Enter】键，如图6-2所示。

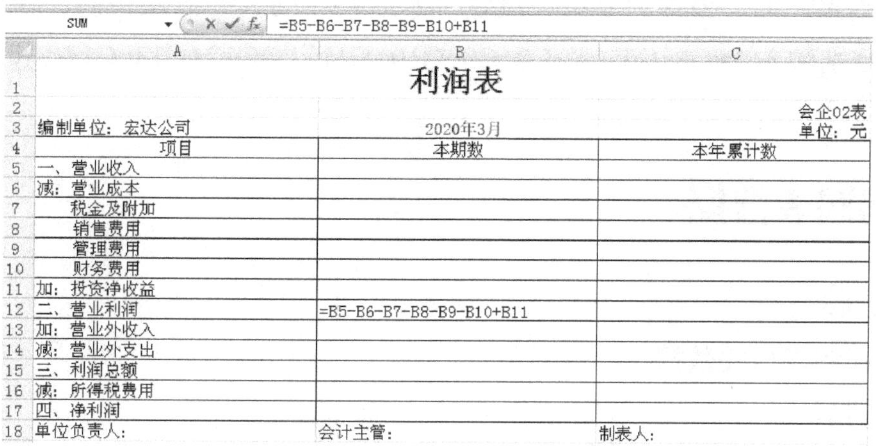

SUM　=B5-B6-B7-B8-B9-B10+B11

	A	B	C
1		利润表	
2			会企02表
3	编制单位：宏达公司	2020年3月	单位：元
4	项目	本期数	本年累计数
5	一、营业收入		
6	减：营业成本		
7	税金及附加		
8	销售费用		
9	管理费用		
10	财务费用		
11	加：投资净收益		
12	二、营业利润	=B5-B6-B7-B8-B9-B10+B11	
13	加：营业外收入		
14	减：营业外支出		
15	三、利润总额		
16	减：所得税费用		
17	四、净利润		
18	单位负责人：	会计主管：	制表人：

图6-2　设置“营业利润”的“本期数”公式

（2）设置“利润总额”的“本期数”公式。在B15单元格中输入“=B12+B13-B14”，按【Enter】键，如图6-3所示。

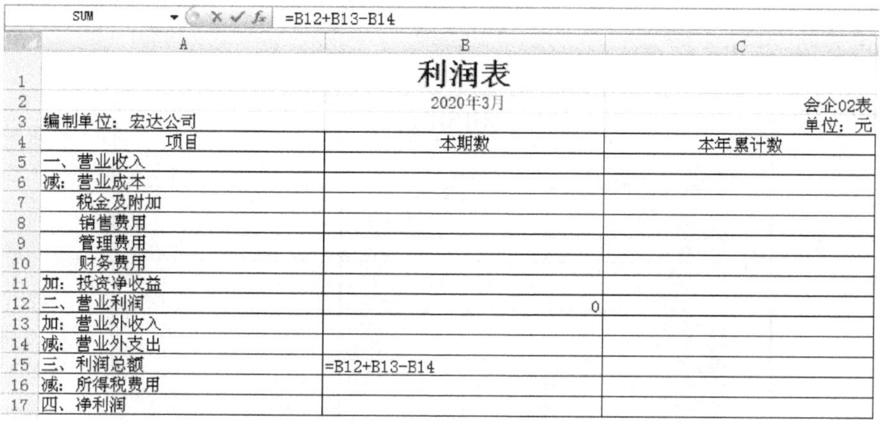

SUM　=B12+B13-B14

	A	B	C
1		利润表	
2		2020年3月	会企02表
3	编制单位：宏达公司		单位：元
4	项目	本期数	本年累计数
5	一、营业收入		
6	减：营业成本		
7	税金及附加		
8	销售费用		
9	管理费用		
10	财务费用		
11	加：投资净收益		
12	二、营业利润	0	
13	加：营业外收入		
14	减：营业外支出		
15	三、利润总额	=B12+B13-B14	
16	减：所得税费用		
17	四、净利润		

图6-3　设置“利润总额”的“本期数”公式

（3）设置“净利润”的“本期数”公式。在B17单元格中输入“=B15-B16”，按【Enter】键，如图6-4所示。

SUM =B15-B16

	A	B	C
1		利润表	
2		2020年3月	会企02表
3	编制单位：宏达公司		单位：元
4	项目	本期数	本年累计数
5	一、营业收入		
6	减：营业成本		
7	税金及附加		
8	销售费用		
9	管理费用		
10	财务费用		
11	加：投资净收益		
12	二、营业利润	0	
13	加：营业外收入		
14	减：营业外支出		
15	三、利润总额	0	
16	减：所得税费用		
17	四、净利润	=B15-B16	

图 6-4　设置“净利润”的“本期数”公式

2. 设置利润表“本年累计数”公式

设置“本年累计数”公式的方法与设置“本期数”公式的方法相同，在 C12、C15 和 C17 单元格中分别输入“=C5-C6-C7-C8-C9-C10+C11”“=C12+C13-C14”和“=C15-C16”，按【Enter】键。

三、输入利润表数据

任务驱动

（1）输入利润表相关数据。

（2）保存利润表。

基本步骤

1. 输入利润表相关数据

按照公司报表数据分别输入相关数据，其中已设置公式的单元格数据自动计算生成。最终生成的利润表如图 6-5 所示。

利润表		
		会企02表
编制单位：宏达公司	2020年3月	单位：元
项目	本期数	本年累计数
一、营业收入	1301000	18040000
减：营业成本	745000	15080000
税金及附加	85000	205000
销售费用	140000	378000
管理费用	101000	423000
财务费用	75000	83000
加：投资净收益	30000	132000
二、营业利润	185000	2003000
加：营业外收入	35000	70000
减：营业外支出	38000	73000
三、利润总额	182000	2000000
减：所得税费用	45500	500000
四、净利润	136500	1500000
单位负责人：	会计主管：	制表人：

图 6-5　生成利润表

表格示例

利润表格式

2. 保存利润表

利润表制作完成后，选择“文件”|“另存为”命令，在弹出的“另存为”对话框中将报表保存在指定文件夹（如“宏达公司财务报表”文件夹）中。

任务实施、检查与评价

1. 任务实施

安排30分钟学生上机操作。

2. 任务检查

教师巡视检查，解答学生问题。

3. 任务评价

（1）教师评价，如表6-1所示。

表6-1　教师评价

任务操作及内容	任 务 评 价
一、设计利润表格式	
二、设置利润表公式	
三、输入利润表数据	
总　　评：	

（2）学生自评，如表6-2所示。

表6-2　学生自评

任务操作及内容	任务完成情况
一、设计利润表格式	
二、设置利润表公式	
三、输入利润表数据	
总　　评：	
问题与解疑：	

任务二　资产负债表设计

任务导入

2020年3月，根据需要，宏达公司财务部门要用Excel编制一份资产负债表。

一、设计资产负债表格式

任务驱动

（1）新建一个电子表格。

（2）按照资产负债表格式设计电子表格。

知识链接

资产负债表是反映企业在某一特定日期（月末、季末、半年末、年末等）的财务状况的财务报表，是一张反映资产、负债和所有者权益 3 个会计要素的静态报表。资产负债表是以会计等式“资产=负债+所有者权益”为理论依据编制的。

资产负债表通常由表头、表尾和表体 3 个部分组成。表头和表尾部分主要说明报表的名称、编制单位的名称、所属时期、金额单位和相关人员。表体部分作为资产负债表的基本内容，主要按规定的标准和顺序，综合反映企业某一特定日期的资产、负债和所有者权益各要素的期初数和期末数。

资产负债表通常有报告式和账户式两种格式，我国企业资产负债表常用账户式结构。资产负债表主要包括以下几个方面的内容。

（1）报表左侧依次列示各资产项目的数额，反映全部资产的分布及存在形态，按照流动性排序，先排列流动资产项目，后排列非流动资产项目。

（2）报表右侧依次列示各负债项目的数额和各所有者权益项目的数额，反映全部负债和所有者权益的内容及构成情况，其中负债项目按照流动性排序，先排列流动负债项目，后排列非流动负债项目；所有者权益项目按照其永久性递减的顺序排列，先排列实收资本项目，后排列资本公积项目、盈余公积项目和未分配利润项目。

表格示例

资产负债表格式

基本步骤

1. 新建一个电子表格

选择“开始”|“所有程序”|“Microsoft Office”|“Microsoft Excel 2010”命令，打开一个包含新工作表的工作簿，即创建了一个电子表格。

2. 按照资产负债表格式设计电子表格

（1）表头部分设计为 3 行 6 列。合并 A1:F1 单元格区域，输入“资产负债表”，设置为宋体、20 号、居中。在 F2 单元格中输入“会企 01 表”，设置为宋体、11 号、右对齐。将 A3:F3 单元格区域设置为宋体、11 号，在 A3 单元格中输入“单位名称：宏达公司”，左对齐；合并 C3 和 D3 单元格，在 C3 单元格中输入“2020 年 3 月 31 日”，与“资产负债表”居中对齐；在 F3 单元格中输入“单位：元”，右对齐。

（2）表尾部分，在 A38、D38 和 E38 单元格中分别输入“单位负责人：”“会计主管：”和“制表人：”。

（3）表体部分，在 A4 单元格中输入“资产”，在 B4 单元格中输入“期末余额”，在 C4 单元格中输入“年初余额”，在 D4 单元格中输入“负债及所有者权益（或股东权益）”，在 E4 单元格中输入“期末余额”，在 F4 单元格中输入“年初余额”，均设置为居中对齐。在 A5:A37、D5:D37 单元格区域按序输入项目内容，如图 6-6 所示，左对齐。

资产负债表

					会企01表
单位名称：宏达公司		2020年 3月31日			单位：元
资　　产	期末余额	年初余额	负债及所有者权益（或股东权益）	期末余额	年初余额
流动资产：			流动负债：		
货币资金			短期借款		
交易性金融资产			交易性金融负债		
应收票据			应付票据		
应收账款			应付账款		
预付款项			预收款项		
应收利息			应付职工薪酬		
应收股利			应交税费		
其他应收款			应付利息		
存货			应付股利		
一年内到期的非流动资产			其他应付款		
其他流动资产			一年内到期的非流动负债		
流动资产合计			其他流动负债		
非流动资产：			流动负债合计		
可供出售金融资产			非流动负债：		
持有至到期投资			长期借款		
长期应收款			应付债券		
长期股权投资			长期应付款		
投资性房地产			专项应付款		
固定资产			预计负债		
在建工程			递延所得税负债		
工程物资			其他非流动负债		
固定资产清理			非流动负债合计		
生产性生物资产			负债合计		
油气资产			所有者权益（或股东权益）：		
无形资产			实收资本（或股本）		
开发支出			资本公积		
商誉			减：库存股		
长期待摊费用			盈余公积		
递延所得税资产			未分配利润		
其他非流动资产			所有者权益（或股东权益）合计		
非流动资产合计					
资产总计			负债和所有者权益（或股东权益）总计		
单位负责人：			会计主管：	制表人：	

图 6-6　资产负债表

（4）格式设置。选中 A4:F37 单元格区域，设计表格边框，同时对字号等进行设计修改。

二、设置资产负债表公式

任务驱动

（1）设置资产负债表“期末余额”公式。

（2）设置资产负债表“年初余额”公式。

知识链接

资产负债表公式主要包括以下几个方面的内容。

（1）流动资产合计=货币资金+交易性金融资产+应收票据+应收账款+预付款项+应收利息+应收股利+其他应收款+存货+一年内到期的非流动资产+其他流动资产。

（2）非流动资产合计=可供出售金融资产+持有至到期投资+长期应收款+长期股权投资+投资性房地产+固定资产+在建工程+工程物资+固定资产清理+生产性生物资产+油气资产+无形资产+开发支出+商誉+长期待摊费用+递延所得税资产+其他非流动性资产。

（3）资产总计=流动资产合计+非流动资产合计。

（4）流动负债合计=短期借款+交易性金融负债+应付票据+应付账款+预收款项+应付职工薪酬+应交税费+应付利息+应付股利+其他应付款+一年内到期的非流动负债+其他流动负债。

（5）非流动负债合计=长期借款+应付债券+长期应付款+专项应付款+预计负债+递延所得税负债+其他非流动负债。

（6）负债合计=流动负债合计+非流动负债合计。

（7）所有者权益（或股东权益）合计=实收资本（或股本）+资本公积–库存股+盈余公积+未分配利润。

（8）负债和所有者权益（或股东权益）总计=负债合计+所有者权益（或股东权益）合计。

基本步骤

1. 设置资产负债表“期末余额”公式

（1）设置“流动资产合计”的“期末余额”公式。打开已设计好格式的资产负债表，在 B17 单元格中输入“=B6+B7+B8+B9+B10+B11+B12+B13+B14+B15+B16”或“=SUM(B6:B16)”，按【Enter】键；或者选中 B17 单元格，单击“公式”选项卡“函数库”组中的“自动求和”按钮，拖曳鼠标选中 B6:B16 单元格区域，按【Enter】键，如图 6-7 所示。

SUM =SUM(B6:B16)

	A	B	C	D	E	F
5	流动资产：			流动负债：		
6	货币资金			短期借款		
7	交易性金融资产			交易性金融负债		
8	应收票据			应付票据		
9	应收账款			应付账款		
10	预付款项			预收款项		
11	应收利息			应付职工薪酬		
12	应收股利			应交税费		
13	其他应收款			应付利息		
14	存货			应付股利		
15	一年内到期的非流动资产			其他应付款		
16	其他流动资产			一年内到期的非流动负债		
17	流动资产合计	=SUM(B6:B16)		其他流动负债		

图 6-7 设置“流动资产合计”的“期末余额”公式

（2）设置“非流动资产合计”的“期末余额”公式。在 B36 单元格中输入“=SUM(B19:B35)”，按【Enter】键；或者选中 B36 单元格，单击“公式”选项卡“函数库”

组中的“自动求和”按钮，拖曳鼠标选中 B19:B35 单元格区域，按【Enter】键，如图 6-8 所示。

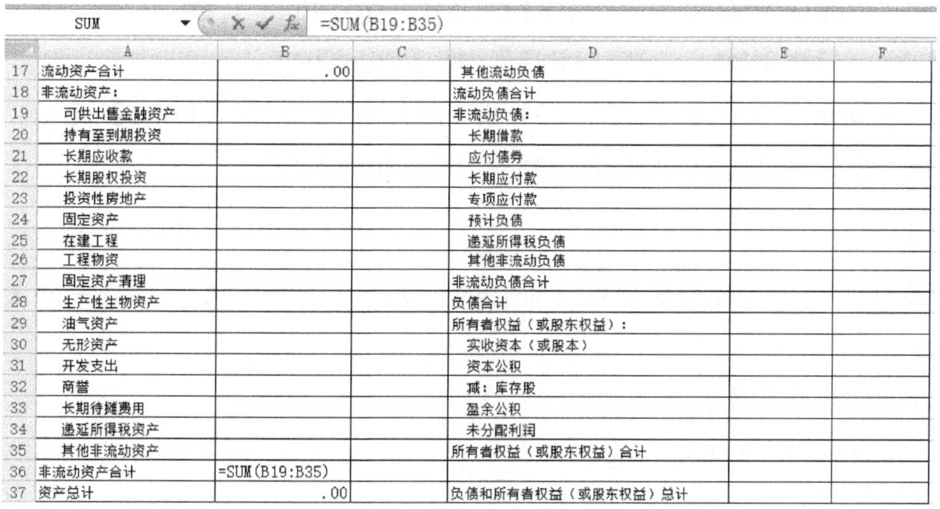

SUM　=SUM(B19:B35)

	A	B	C	D	E	F
17	流动资产合计	.00		其他流动负债		
18	非流动资产：			流动负债合计		
19	可供出售金融资产			非流动负债：		
20	持有至到期投资			长期借款		
21	长期应收款			应付债券		
22	长期股权投资			长期应付款		
23	投资性房地产			专项应付款		
24	固定资产			预计负债		
25	在建工程			递延所得税负债		
26	工程物资			其他非流动负债		
27	固定资产清理			非流动负债合计		
28	生产性生物资产			负债合计		
29	油气资产			所有者权益（或股东权益）：		
30	无形资产			实收资本（或股本）		
31	开发支出			资本公积		
32	商誉			减：库存股		
33	长期待摊费用			盈余公积		
34	递延所得税资产			未分配利润		
35	其他非流动资产			所有者权益（或股东权益）合计		
36	非流动资产合计	=SUM(B19:B35)				
37	资产总计	.00		负债和所有者权益（或股东权益）总计		

图 6-8　设置“非流动资产合计”的“期末余额”公式

（3）设置“资产总计”的“期末余额”公式。在 B37 单元格中输入“=B17+B36”，按【Enter】键，如图 6-9 所示。

SUM　=B17+B36

	A	B	C	D	E	F
17	流动资产合计	.00		其他流动负债		
18	非流动资产：			流动负债合计		
19	可供出售金融资产			非流动负债：		
20	持有至到期投资			长期借款		
21	长期应收款			应付债券		
22	长期股权投资			长期应付款		
23	投资性房地产			专项应付款		
24	固定资产			预计负债		
25	在建工程			递延所得税负债		
26	工程物资			其他非流动负债		
27	固定资产清理			非流动负债合计		
28	生产性生物资产			负债合计		
29	油气资产			所有者权益（或股东权益）：		
30	无形资产			实收资本（或股本）		
31	开发支出			资本公积		
32	商誉			减：库存股		
33	长期待摊费用			盈余公积		
34	递延所得税资产			未分配利润		
35	其他非流动资产			所有者权益（或股东权益）合计		
36	非流动资产合计	.00				
37	资产总计	=B17+B36		负债和所有者权益（或股东权益）总计		

图 6-9　设置“资产总计”的“期末余额”公式

右侧的“流动负债合计”“非流动负债合计”“负债合计”“所有者权益（或股东权益）合计”“负债和所有者权益（或股东权益）总计”的“期末余额”公式的设置方法与上述方法相同。

2．设置资产负债表“年初余额”公式

设置“年初余额”公式的方法与设置“期末余额”公式的方法相同，分别在 C17、C36、C37、F18、F27、F28、F35 和 F37 单元格中进行公式编辑。

（1）在 C17 单元格中输入“=SUM(C6:C16)”，按【Enter】键。

（2）在 C36 单元格中输入“=SUM(C19:C35)”，按【Enter】键。

（3）在 C37 单元格中输入“=C17+C36”，按【Enter】键。

（4）在 F18 单元格中输入“=SUM(F6:F17)”，按【Enter】键。

（5）在 F27 单元格中输入“=SUM(F20:F26)”，按【Enter】键。

（6）在 F28 单元格中输入“=F18+F27”，按【Enter】键。

（7）在 F35 单元格中输入“=F30+F31-F32+F33+F34”，按【Enter】键。

（8）在 F37 单元格中输入“=F28+F35”，按【Enter】键。

小贴士

SUMIF 函数用于在满足指定的统计条件的情况下，对给定数据区域中的某个栏目范围进行累计求和。

该函数的语法规则如下：

SUMIF（range,criteria,sum_range）

各参数说明如下：

range 表示用于条件计算的单元格区域。每个区域中的单元格都必须是数字或名称、组或包含数字的引用。空格和文本将被忽略。

criteria 表示求和条件，其形式可以为数字、表达式、单元格引用、文本或函数。其中，文本条件中含有逻辑或数学符号的条件必须放在双引号中；若条件为数字，则无须使用双引号。

sum_range 表示要求和的单元格区域。若省略 sum_range 参数，则 Excel 会对 range 参数指定的单元格区域求和。

三、输入资产负债表数据

任务驱动

（1）输入资产负债表相关数据。

（2）保存资产负债表。

基本步骤

1. 输入资产负债表相关数据

按照公司报表数据分别输入相关数据，其中已设置公式的单元格数据自动计算生成。最终生成的资产负债表如图 6-10 所示。

2. 保存资产负债表

资产负债表制作完成后，选择“文件”|“另存为”命令，在弹出的“另存为”对话框中将报表保存在指定文件夹（如“宏达公司财务报表”文件夹）中。

资产负债表

单位名称：宏达公司　　　　2020年 3月31日　　　　会企01表
单位：元

资　　产	期末余额	年初余额	负债及所有者权益（或股东权益）	期末余额	年初余额
流动资产：			流动负债：		
货币资金	483800.00	515100.00	短期借款	300000.00	300000.00
交易性金融资产			交易性金融负债		
应收票据			应付票据		
应收账款	70844.00	30000.00	应付账款	50000.00	50000.00
预付款项			预收款项		
应收利息			应付职工薪酬	17000.00	
应收股利			应交税费	57669.75	52100.00
其他应收款		6000.00	应付利息	1500.00	
存货	136025.00	104400.00	应付股利		
一年内到期的非流动资产			其他应付款		
其他流动资产			一年内到期的非流动负债		
流动资产合计	690669.00	655500.00	其他流动负债		
非流动资产：			流动负债合计	426169.75	402100.00
可供出售金融资产			非流动负债：		
持有至到期投资			长期借款		
长期应收款			应付债券		
长期股权投资			长期应付款		
投资性房地产			专项应付款		
固定资产	425161.75	425161.75	预计负债		
在建工程			递延所得税负债		
工程物资			其他非流动负债		
固定资产清理			非流动负债合计		
生产性生物资产			负债合计	426169.75	402100.00
油气资产			所有者权益（或股东权益）：		
无形资产			实收资本（或股本）	450000.00	450000.00
开发支出			资本公积		
商誉			减：库存股		
长期待摊费用			盈余公积	73301.75	73301.75
递延所得税资产			未分配利润	166359.25	155260.00
其他非流动资产			所有者权益（或股东权益）合计	689661.00	678561.75
非流动资产合计	425161.75	425161.75			
资产总计	1115830.75	1080661.75	负债和所有者权益（或股东权益）总计	1115830.75	1080661.75

单位负责人：　　　　会计主管：　　　　制表人：

图 6-10　生成资产负债表

表格示例

资产负债表

小贴士

资产负债表期初数来自上年期末数，因此，编制资产负债表主要是定义各个资产负债项目期末数的计算公式。如果公司有记账凭证、科目汇总表、科目余额表、试算平衡表、会计报表等整个与核算相关的 Excel 表格设计体系，那么资产负债表主要依据试算平衡表编制而成。因此资产负债表项目数据主要有 4 种获取方式。

（1）利用 SUMIF 函数，从试算平衡表相应单元格取数计算而得，如某“货币资金”的计算公式是“=SUMIF(试算平衡表!$B$3:$B$72,"库存现金",试算平衡表!$G$3:$G$72)+SUMIF(试算平衡表!$B$3:$B$72,"银行存款",试算平衡表!$G$3:$G$72)+SUMIF(试算平衡表!$B$3:$B$72,"其他货币资金",试算平衡表!$G$3:$G$72)”等。

（2）有些单元格数据直接从试算平衡表相应单元格获取，如某“实收资本（或股本）”项目的计算公式是“=试算平衡表!$H$52”等。

（3）有些单元格由本表数据计算而得，如归属于母公司的某“所有者权益（或股东权益）合计”项目的计算公式是“=F31+F32-F33+F34+F35+F36”；“流动资产合计”项目的计算公式是"=SUM(C6:C17)"等。

（4）个别单元格数据直接输入，如少数股东权益项目。

任务实施、检查与评价

1. 任务实施

安排 50 分钟学生上机操作。

2. 任务检查

教师巡视检查，解答学生问题。

3. 任务评价

（1）教师评价，如表 6-3 所示。

表 6-3　教师评价

任务操作及内容	任 务 评 价
一、设计资产负债表格式	
二、设置资产负债表公式	
三、输入资产负债表数据	
总　　评：	

（2）学生自评，如表 6-4 所示。

表 6-4　学生自评

任务操作及内容	任务完成情况
一、设计资产负债表格式	
二、设置资产负债表公式	
三、输入资产负债表数据	
总　　评：	
问题与解疑：	

边学边练

1．编制大华公司 2020 年 4 月利润表。

要求：

（1）按图 6-11 所示的格式编制大华公司 2020 年 4 月利润表。

（2）输入报表数据，设置"营业利润""利润总额""净利润"公式。

2．编制大华公司 2020 年 4 月 30 日资产负债表。

要求：

（1）按图 6-12 所示的格式编制大华公司 2020 年 4 月 30 日资产负债表。

利润表		
		会企02表
编制单位：大华公司	2020年4月	单位：元
项目	本期数	本年累计数
一、营业收入	140000	9540000
减：营业成本	78000	5160000
税金及附加	6700	470000
销售费用	1700	456000
管理费用	10600	582000
财务费用	3000	99000
加：投资净收益		100000
二、营业利润	40000	2873000
加：营业外收入	6000	250000
减：营业外支出	2400	123000
三、利润总额	43600	3000000
减：所得税费用	10900	750000
四、净利润	32700	2250000
单位负责人：	会计主管：	制表人：

图 6-11　2020 年 4 月利润表

操作提示

利润表

（2）输入报表数据，设置“流动资产合计”“非流动资产合计”“资产总计”“流动负债合计”“非流动负债合计”“负债合计”“所有者权益（或股东权益）合计”“负债和所有者权益（或股东权益）总计”公式。

资产负债表

单位名称：大华公司　　2020年 4月30日　　会企01表　单位：元

资　产	期末余额	年初余额	负债及所有者权益（或股东权益）	期末余额	年初余额
流动资产：			流动负债：		
货币资金	51000.00	52000.00	短期借款	172000.00	120000.00
交易性金融资产			交易性金融负债		
应收票据			应付票据		
应收账款	52000.00	60000.00	应付账款	56600.00	64000.00
预付款项	18000.00	12000.00	预收款项	22000.00	20000.00
应收利息			应付职工薪酬	68000.00	74000.00
应收股利			应交税费	136000.00	120000.00
其他应收款	12000.00	6000.00	应付利息	66000.00	88000.00
存货	282000.00	230000.00	应付股利		
一年内到期的非流动			其他应付款	26000.00	16000.00
其他流动资产			一年内到期的非流动负债		
流动资产合计	415000.00	360000.00	其他流动负债		
非流动资产：			流动负债合计	546600.00	502000.00
可供出售金融资产			非流动负债：		
持有至到期投资			长期借款	120000.00	132000.00
长期应收款			应付债券		
长期股权投资			长期应付款		
投资性房地产			专项应付款		
固定资产	980000.00	1060000.00	预计负债		
在建工程			递延所得税负债		
工程物资			其他非流动负债		
固定资产清理			非流动负债合计	120000.00	132000.00
生产性生物资产			负债合计	666600.00	634000.00
油气资产			所有者权益（或股东权益）：		
无形资产	80000.00	6000.00	实收资本（或股本）	560000.00	560000.00
开发支出			资本公积		
商誉			减：库存股		
长期待摊费用			盈余公积	76400.00	116000.00
递延所得税资产			未分配利润	172000.00	116000.00
其他非流动资产			所有者权益（或股东权益）合计	808400.00	792000.00
非流动资产合计	1060000.00	1066000.00			
资产总计	1475000.00	1426000.00	负债和所有者权益（或股东权益）总计	1475000.00	1426000.00

单位负责人：　　会计主管：　　制表人：

图 6-12　2020 年 4 月 30 日资产负债表

操作提示

资产负债表

3．参照国家税务总局2019年报表格式编制大华公司2019年年报四大会计报表。

要求：

（1）资产负债表如表6-5所示，利润表如表6-6所示。

（2）简单了解现金流量表和所有者权益变动表格式。

表6-5　2019年资产负债表

资产负债表

（适用执行企业会计准则的一般企业）

所属时期：2019年01月01日至2019年12月31日

纳税人识别号：91410100123400789F　　　　会企01表

纳税人名称：大华公司　　　　单位：元

资　　产	行次	期末余额	年初余额	负债和所有者权益（或股东权益）	行次	期末余额	年初余额
流动资产：				流动负债：			
货币资金	1	117,943.64	82,149.96	短期借款	32	0.00	0.00
以公允价值计量且其变动计入当期损益的金融资产	2	0.00	0.00	以公允价值计量且其变动计入当期损益的金融负债	33	0.00	0.00
应收票据	3	0.00	0.00	应付票据	34	0.00	0.00
应收账款	4	1,696,004.43	2,124,232.08	应付账款	35	321,659.09	778,422.32
预付款项	5	0.00	0.00	预收款项	36	0.00	0.00
应收利息	6	0.00	0.00	应付职工薪酬	37	63,957.48	50,613.10
应收股利	7	0.00	0.00	应交税费	38	9,157.15	-12,962.20
其他应收款	8	9,950.00	9,750.00	应付利息	39	0.00	0.00
存货	9	99,188.04	72,638.89	应付股利	40	0.00	0.00
一年内到期的非流动资产	10	0.00	0.00	其他应付款	41	0.00	0.00
其他流动资产	11	251,956.80	251,956.80	一年内到期的非流动负债	42	0.00	0.00
流动资产合计	12	2,175,042.91	2,540,727.73	其他流动负债	43	0.00	0.00
非流动资产：				流动负债合计	44	394,773.72	816,073.22
可供出售金融资产	13	0.00	0.00	非流动负债：			
持有至到期投资	14	0.00	0.00	长期借款	45	0.00	0.00
长期应收款	15	0.00	0.00	应付债券	46	0.00	0.00
长期股权投资	16	0.00	0.00	长期应付款	47	0.00	0.00
投资性房地产	17	0.00	0.00	专项应付款	48	0.00	0.00
固定资产	18	43,021.57	43,021.57	预计负债	49	0.00	0.00
在建工程	19	0.00	0.00	递延收益	50	0.00	0.00

续表

资　　产	行次	期末余额	年初余额	负债和所有者权益（或股东权益）	行次	期末余额	年初余额
工程物资	20	0.00	0.00	递延所得税负债	51	0.00	0.00
固定资产清理	21	0.00	0.00	其他非流动负债	52	0.00	0.00
生产性生物资产	22	0.00	0.00	非流动负债合计	53	0.00	0.00
油气资产	23	0.00	0.00	负债合计	54	394,773.72	816,073.22
无形资产	24	0.00	0.00	所有者权益（或股东权益）：			
开发支出	25	0.00	0.00	实收资本（或股本）	55	2,000,000.00	2,000,000.00
商誉	26	0.00	0.00	资本公积	56	0.00	0.00
长期待摊费用	27	0.00	0.00	减：库存股	57	0.00	0.00
递延所得税资产	28	0.00	0.00	其他综合收益	58	0.00	0.00
其他非流动资产	29	0.00	0.00	盈余公积	59	0.00	0.00
非流动资产合计	30	43,021.57	43,021.57	未分配利润	60	-176,709.24	-232,323.92
资产总计	31	2,218,064.48	2,583,749.30	所有者权益（或股东权益）合计	61	1,823,290.76	1,767,676.08
				负债和所有者权益（或股东权益）总计	62	2,218,064.48	2,583,749.30

表 6-6　2019 年利润表

利润表

（适用执行企业会计准则的一般企业）

所属时期：2019 年 01 月 01 日至 2019 年 12 月 31 日

纳税人识别号：91410100123400789F　　会企 02 表

纳税人名称：大华公司　　单位：元

项　　目	本期金额	上期金额
一、营业收入	802,091.59	1,132,123.85
减：营业成本	623,837.60	924,584.16
税金及附加	1,311.86	3,773.78
销售费用	0.00	0.00
管理费用	109,814.66	192,974.18
财务费用	419.70	237.83
资产减值损失	0.00	0.00
加：公允价值变动收益（损失以“-”号填列）	0.00	0.00
投资收益（损失以“-”号填列）	0.00	0.00
其中：对联营企业和合营企业的投资收益	0.00	0.00
二、营业利润（亏损以“-”号填列）	66,707.77	10,553.90
加：营业外收入	0.00	0.00
其中：非流动资产处置利得	0.00	0.00
减：营业外支出	0.00	0.00

续表

项　　目	本期金额	上期金额
其中：非流动资产处置损失	0.00	0.00
三、利润总额（亏损总额以“-”号填列）	66,707.77	10,553.90
减：所得税费用	6,670.77	1,574.57
四、净利润（净亏损以“-”号填列）	60,037.00	8,979.33
五、其他综合收益的税后净额	0.00	0.00
（一）以后不能重分类进损益的其他综合收益	0.00	0.00
1. 重新计量设定收益计划净负债或净资产的变动	0.00	0.00
2. 权益法下在被投资单位不能重分类进损益的其他综合收益中享有的份额	0.00	0.00
（二）以后将重分类进损益的其他综合收益	0.00	0.00
1. 权益法下在被投资单位以后将重分类进损益的其他综合收益中享有的份额	0.00	0.00
2. 可供出售金融资产公允价值变动损益	0.00	0.00
3. 持有至到期投资重分类为可供出售金融资产损益	0.00	0.00
4. 现金流量套期损益的有效部分	0.00	0.00
5. 外币财务报表折算差额	0.00	0.00
六、综合收益总额	60,037.00	8,979.33
七、每股收益		
（一）基本每股收益	0.00	0.00
（二）稀释每股收益	0.00	0.00

操作提示 2019 资产负债表

操作提示 2019 利润表

操作提示 2019 现金流量表

操作提示 2019 所有者权益变动表

实用小技巧

常用会计报表

在实际工作中，财务人员除了要编制常见的四大对外会计报表外，还要根据企业需要编制一些自制报表。常用会计报表体系包括基本报表、往来报表、资金报表、资产报表、营运报表等，如表 6-7 所示。

表 6-7　常用会计报表体系

序　　号	报 表 种 类	具 体 项 目	报 表 序 号
1	基本报表	资产负债表（月报）	表 01
		利润表（月报）	表 02
		现金流量表（月报）	表 03
2	往来报表	应收账款明细及账龄分析表（月报）	表 01-01
		应付账款明细及账龄分析表（月报）	表 01-02

续表

序　号	报表种类	具体项目	报表序号
2	往来报表	其他应收款明细及账龄明细表（月报）	表 01-03
		其他应付款明细及账龄明细表（月报）	表 01-04
		预收预付账款明细表（月报）	表 01-05
3	资金报表	短期借款、长期借款明细表（月报）	表 01-06
		实收资本明细表（月报）	表 01-07
		资金周报表（按账户）（周报）	表 01-08
		收支月报表（月报）	表 01-09
4	资产报表	短期投资明细表（月报）	表 01-10
		长期投资明细表（月报）	表 01-11
		固定资产明细表（月报）	表 01-12
		无形资产、长期待摊费用明细表（月报）	表 01-13
5	营运报表	收入结构明细表（月报）	表 02-01
		投资收益明细表	表 02-02
		费用结构明细表（月报）	表 02-03
		高级管理人员费用明细表（月报）	表 02-04

表格示例

常用会计报表模板大全

项目七

财务图表设计与应用

学习目标

- ❖ 学会建立图表、设计图表格式及应用特殊图表类型。
- ❖ 熟练运用图表工具进行财务图表的编制。

任务目标

- ❖ 建立图表、设计图表格式。
- ❖ 学会特殊图表类型的应用。

任务一　建立图表与设计图表格式

任务导入

2020 年 1—5 月，宏达公司在郑州、上海、北京和广州 4 个地区的产品销售量统计数据如表 7-1 所示（单位：万台）。现以该销售量统计表为例，介绍如何建立图表，并设计图表格式。

表 7-1　销售量统计表

地　　区	1 月份销售量	2 月份销售量	3 月份销售量	4 月份销售量	5 月份销售量
郑州	10	25	14	25	25
上海	25	20	14	41	36
北京	14	36	10	24	45
广州	23	17	24	21	29

表格示例

销售量统计表

一、建立图表

任务驱动

（1）新建销售量统计表。

（2）按照销售量统计表提供的数据创建销售量柱形图。

（3）整理并保存销售量柱形图。

知识链接

建立图表是指根据数据表进行简单的图表创建。Excel 图表可用来反映数据，可以使枯燥的数据直观化、形象化。Excel 提供了十几种图表类型，如柱形图、条形图、折线图、面积图、饼图、圆环图、气泡图、雷达图、股价图、曲面图、散点图、圆锥图、圆柱图、棱锥图等，每种图表类型又都有几种不同的子类型。通过图表可以使用户迅速地对数据产生总体上的认识。

基本步骤

（1）在 Excel 中创建销售量统计表，如图 7-1 所示。

（2）选中所有数据，单击“插入”选项卡“图表”组中的“柱形图”下拉按钮，打开其下拉列表，如图 7-2 所示。

（3）选择“二维柱形图”|“簇状柱形图”选项，效果如图 7-3 所示。

（4）按【Ctrl+S】组合键保存。

	A	B	C	D	E	F
1	地区	1月份销售量	2月份销售量	3月份销售量	4月份销售量	5月份销售量
2	郑州	10	25	14	25	25
3	上海	25	20	14	41	36
4	北京	14	36	10	24	45
5	广州	23	17	24	21	29

图 7-1　销售量统计表

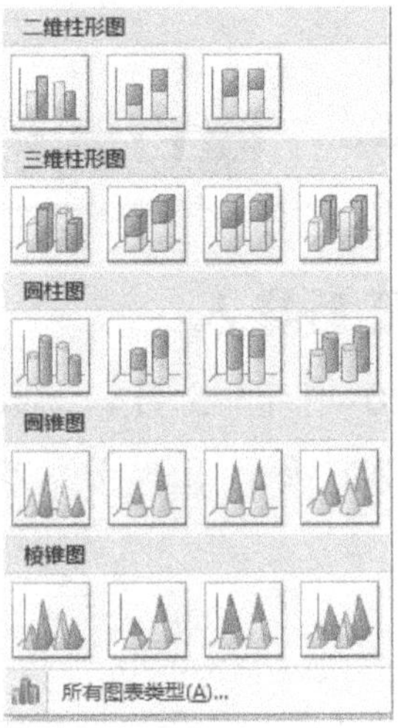

图 7-2　“柱形图”下拉列表

	A	B	C	D	E	F
1	地区	1月份销售量	2月份销售量	3月份销售量	4月份销售量	5月份销售量
2	郑州	10	25	14	25	25
3	上海	25	20	14	41	36
4	北京	14	36	10	24	45
5	广州	23	17	24	21	29

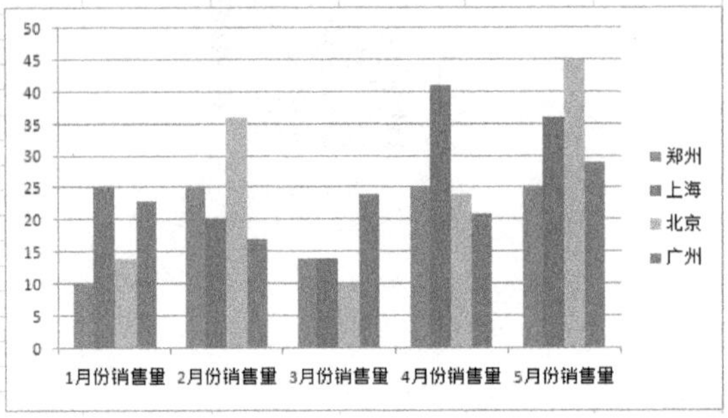

图 7-3　图表

小贴士

1. 图表的分类

（1）按维数，图表可分为二维图表和三维图表。

（2）按有无坐标轴，图表可分为有坐标轴图表和无坐标轴图表。有坐标轴图表有柱形图、条形图、散点图等；无坐标轴图表有饼图、圆环图等。

（3）按是否预设，图表可分为预设图表和自定义图表。

2. 常用图表介绍

（1）柱形图。柱形图是用于显示某段时间内数据的变化或各数据项之间的差异的图表，分类在水平方向反映，数值在垂直方向反映，如图 7-4 所示。

（2）条形图。条形图是用于显示各数据项之间差异的比较图表，分类在垂直方向反映，数值在水平方向反映，如图 7-5 所示。

（3）折线图。折线图是用于显示各数据随时间变化的趋势图表，水平方向总是反映时间信息，如图 7-6 所示。

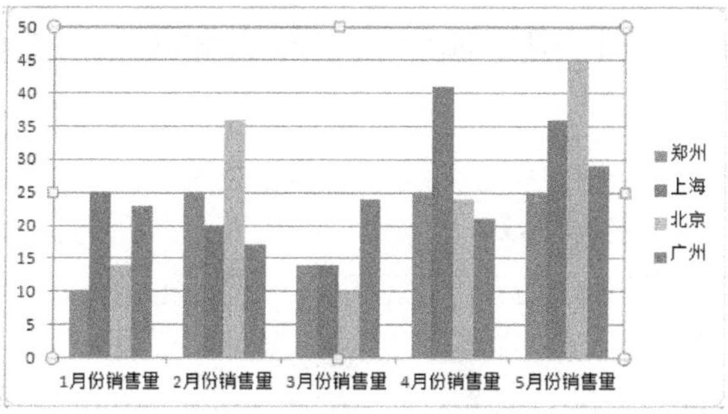

图 7-4 柱形图

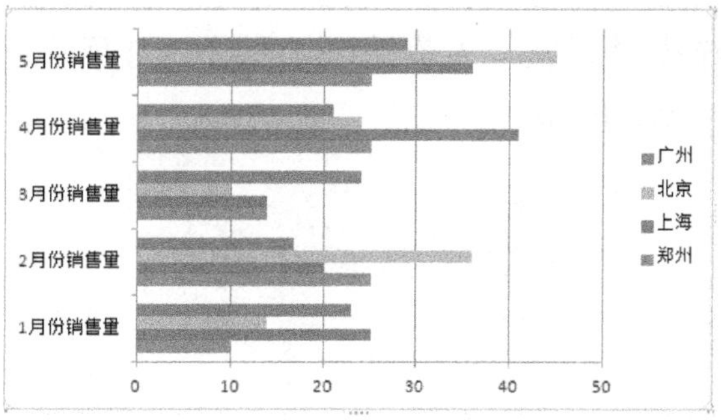

图 7-5 条形图

（4）面积图。面积图是用于显示不同数据系列之间的对比关系，强调数量随时间变化程度的图表，可用于反映总值的趋势，如图 7-7 所示。

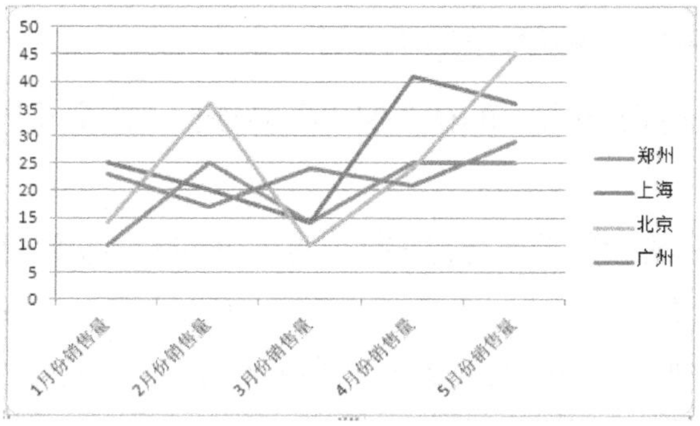

图 7-6 折线图

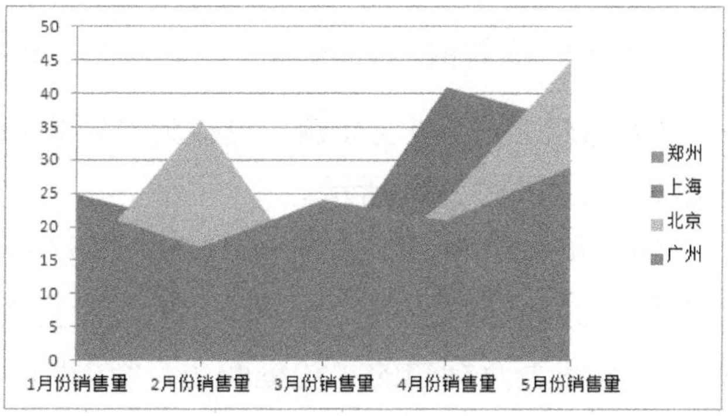

图 7-7 面积图

二、设计图表格式

任务驱动

（1）以图 7-3 为例，为其添加一个合适的标题。

（2）为标题设置醒目的格式。

（3）为图表设置一个其他的图表样式。

（4）为已知的图表设置一个不一样的图表布局。

知识链接

Excel 提供了多种预定义的图表样式与图表布局，用户可以直接应用或根据需要手动更改。

设置预定义的图表样式时，会基于文档所应用的主题为图表设置样式，以便图表与主题颜色、主题字体及主题效果匹配。

Excel 为每种图表类型提供了不同的布局，特定的图表元素、图例、数据表或数据标签会按特定的排列顺序在图表中显示。

基本步骤

（1）单击销售量柱形图（见图 7-3），使其处于选中状态。

（2）单击“布局”选项卡“标签”组中的“图表标题”下拉按钮，在打开的下拉列表中选择“图表上方”选项，如图 7-8 所示；随即，柱形图中添加一个“图表标题”文本框，如图 7-9 所示。

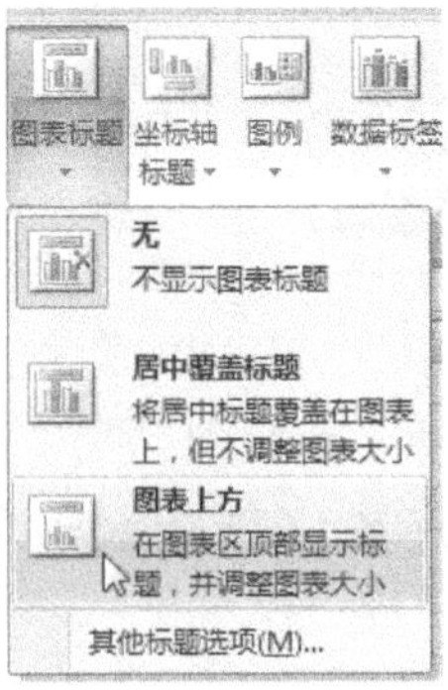

图 7-8　设置图表标题位置

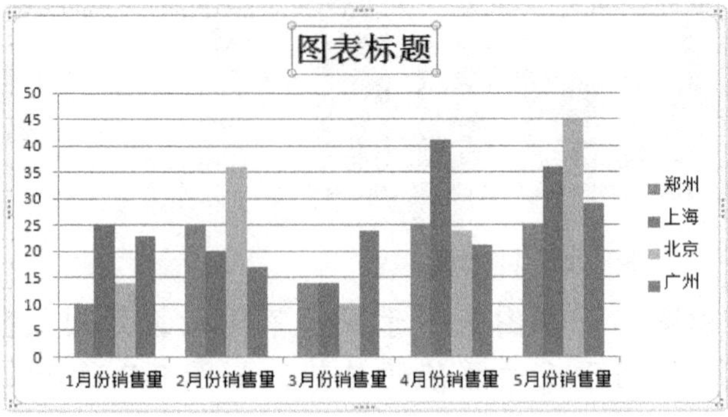

图 7-9　添加“图表标题”文本框

（3）将文字“图表标题”更改为“销售量统计柱形图”，单击“保存”按钮，完成添加标题操作，如图 7-10 所示。

（4）单击“布局”选项卡“标签”组中的“图表标题”下拉按钮，在打开的下拉列表中选择“其他标题选项”选项，弹出“设置图表标题格式”对话框，如图 7-11 所示。根据所需，对图表及标题的“边框颜色”“边框样式”“阴影”“三维格式”“对齐方式”等内容进行设置，单击“关闭”按钮。

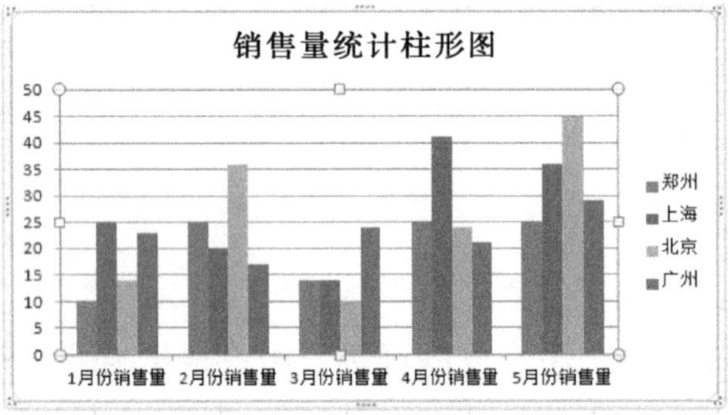

图 7-10　添加标题

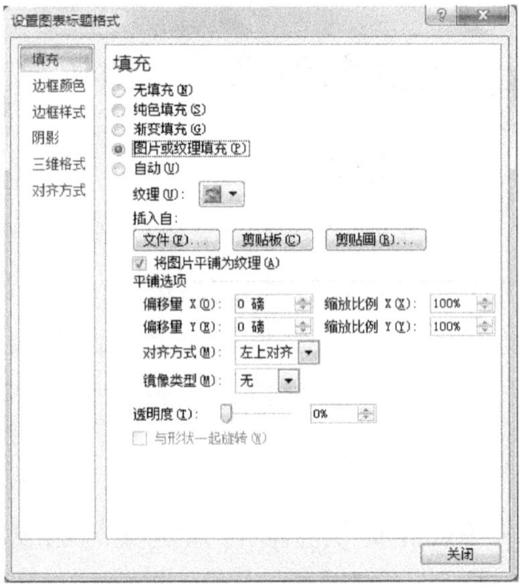

图 7-11　“设置图表标题格式”对话框

（5）单击图表，在“设计”选项卡“图表样式”组的列表中单击合适的图表样式，即可应用到图表中，如图 7-12 所示。

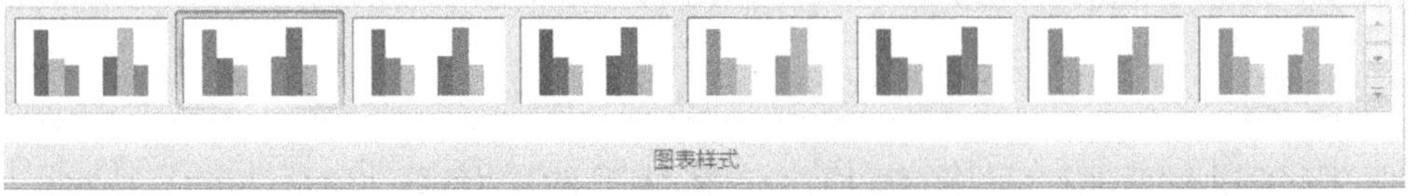

图 7-12　图表样式列表

（6）单击图表，在“设计”选项卡“图表布局”组的列表中单击合适的图表布局，即可应用到图表中，如图 7-13 所示。

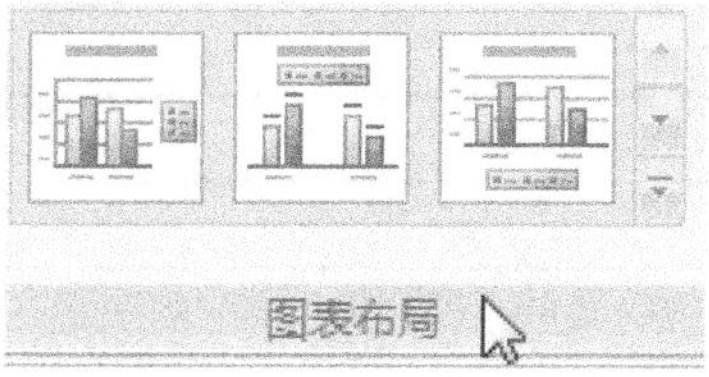

图 7-13　图表布局列表

小贴士

要手动更改图表样式，可以执行下列操作。

（1）填充图表元素。可以使用颜色、纹理、图片和渐变填充使特定图表元素引起用户的注意。

（2）更改图表元素的框线。可以使用颜色、线条样式和线条粗细来突出图表元素。

（3）为图表元素增加特殊效果。可以为图表元素应用特殊效果（如阴影、反射、发光、棱台等），以使图表具有更完美的外观。

（4）设置文本和数字的格式。可以为图表中的标题、标签和文本框中的文字、数字设置格式，就像为工作表中的文本和数字设置格式一样。要使文本和数字突出显示，还可以适当应用艺术字。

任务实施、检查与评价

1. 任务实施

安排 30 分钟学生上机操作。

2. 任务检查

教师巡视检查，解答学生问题。

3. 任务评价

（1）教师评价，如表 7-2 所示。

表 7-2　教师评价

任务操作及内容	任 务 评 价
一、建立图表	
二、设计图表格式	
总　评：	

（2）学生自评，如表 7-3 所示。

表 7-3　学生自评

任务操作及内容	任务完成情况
一、建立图表	
二、设计图表格式	
总　　评：	
问题与解疑：	

任务二　特殊图表类型应用

任务导入

宏达公司 2020 年 1—5 月的销售额与利润额统计情况如表 7-4 所示（单位：万元）。需据此设计双 *Y* 轴图表。

表 7-4　销售额与利润额统计表

月　　份	销　售　额	利　润　额
1	512	28
2	468	32
3	556	33
4	445	38
5	532	29

表格示例

销售与利润统计表
（双 Y 轴图表）

宏达公司 4 种产品连续 3 年的销售量如表 7-5 所示（单位：万件）。需据此创建动态交互图表。

表 7-5　销售量统计表

年　　度	产 品 A	产 品 B	产 品 C	产 品 D
2018	178	600	263	243
2019	290	650	654	300
2020	475	774	653	442

表格示例

销售量统计表
（动态交叉图表）

宏达公司 2020 年 1 月的兼职人员工资表如表 7-6 所示。需据此创建动态图表。

表 7-6　2020 年 1 月兼职人员工资表

姓名	性别	基本工资	岗位工资	各种补贴	养老金	实发工资
赵栋	男	890	450	200	50.82	1489.18
杨笛	女	1100	480	450	66.99	1963.01
王海	男	980	460	140	52.14	1527.86
李敏	女	1250	560	500	76.23	2233.77
李刚	男	750	340	300	45.87	1344.13
崔菲	女	1800	590	425	92.90	2722.11

表格示例

工资表（动态图表）

一、双 *Y* 轴图表

任务驱动

（1）根据表 7-4 创建双 *Y* 轴图表。

（2）保存双 *Y* 轴图表。

知识链接

双 *Y* 轴图表经常被认为具有高级功能。如果需要两组数值在一个图表上同时显示，那么可用两个 *Y* 轴来控制数据的位置。

双 *Y* 轴图表的解决方案是对第二组数据（折线比较平缓的那组数据）使用第二个 *Y* 轴。

双 *Y* 轴图表不能比较不同组数据之间的绝对值，因为它们使用的是不同的单位和刻度，不具有可比性，唯一能够比较的是数据变化趋势，即可以比较出数据变化速度。

基本步骤

（1）在 Excel 中创建销售额与利润额统计表，如图 7-14 所示。

	A	B	C
1	月份	销售额	利润额
2	1	512	28
3	2	468	32
4	3	556	33
5	4	445	38
6	5	532	29

图 7-14　销售额与利润额统计表

（2）选中 A1:C6 单元格区域，单击“插入”选项卡“图表”组中的“折线图”下拉按钮，在打开的下拉列表中选择“二维折线图”|“折线图”选项，效果如图 7-15 所示。

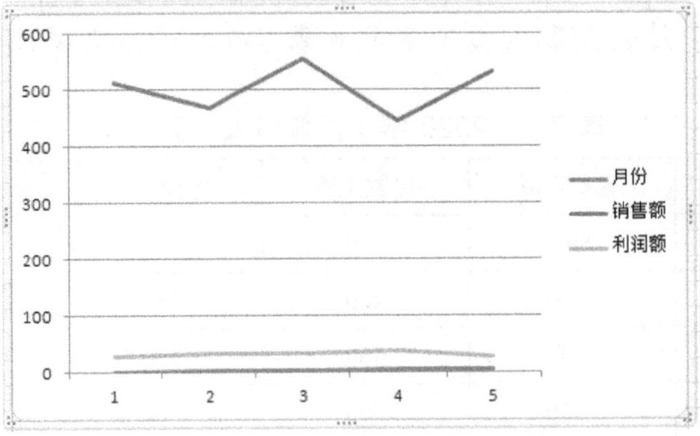

图 7-15　二维折线图

（3）在中间的折线（利润额）上右击，在弹出的快捷菜单中选择“设置数据系列格式”命令，并在弹出的“设置数据系列格式”对话框的“系列选项”选项卡中选中“次坐标轴”单选项，如图 7-16 所示，然后单击“关闭”按钮，完成双 *Y* 轴图表的设计，如图 7-17 所示。

（4）按【Ctrl+S】组合键保存。

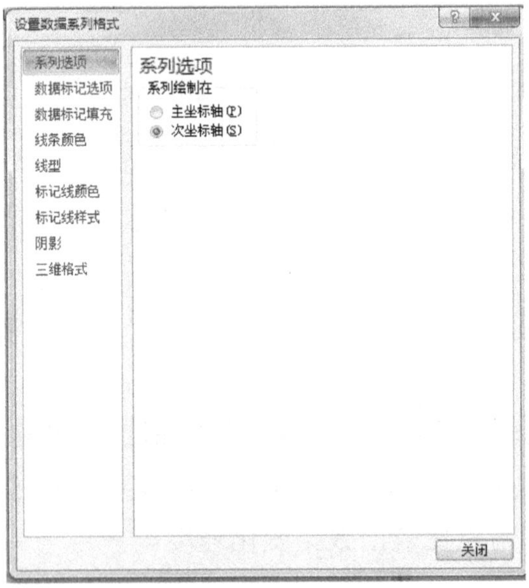

图 7-16　“次坐标轴”单选项

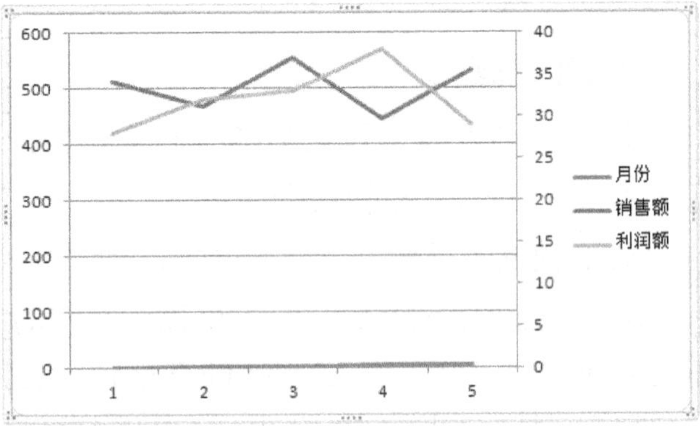

图 7-17　双 *Y* 轴图表

小贴士

两列数据相差很大时，可能只在图表中显示较大的那一列数据。而这两列数据是相互影响的，需要放在一张图中才能比较两者的变化趋势是否一致，这时就需要用双 *Y* 轴图表来显示。

双 *Y* 轴图表之间可以相互转换。就图 7-17 来讲，还可以更改其中一条曲线的图表类型来达到比较的目的，如用“柱形图+折线图”。选择要更改图表类型的曲线（如折线图），右击，在弹出的快捷菜单中选择“更改系列图表类型”命令，在弹出的“更改图表类型”对话框中选中“柱形图”选项，单击“确定”按钮，将生成“折线图+柱形图”。

二、动态交互图表

任务驱动

（1）根据表 7-5 创建销售量统计表。

（2）利用 INDEX 函数公式创建动态交互图表。

（3）保存图表。

知识链接

动态交互图表是指可以根据表中数据的情况动态创建列的图表。看起来高级的动态图表的制作原理其实很简单，技巧只在于变换图表的数据源。

基本步骤

（1）如图 7-18 所示，销售量统计表创建在 B4:F7 单元格区域中，在这个表上面创建一个辅助表。将辅助表最左端的 A 列设置为 ID 列，在 ID 列的单元格 A2 中输入数字“1”。

	A	B	C	D	E	F
1	ID	年度	产品A	产品B	产品C	产品D
2	1	2018	178	600	263	243
3						
4		年度	产品A	产品B	产品C	产品D
5		2018	178	600	263	243
6		2019	290	650	654	300
7		2020	475	774	653	442

图 7-18 设置 ID 列

（2）在 B2 单元格中输入函数公式“=INDEX(B5:B7,A2)”，公式设置完成后显示 2018，因为在 A2 单元格中输入的是数字“1”。

（3）因为要将 INDEX 函数公式复制到其他单元格，所以要将受影响的单元格地址用$锁定，即将公式转换为“=INDEX(B5:B7,$A$2)”，复制到这一行的其他单元格。然后可在 ID 列中修改数字进行测试。将 ID 修改成“2”，显示 2019 年数据；修改成“3”，显示 2020 年数据；再修改成“1”，显示 2018 年数据。

（4）选择 C1:F2 单元格区域，单击“插入”选项卡“图表”组中的“柱形图”下拉按钮，在打开的下拉列表中选择“三维柱形图”|“三维簇状柱形图”选项，插入图表。

（5）对图表样式进行设置。

（6）选择“文件”|“选项”命令，弹出“Excel 选项”对话框。选择“自定义功能区”选项，在右侧的“主选项卡”列表中选中“开发工具”复选框，单击“确定”按钮，添加“开发工具”选项卡。

（7）单击“开发工具”选项卡“控件”组中的“插入”下拉按钮，在打开的下拉列表中选择“组合框（窗体控件）”选项，如图 7-19 所示。在图表左上角单击，插入组合框。

（8）单击“开发工具”选项卡“控件”组中的“属性”按钮，弹出“设置对象格式”对话框。在其“控制”选项卡中选择“数据源区域”为“$B$5:$B$7”，选择“单元格链接”为“$A$2”，如图 7-20 所示，单击“确定”按钮。

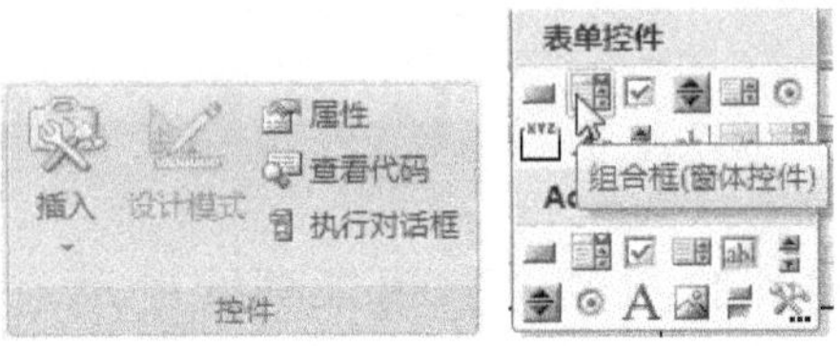

图 7-19 “组合框（窗体控件）”选项

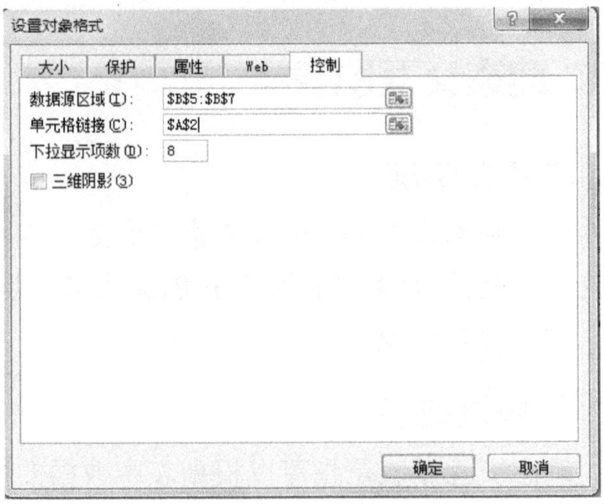

图 7-20 “控制”选项卡

（9）在组合框外的任意区域单击，设置完成，但图表中暂时没有数据显示。单击刚通过组合框设置好的下拉按钮，在弹出的下拉列表中选择一个年份，图表中将显示指定年份对应的柱形图，如图 7-21 所示。

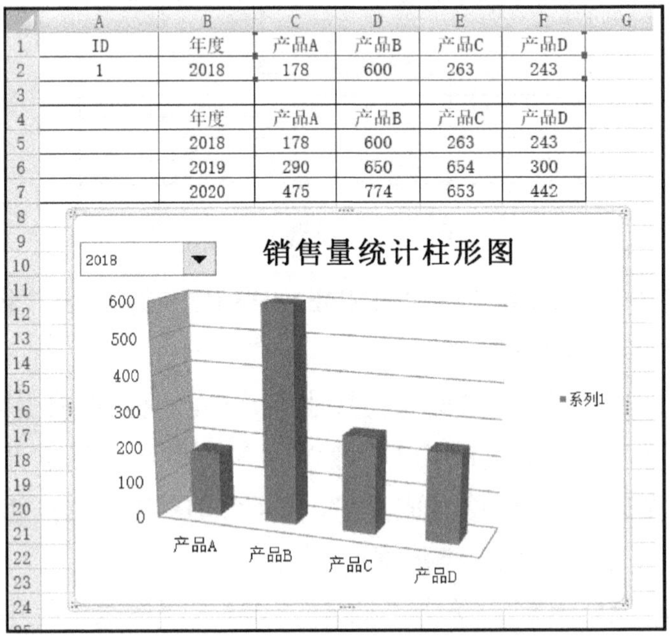

图 7-21　2018 年销售量统计柱形图

小贴士

Excel 中常用的动态交互图表制作方法有以下 3 种。

1. 辅助序列法

这是常用的方法，较直观和容易理解。设置一个辅助数据区域，根据用户的选择，将目标数据从数据源区域引用到辅助数据区域，用辅助数据作图。当用户的选择改变时，辅助数据区域的数据源随之变化，图表也将变化。

2. 定义名称法

与辅助序列法相比，省去设置辅助数据区域的步骤。根据用户的选择，将目标数据定义到名称中，用名称指向图表的数据源。当用户的选择改变时，名称所指向的数据源随之变化，图表也将变化。

3. 图片引用法

这种方法不多见，一般在人事管理应用中才会用到。前两种方法都是通过切换同一个图表的数据源来实现图表的动态变化，这种方法则通过引用不同的图表来生成动态图表，可以支持不同数据源、不同类型、不同格式的图表的动态切换。

三、动态图表

任务驱动

（1）根据表 7-6 创建兼职人员工资表。

（2）利用条件筛选制作工资动态图表。

知识链接

所谓动态图表就是可以实现数据与图表动态交互的图表。简单地说，就是图表中有一个筛选控件，筛选不同内容的时候，图表就能对应不同的数据，随着数据的变化而变化。这在实际工作中非常有意义。

动态图表的制作方法有以下几种。

（1）利用条件筛选制作动态图表。

（2）利用引用函数 OFFSET 制作动态图表。

（3）利用控件和引用函数 OFFSET 制作动态图表。

基本步骤

（1）在 Excel 中创建 2020 年 1 月兼职人员工资表。

（2）单击“数据”选项卡“排序和筛选”组中的“筛选”按钮，效果如图 7-22 所示。

	A	B	C	D	E	F	G
1	姓名	性另	基本工	岗位工	各种补	养老金	实发工资
2	赵栋	男	890	450	200	50.82	1489.18
3	杨笛	女	1100	480	450	66.99	1963.01
4	王海	男	980	460	140	52.14	1527.86
5	李敏	女	1250	560	500	76.23	2233.77
6	李刚	男	750	340	300	45.87	1344.13
7	崔菲	女	1800	590	425	92.90	2722.11

图 7-22　将工资表变成筛选表形式

（3）单击“插入”选项卡“图表”组中的“柱形图”下拉按钮，在打开的下拉列表中选择“二维柱形图”|“簇状柱形图”选项，自动生成二维的动态图表，如图 7-23 所示。

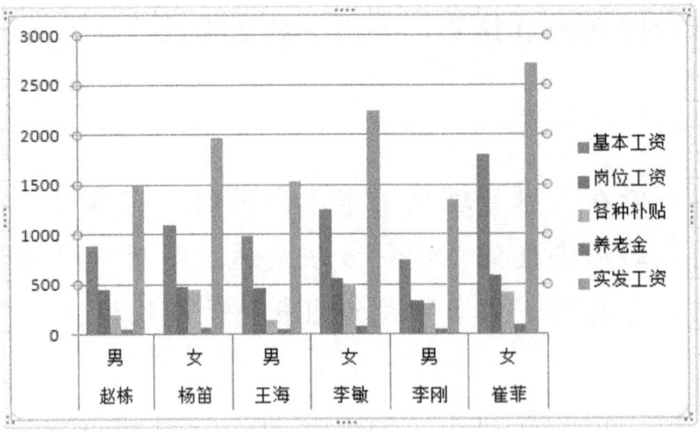

图 7-23　自动生成二维的动态图表

（4）在柱形图上右击，在弹出的快捷菜单中选择“选择数据”命令，弹出“选择数据源”对话框，如图 7-24 所示。

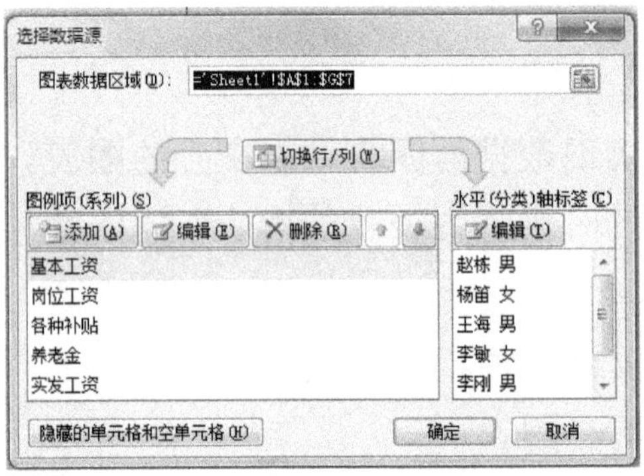

图 7-24　“选择数据源”对话框

（5）单击“水平（分类）轴标签”项下的“编辑”按钮，在弹出的“轴标签”对话框中重新选择工资表中的“姓名”列区域，单击“确定”按钮，返回“选择数据源”对话框，单击“确定”按钮，动态图表创建成功，如图 7-25 所示。更改表格中的数据，动态图表立即更新。

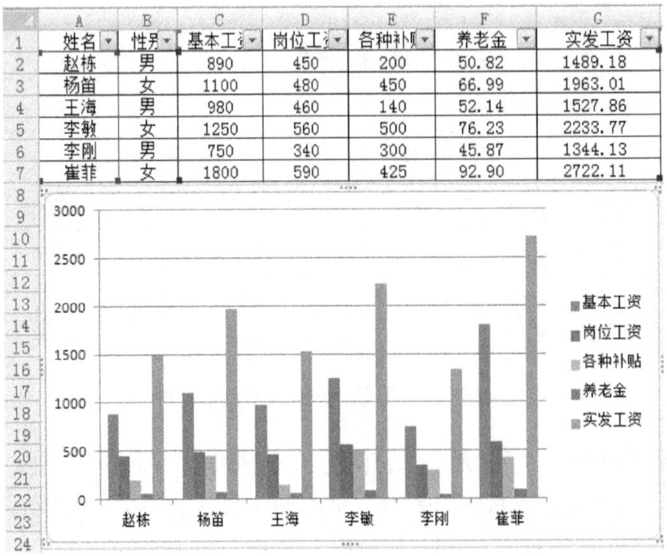

	A	B	C	D	E	F	G
1	姓名	性别	基本工资	岗位工资	各种补贴	养老金	实发工资
2	赵栋	男	890	450	200	50.82	1489.18
3	杨笛	女	1100	480	450	66.99	1963.01
4	王海	男	980	460	140	52.14	1527.86
5	李敏	女	1250	560	500	76.23	2233.77
6	李刚	男	750	340	300	45.87	1344.13
7	崔菲	女	1800	590	425	92.90	2722.11

图 7-25　动态图表

小贴士

动态图表是图表分析的较高级形式，可以让用户进行交互式的比较分析，能直观地体现数据的变化，对于数据分析有着举足轻重的作用。一旦从静态图表跨入动态图表，则分析的效率和效果都会进入另一个境界。

任务实施、检查与评价

1. 任务实施

安排60分钟学生上机操作。

2. 任务检查

教师巡视检查，解答学生问题。

3. 任务评价

（1）教师评价，如表7-7所示。

表7-7　教师评价

任务操作及内容	任 务 评 价
一、双Y轴图表	
二、动态交互图表	
三、动态图表	
总　　评：	

（2）学生自评，如表7-8所示。

表7-8　学生自评

任务操作及内容	任务完成情况
一、双Y轴图表	
二、动态交互图表	
三、动态图表	
总　　评：	
问题与解疑：	

边学边练

1．创建电器销售情况表，并生成柱形图。

要求：

（1）创建一个名为“电器销售情况表”的工作簿，如图7-26所示（单位：台）。

（2）根据工作簿创建一个图表，图表类型为“柱形图”，如图7-27所示。

	A	B	C	D	E
1		第一季度	第二季度	第三季度	第四季度
2	电脑	30	20	25	40
3	音响	15	18	12	20
4	彩电	33	36	28	47

图 7-26　电器销售情况表

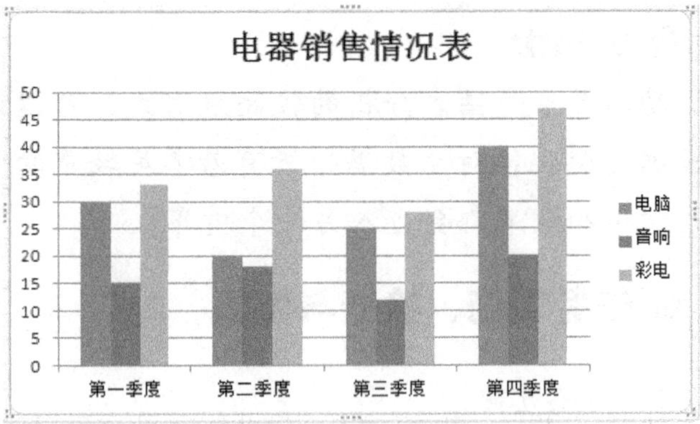

图 7-27　柱形图

（3）将图表区的文字设置为楷体、粗体、蓝色。

操作提示

电器销售情况

2．创建某劳动服务公司工资汇总表。

要求：

（1）创建一个名为“某劳动服务公司工资汇总表”的工作簿，如图 7-28 所示。

	工资	职工福利费	差旅费	办公费	电话费	业务招待费	劳动保险费	水电费	其他
第一季度	256	35.8	47	49	50	45	57	34	19
第二季度	151	21.2	28	30	79	30	46	27	35
第三季度	271	37.9	19	79	49	45	19	45	28
第四季度	256	35.8	50	67	89	32	50	37	20

图 7-28　某劳动服务公司工资汇总表

（2）根据工作簿生成一个二维的动态图表，如图 7-29 所示。

	工资	职工福利费	差旅费	办公费	电话费	业务招待费	劳动保险费	水电费	其他
第一季度	256	35.8	47	49	50	45	57	34	19
第二季度	151	21.2	28	30	79	30	46	27	35
第三季度	271	37.9	19	79	49	45	19	45	28
第四季度	256	35.8	50	67	89	32	50	37	20

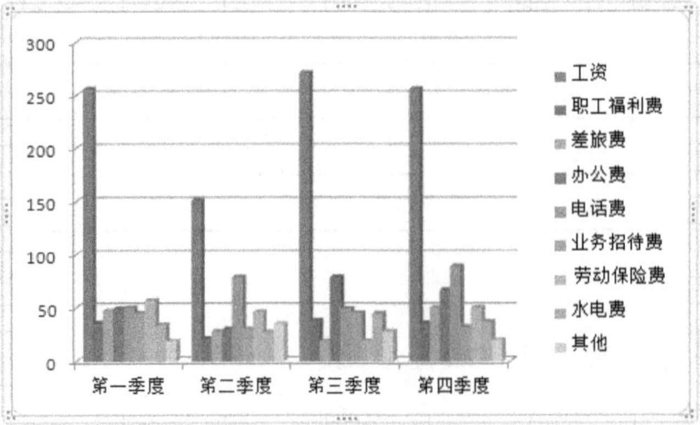

图 7-29　二维的动态图表

（3）为动态图表添加一个醒目的标题“某劳动服务公司工资汇总表”，如图 7-30 所示。

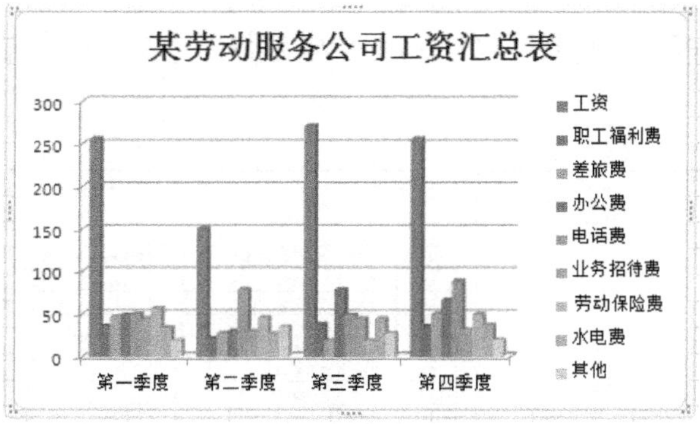

图 7-30 添加标题

（4）将图表区内的文字设置为华文行楷、粗体、红色并加上方框。

操作提示

工资汇总表

实用小技巧

Excel 表格太宽，怎么打印在一张纸上

在使用 Excel 打印表格的时候，经常会遇到这种情况：表格太宽，一张纸打印不下；两张纸空白太多，显得很浪费。有没有什么办法能够将这样的表格缩放到一张纸上打印出来呢？

这里介绍几种比较常用的方法。

（1）调整宽度。自适应单元格宽度，可以有效地减少单元格中多余的空白；以整列方式选中所有内容，然后双击任意分隔处，就能批量调整所有单元格的宽度。

（2）调整页边距。页边距会占据页面中的大量空白，如图 7-31 所示。可以通过设置将这些空白利用起来。

产品编号	产品名称	产品描述	计量单位	单价	库存数量	库存价值	续订水平
IN1	产品1	产品描述1	件	51	25	1275	29
IN2	产品2	产品描述2	件	93	132	12276	231
IN3	产品3	产品描述3	件	57	151	8607	114
IN4	产品4	产品描述4	件	19	186	3534	158
IN5	产品5	产品描述5	件	75	62	4650	39
IN6	产品6	产品描述6	件	11	5	55	9
IN7	产品7	产品描述7	件	56	58	3248	109
IN8	产品8	产品描述8	件	38	101	3838	162
IN9	产品9	产品描述9	件	59	122	7198	82
IN10	产品10	产品描述10	件	50	175	8750	283
IN11	产品11	产品描述11	件	59	176	10384	229
IN12	产品12	产品描述12	件	18	22	396	36

图 7-31 页边距

方法一：单击“页面布局”选项卡“页面设置”组中的“页边距”下拉按钮，在打开的下拉列表中选择“窄”选项；或选择“自定义边距”选项，在弹出的“页面设置”对话框中自定义上、下、左、右边距值。

方法二：选择“文件”|“打印”命令，用与方法一类似的方法设置边距值，如图 7-32 所示。

图 7-32　设置页边距

（3）缩放打印区域。单击“视图”选项卡“工作簿视图”组中的“分页预览”按钮，此时可以看到有一条虚线在中间分隔，即打印时分成两页。可以通过拖动该虚线来自定义分页区域，如图 7-33 和图 7-34 所示。

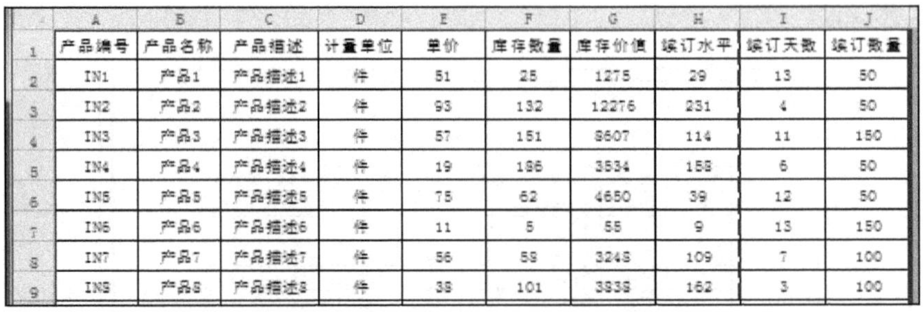

	A	B	C	D	E	F	G	H	I	J
1	产品编号	产品名称	产品描述	计量单位	单价	库存数量	库存价值	续订水平	续订天数	续订数量
2	IN1	产品1	产品描述1	件	51	25	1275	29	13	50
3	IN2	产品2	产品描述2	件	93	132	12276	231	4	50
4	IN3	产品3	产品描述3	件	57	151	8607	114	11	150
5	IN4	产品4	产品描述4	件	19	186	3534	158	6	50
6	IN5	产品5	产品描述5	件	75	62	4650	39	12	50
7	IN6	产品6	产品描述6	件	11	5	55	9	13	150
8	IN7	产品7	产品描述7	件	56	58	3248	109	7	100
9	IN8	产品8	产品描述8	件	38	101	3838	162	3	100

图 7-33　拖动前预览

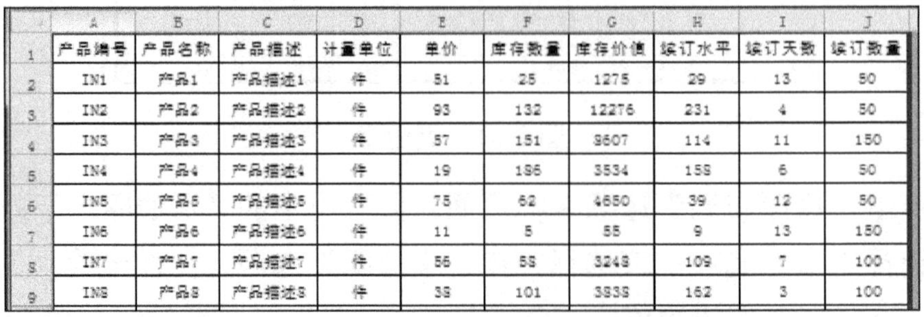

	A	B	C	D	E	F	G	H	I	J
1	产品编号	产品名称	产品描述	计量单位	单价	库存数量	库存价值	续订水平	续订天数	续订数量
2	IN1	产品1	产品描述1	件	51	25	1275	29	13	50
3	IN2	产品2	产品描述2	件	93	132	12276	231	4	50
4	IN3	产品3	产品描述3	件	57	151	8607	114	11	150
5	IN4	产品4	产品描述4	件	19	186	3534	158	6	50
6	IN5	产品5	产品描述5	件	75	62	4650	39	12	50
7	IN6	产品6	产品描述6	件	11	5	55	9	13	150
8	IN7	产品7	产品描述7	件	56	58	3248	109	7	100
9	IN8	产品8	产品描述8	件	38	101	3838	162	3	100

图 7-34　拖动后预览

（4）调整为一页打印。

方法一：若表格太宽，想调整为一页打印，则在“页面布局”选项卡的“调整为合适大小”组中将“宽度”设置为“1 页”即可，如图 7-35 所示；若表格太长，想调整为一页打印，则可以将“高度”设置为“1 页”。

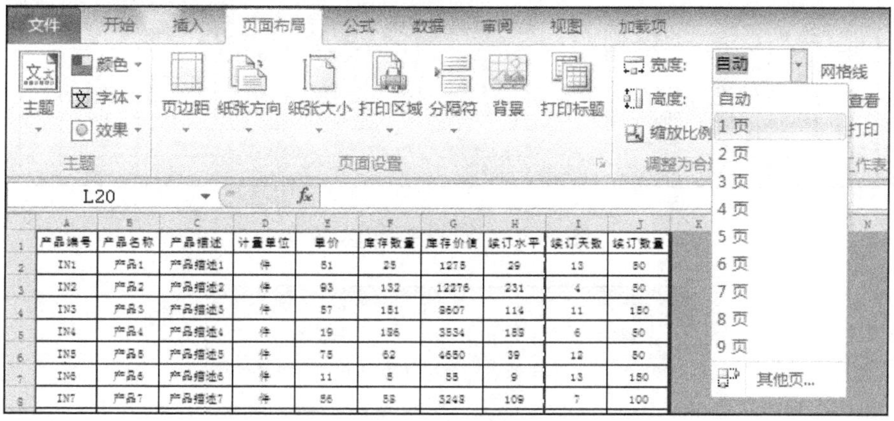

图 7-35　设置页面宽度

方法二：选择“文件”|“打印”命令，将缩放选项设置为“将工作表调整为一页”，如图 7-36 所示。

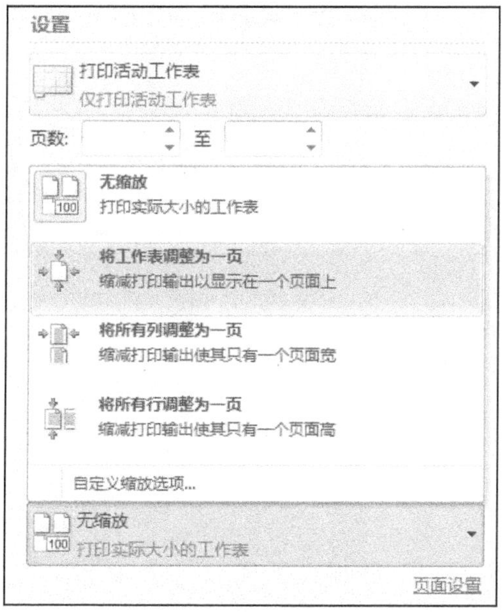

图 7-36　设置缩放选项

（5）设置打印区域。如果表格太大，怎么调整也无法清晰地将全部内容打印在一页，那么建议只打印比较重要的区域。

选择需打印的重要区域后，单击“页面布局”选项卡“页面设置”组中的“打印区域”下拉按钮，在打开的下拉列表中选择“设置打印区域”选项，如图 7-37 所示。后续步骤与正常打印步骤相同。

（6）设置纸张方向。表格较宽时，还可以将页面换个方向，将纵向页面设置成横向页面。单击“页面布局”选项卡“页面设置”组中的“纸张方向”下拉按钮，在打开的下拉列表中选择“横向”选项，如图 7-38 所示。

图 7-37　设置打印区域

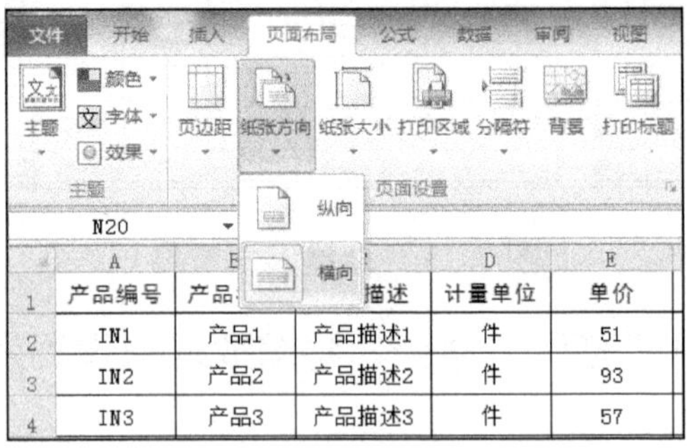

图 7-38　设置纸张方向

项目八

财务数据透视图/表设计与应用

学习目标

❖ 了解数据透视图/表的意义及作用。

❖ 掌握创建数据透视图/表的方法、数据透视图/表的格式设置及样式定义。

❖ 掌握运用数据透视表分析数据的基本方法。

任务目标

❖ 能以多种方式建立数据透视表并能对其布局和样式进行设置。

❖ 掌握使用数据透视表分析数据的几种基本方法。

❖ 能令数据透视表分组显示数据，并能根据原始数据生成数据透视图。

任务一 数据透视表基础知识

任务导入

红心公司郑州分公司拟对一季度销售情况（见表8-1）（销售数量单位：件）进行销售分析。该公司主要从事A、B、C这3种型号产品的销售业务。销售一科的销售人员有3人（赵勇、张丽、许江），销售二科的销售人员有3人（李欣、张琳、杨威）。

请分析，对于该公司来说，哪种产品销售最佳？哪个部门业绩较好？这时就可以使用数据透视表来实现。

表8-1 红心公司郑州分公司一季度销售情况

客户代码	销售月份	销售部门	销售人员	产品名称	销售数量	销售额	销售成本
KH0001	1	一科	赵勇	A	256	89 000.00	50 000.00
KH0011	1	二科	李欣	A	300	91 000.00	52 130.00
KH0023	1	一科	张丽	B	500	150 000.00	110 250.00
KH0002	1	二科	李欣	A	340	93 400.00	62 000.00
KH0003	1	一科	赵勇	A	450	110 050.00	78 600.00
KH0005	1	二科	张琳	B	500	145 000.00	120 000.00
KH0003	1	一科	许江	C	650	167 000.00	110 000.00
KH0006	1	二科	杨威	C	520	151 000.00	102 000.00
KH0008	1	一科	张丽	A	440	98 000.00	55 000.00
KH0012	1	一科	张丽	A	500	102 000.00	61 000.00
KH0011	1	二科	李欣	C	510	102 000.00	66 000.00
KH0013	1	一科	赵勇	B	600	160 000.00	112 000.00
KH0022	1	二科	张琳	A	700	132 100.00	102 000.00
KH0034	1	一科	许江	B	512	163 000.00	112 300.00
KH0021	1	二科	李欣	A	320	98 000.00	59 500.00
KH0013	1	一科	赵勇	B	480	149 000.00	10 230.00
KH0014	2	一科	张丽	C	410	102 300.00	71 000.00
KH0001	2	二科	李欣	A	300	92 100.00	56 300.00
KH0023	2	一科	许江	B	500	148 900.00	11 000.00
KH0024	2	一科	张丽	C	456	108 600.00	75 000.00
KH0010	2	二科	杨威	B	650	168 000.00	125 300.00
KH0014	2	一科	许江	A	440	132 000.00	100 200.00
KH0036	2	二科	李欣	C	510	149 000.00	102 310.00
KH0023	2	二科	张琳	A	320	84 500.00	56 900.00

续表

客户代码	销售月份	销售部门	销售人员	产品名称	销售数量	销售额	销售成本
KH0011	2	一科	许江	B	680	186 000.00	135 000.00
KH0029	2	二科	杨威	A	740	196 000.00	145 060.00
KH0018	2	一科	赵勇	B	691	167 200.00	135 640.00
KH0036	2	一科	张丽	A	410	146 200.00	112 960.00
KH0039	2	二科	杨威	B	312	98 050.00	65 400.00
KH0037	2	二科	李欣	A	512	159 800.00	128 600.00
KH0028	2	一科	赵勇	B	456	148 900.00	106 300.00
KH0009	2	一科	张丽	C	302	92 300.00	61 200.00
KH0041	2	二科	李欣	A	602	168 900.00	126 500.00
KH0035	2	二科	张琳	B	552	152 300.00	112 300.00
KH0011	3	二科	张琳	A	700	179 000.00	143 200.00
KH0010	3	一科	赵勇	B	521	159 800.00	124 200.00
KH0045	3	一科	许江	C	750	180 010.00	145 300.00
KH0024	3	二科	杨威	A	321	98 600.00	74 120.00
KH0031	3	二科	李欣	B	465	150 230.00	109 800.00
KH0032	3	一科	许江	C	810	182 000.00	132 400.00
KH0021	3	一科	张丽	A	350	98 000.00	63 400.00
KH0024	3	二科	杨威	B	670	168 900.00	130 100.00
KH0044	3	二科	李欣	C	340	99 020.00	65 400.00
KH0038	3	二科	张琳	A	410	102 300.00	74 300.00
KH0011	3	一科	赵勇	B	560	159 700.00	135 000.00
KH0036	3	一科	许江	A	600	169 200.00	135 900.00
KH0042	3	一科	赵勇	A	230	91 200.00	52 300.00
KH0032	3	二科	李欣	B	490	150 230.00	115 600.00
KH0034	3	二科	张琳	C	520	159 800.00	110 300.00

表格示例

原始数据

一、建立数据透视表

任务驱动

（1）按销售数据建立数据透视表。

（2）将数据透视表重命名为“销售科室业绩分析”。

知识链接

数据透视表是一种可以快速汇总、分析大量数据表格的交互式工具。使用数据透视表可以按照数据表格的不同字段从多个角度进行透视，并建立交叉表格，用于查看数据表格不同层面的汇总信息、分析结果及摘要数据。

使用数据透视表可以深入分析数据，以帮助用户发现关键数据，并做出有关企业中关键数据的决策。

数据透视表是针对以下用途特别设计的。

（1）以友好的方式查看大量数据表格。

（2）对数据进行快速分类汇总，按分类和子分类查看数据信息。

（3）展开或折叠所关注的数据，快速查看摘要数据的明细信息。

（4）建立交叉表格（将行移动到列或将列移动到行），以查看源数据的不同汇总情况。

（5）快速计算数值数据的汇总信息、差异信息、个体占总体的百分比信息等。

基本步骤

1．按销售数据创建数据透视表

（1）按表8-1建立销售情况表，将光标定位在表内任意有数据的单元格中。

（2）单击“插入”选项卡“表格”组中的“数据透视表”按钮，或者单击“数据透视表”下拉按钮，在打开的下拉列表中选择“数据透视表”选项，如图8-1所示。在弹出的“创建数据透视表”对话框中确认数据范围是否是需要的表/区域，选择将数据透视表放置在“新工作表”，单击“确定”按钮。如之前已将光标定位在表格数据处，则会自动选择整个表格为数据区域，如图8-2所示；如之前将光标定位在表格数据之外，则需要手动选择数据区域。可单击按钮，按提示手动进行数据区域选择。

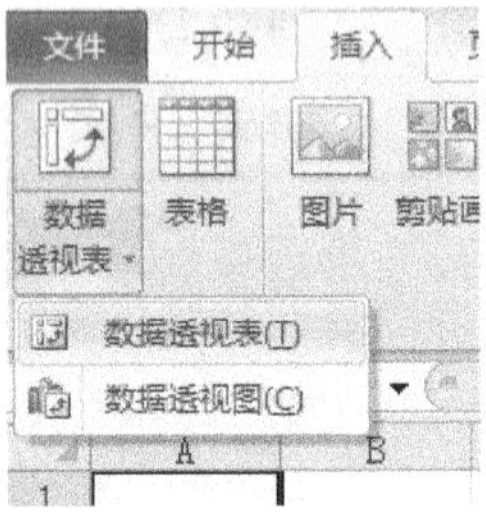

图8-1 “数据透视表”选项

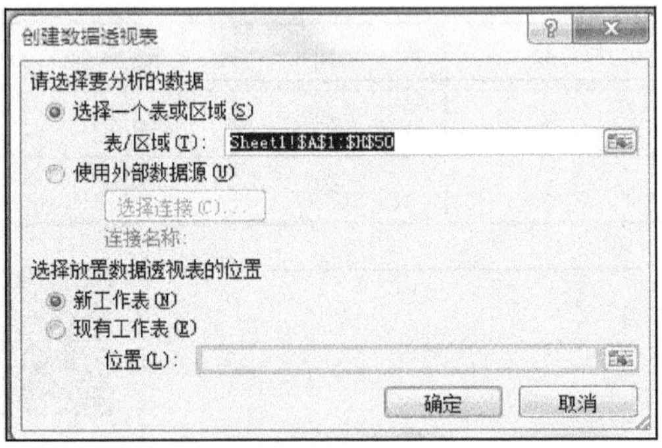

图8-2 “创建数据透视表”对话框

（3）创建完成后进入新工作表，功能区出现“数据透视表工具”的“选项”和“设计”选项卡。

2．将数据透视表重命名为“销售科室业绩分析”

在创建数据透视表时，Excel会自动按顺序将表格依次命名为“数据透视表1”“数据透视表2”等类似名称。用户可以修改系统默认的名称，以便识别。

在“选项”选项卡“数据透视表”组中的“数据透视表名称”文本框（见图 8-3 标注①）中输入新的名称后按【Enter】键即完成重命名操作。

图 8-3　数据透视表工具

小贴士

若要创建数据透视表，则数据源必须是比较规则且量大的数据，只有这样才能体现数据透视表的优势。例如：表格的第一行是字段名称，字段名称不能为空；数据记录中最好不要有空白单元格或合并单元格；每个字段中数据的类型必须一致。数据越规则，数据透视表使用起来越方便。

如将表 8-1 变为如图 8-4 所示的交叉表结构，则不太适合依据此表创建数据透视表（不是不能使用数据透视表，而是使用交叉表创建数据透视表后某些功能无法体现）。因为其月份被分为 3 个字段，不利于统计比较，而表 8-1 的结构更佳。

A	B	C	D	E	F	G
客户代码	销售部门	销售人员	产品名称	1月销售额	2月销售额	3月销售额

图 8-4　交叉表

使用表 8-1 所示结构的表格，通过数据透视表，很容易创建如图 8-4 所示的交叉表，但反之则很麻烦。因此，在创建数据透视表之前，要注意表格的结构，能纵向排列的就不要横向排列。

二、数据透视表工具

任务驱动

（1）认识数据透视表工具区域。

（2）显示/隐藏数据透视表工具区域。

知识链接

在“数据透视表工具”的“选项”和“工具”两个选项卡中可以对数据透视表进行设计、修改、计算、分析等一系列操作。

基本步骤

1. 认识数据透视表工具区域

如图8-3所示，图中标注②是数据透视表的生成区域，Excel会在此按用户的定义生成相应的数据透视表。

标注③是数据透视表的工具区域（“数据透视表字段列表”面板），可以在此设定数据透视表的生成条件和计算方法等。

使用数据透视表时，需要用到一些专门的工具，如可以在标注③所示的数据透视表字段列表中选择计算、分析时数据透视表显示的字段。

单击下拉按钮，打开如图8-5所示的下拉列表，可以在此选择数据透视表工具区域的显示格式。例如，选择“字段节和区域节并排”选项后，工具区域会变成如图8-6所示的格式。用户可以根据自己的使用习惯选择不同的格式。

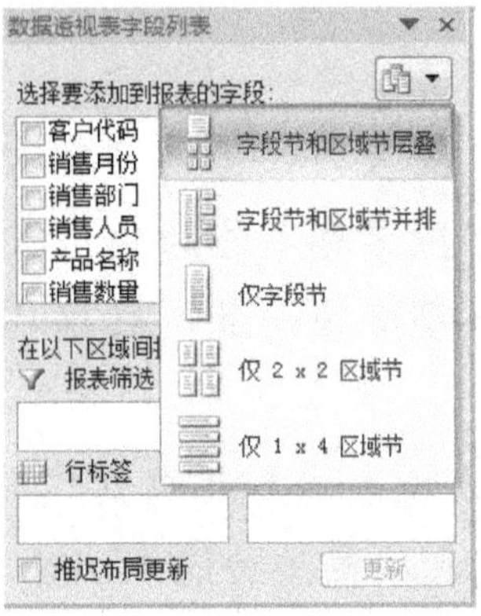

图8-5　数据透视表字段列表

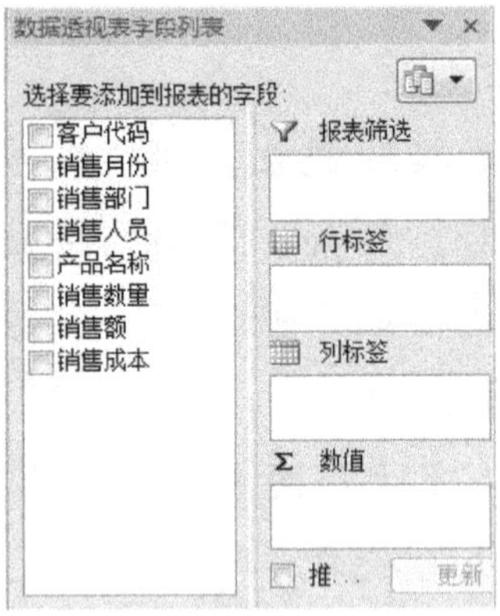

图8-6　“字段节和区域节并排”格式

2. 显示/隐藏数据透视表工具区域

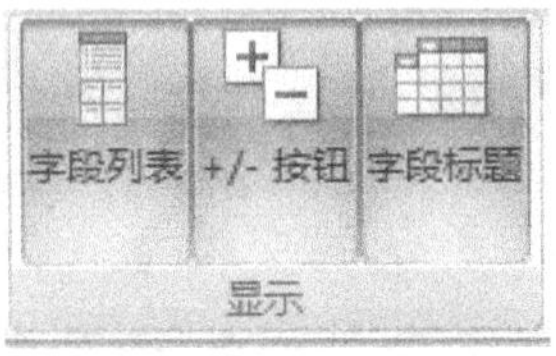

图8-7　“显示”组

有时需要显示/隐藏数据透视表工具区域，使得当前工作簿只留下数据透视表。该项功能可以通过单击“选项”选项卡“显示”组中的“字段列表”按钮实现，如图8-7所示。

小贴士

显示/隐藏数据透视表工具区域的另一种方法

在隐藏数据透视表工具区域的情况下，将光标定位在数据透视表中的任意位置右击，在弹出的快捷菜单中选择“显示字段列表”命令，即可显示数据透视表工具区域。再次在数据透视表中的任意位置右击，在弹出的快捷菜单中选择“隐藏字段列表”命令，即可隐藏数据透视表工具区域。

任务实施、检查与评价

1. 任务实施

安排 40 分钟学生上机操作。

2. 任务检查

教师巡视检查，解答学生问题。

3. 任务评价

（1）教师评价，如表 8-2 所示。

表 8-2　教师评价

任务操作及内容	任 务 评 价
一、建立数据透视表	
二、数据透视表工具	
总　　评：	

（2）学生自评，如表 8-3 所示。

表 8-3　学生自评

任务操作及内容	任务完成情况
一、建立数据透视表	
二、数据透视表工具	
总　　评：	
问题与解疑：	

任务二　不同的财务数据透视表设计

任务导入

红心公司郑州分公司拟按销售部门汇总销售额等信息，创建综合类别的数据透视表，并设计财务数据透视表。

一、创建财务数据透视表

任务驱动

（1）按销售部门汇总销售情况。

（2）创建综合类别的数据透视表。

知识链接

1. Excel 排序规则

Excel 中，常见数据类型的默认排序（升序）规则如下。

- 数值：数字按从最小负数到最大正数的顺序排列；日期和时间则根据所对应的数值顺序排列。
- 文字：拼音和字母按英文字母顺序排列；汉字按拼音首字母所对应的英文字母顺序排列。
- 逻辑值：FALSE 在 TRUE 之前。

2. 销售毛利

当一个产品有销售收入时，销售毛利=销售收入-销售成本。

基本步骤

在财务管理工作中，需要从各个角度分析数据。数据透视表可以灵活显示各个类别的数据汇总信息。

红心公司郑州分公司的总经理需要了解下属销售部门的销售情况，以此决定哪个销售部门的第一季度工作成果应该被给予奖励。该如何满足该总经理的要求？

可以将销售数据按销售部门进行数据透视分析来实现。

1. 按销售部门汇总销售情况

（1）在数据透视表中，列显示用户汇总关键字段，这里是销售部门的“销售一科”和“销售二科”；行显示汇总需要分析的数据，如“销售额”。

操作时，“销售部门”是汇总的关键字段。在“数据透视表字段列表”面板的“选择要添加到报表的字段”列表框中将“销售部门”字段拖曳到“行标签”区域，或者直接勾选“销售部门”字段，“销售部门”字段均会出现在“行标签”区域。数据透视表会按照“销售部门”对“销售额”进行分类汇总。

需要分析的数据是“销售额”“销售成本”。操作时，在“数据透视表字段列表”面板的“选择要添加到报表的字段”列表框中勾选“销售部门”“销售额”“销售成本”字段，如图 8-8 所示。数据透视表会自动汇总各销售部门第一季度的销售额和销售成本。

生成的数据透视表如图 8-9 所示。

从图 8-9 可以很清晰地看出，销售一科的销售业绩较好。

（2）图中销售二科排在销售一科之前，是因为Excel默认将汉字按拼音首字母顺序排列。想要调整两个科室的显示顺序，可单击“数据”选项卡“排序和筛选”组中的“排序”按钮，在弹出的“按值排序”对话框中选择“降序”单选项，单击“确定”按钮即可；或者直接单击“数据”选项卡“排序和筛选”组中的按钮，如图 8-10 所示。

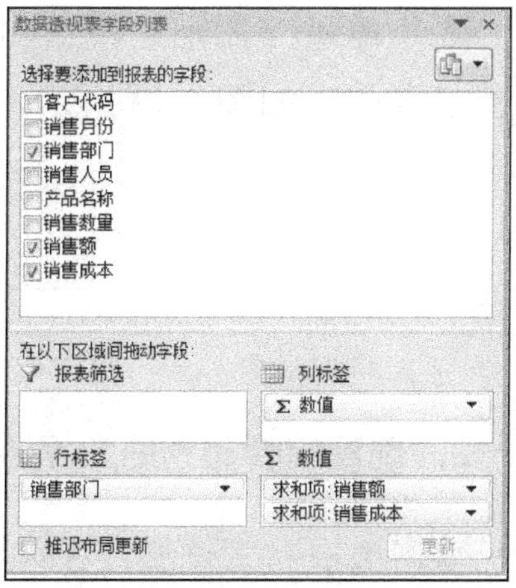

图 8-8　将字段添加到数据透视表

行标签	值 求和项：销售额	求和项：销售成本
二科	3189230	2305120
一科	3460360	2296180
总计	6649590	4601300

图 8-9　生成的数据透视表

图 8-10　“排序”按钮和按钮

（3）总经理除要了解各个销售部门的销售额和销售成本之外，还要了解第一季度两个销售部门给企业创造的销售毛利情况。因为销售毛利越高，说明该部门的工作给企业带来的销售利润可能越大。那么该如何操作呢？这时就需要在图 8-9 所示的数据透视表中增加“销售毛利”字段，计算“销售毛利”的数值并进行分析。

操作时，在数据透视表中的任意位置单击，再单击“选项”选项卡“计算”组中的“域、项目和集”下拉按钮，在打开的下拉列表中选择“计算字段”选项，如图 8-11 所示。

在弹出的“插入计算字段”对话框中的“名称”文本框中输入“销售毛利”，表示在数据透视表中新增的数据分析字段名称为“销售毛利”；在“公式”文本框的“=”后输入计算方法。这里不允许直接输入相关汉字，而应在下方的“字段”列表框中选择“销售额”，单击“插入字段”按钮，“销售额”就会出现在“公式”文本框中，再输入“-”，在“字段”列表框中选择“销售成本”，再单击“插入字段”按钮，即可完成公式输入，如图 8-12 所示。

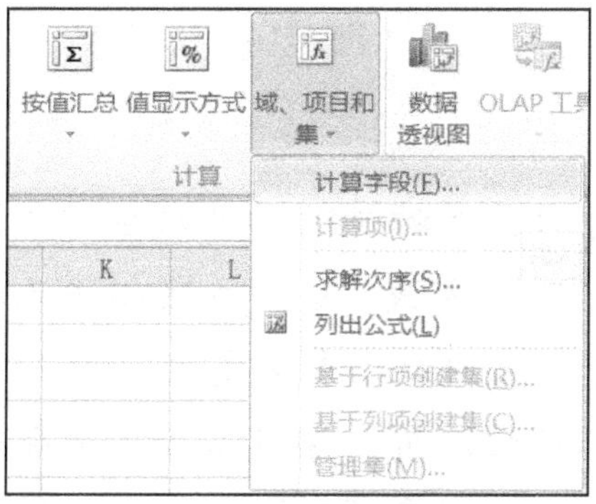

图 8-11　“计算字段”选项

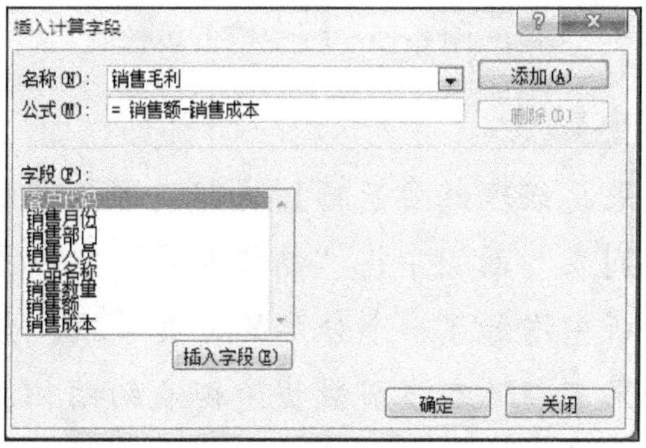

图 8-12　“插入计算字段”对话框

依次单击“添加”按钮和“确定”按钮，“销售毛利”相关分析数据就会出现在数据透视表中，如图8-13所示。

行标签	求和项:销售额	求和项:销售成本	求和项:销售毛利
一科	3460360	2296180	1164180.00
二科	3189230	2305120	884110.00
总计	6649590	4601300	2048290.00

图8-13　添加“销售毛利”字段后的数据透视表

2. 创建综合类别的数据透视表

数据透视表支持复合表头格式，以实现多层分类汇总。接下来，总经理要了解各种产品在每个销售部门每个月的销售额。

（1）以表8-1为数据源，重新生成数据透视表。

（2）在“数据透视表字段列表”面板中将“产品名称”和“销售部门”字段拖曳到“行标签”区域。注意，因为要了解的是各产品的销售情况，所以将“产品名称”字段排在前面。将“销售月份”字段拖曳到“列标签”区域；将“销售额”字段拖曳到“数值”区域，如图8-14所示。

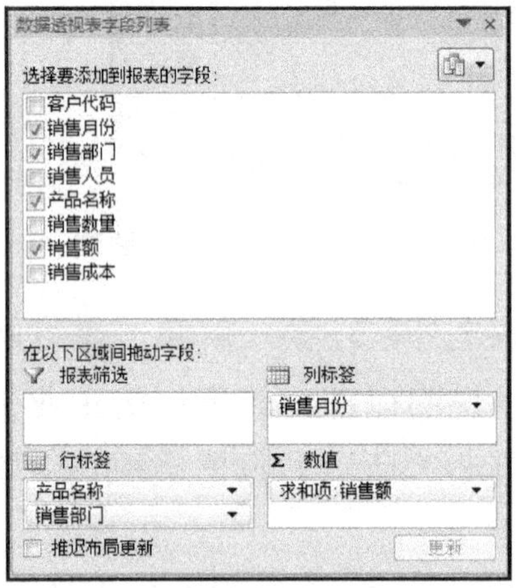

图8-14　将字段添加到数据透视表

这样就得到了一个分类清晰、信息全面的综合数据透视表。从该表可以分析出各产品的总体销售情况、各个月份每种产品销售额的变化及销售部门销售各种产品的情况，如图8-15所示。

（3）将光标放到某行数据汇总单元格上，光标后将显示对应汇总数据的说明标签，如图8-16所示。

求和项:销售额	列标签			
行标签	1	2	3	总计
⊟A	813550	979500	738300	2531350
一科	399050	278200	358400	1035650
二科	414500	701300	379900	1495700
⊟B	767000	1069350	788860	2625210
一科	622000	651000	319500	1592500
二科	145000	418350	469360	1032710
⊟C	420000	452200	620830	1493030
一科	167000	303200	362010	832210
二科	253000	149000	258820	660820
总计	2000550	2501050	2147990	6649590

图8-15　综合数据透视表

图8-16　说明标签

小贴士

如果总经理想要了解销售部门每位销售人员销售每种产品的情况，可以在“数据透视表字段列表”面板中将“销售人员”字段拖曳到“行标签”区域。这种方法相当于在分类汇总分析中增加了一个分类的关键字段，会使得数据透视表的结构发生变化。

如果不想改变当前数据透视表的结构，也可以为“销售人员”字段添加一个筛选项，同样可以达到总经理的要求：将“销售人员”字段拖曳到“报表筛选”区域，数据透视表的上部将显示这个字段。单击“销售人员”下拉按钮，在打开的下拉列表中选择一位销售人员的名字，表格中的数据将被筛选，从而显示出用户所选择的销售人员的数据。例如，选择了销售人员“张琳”，则会显示张琳在3个月里销售3种产品的业绩，如图8-17所示。在字段列表中，经过筛选的字段旁会有“漏斗”标记。

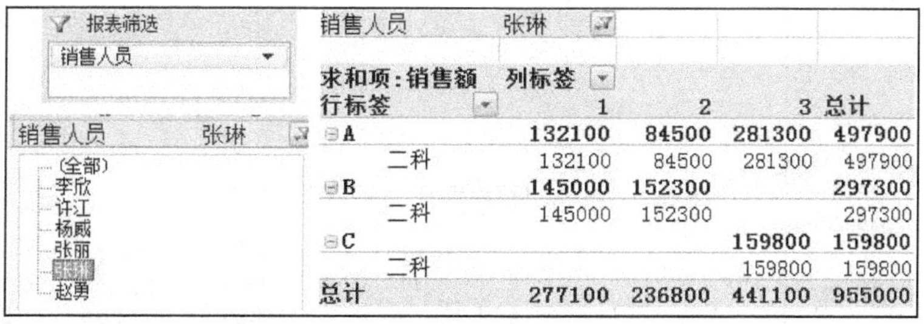

图8-17 数据透视表中的数据筛选

二、设计数据透视表格式

任务驱动

（1）按类别显示分类汇总信息。

（2）设计数据透视表布局。

（3）设计数据透视表样式。

（4）将数据透视表转换为静态表。

知识链接

在Excel中，数据是动态的，数据的计算、分析结果可以随着源数据的变化而变化。有时，因工作需要可能要求人为取消数据间的动态联系，将数据转换为静态形式。一旦数据转换为静态形式，源数据的变化将不再引起相关计算值的变化。

基本步骤

可以为数据透视表设置格式，使其更美观，更适合财务人员的不同工作需要，更方便使用者阅读。现以图8-15所示的综合数据透视表为例，介绍如何对其进行格式设置。

1. 按类别显示分类汇总信息

数据透视表在使用多重行标签（复合表头）后，就形成了按类别显示的数据透视表。图8-15就是按销售部门对产品进行汇总分析的，行标签有两个，并按月显示其对应的销售额数据。在图8-15所示的数据透视表中，可以通过控制左侧的产品名称标签（A、B、C）选择是否显示分类汇总的数据。

（1）将光标定位在数据透视表中的任意位置，单击“设计”选项卡“布局”组中的“分类汇总”下拉按钮，在打开的下拉列表中选择分类汇总的显示方式，如图8-18所示。Excel提供了3种分类汇总的显示方式，分别为“不显示分类汇总”（选择该选项后，透视表将不出现任何汇总信息）、“在组的底部显示所有分类汇总”（选择该选项后，所有汇总信息会在对应数据的下方显示）、“在组的顶部显示所有分类汇总”（选择该选项后，所有汇总信息会在对应数据的上方显示）。

如选择“在组的底部显示所有分类汇总”选项，图8-15所示的汇总形式会变为如图8-19所示的形式，汇总项在相应数据的下方（以A产品为例）。

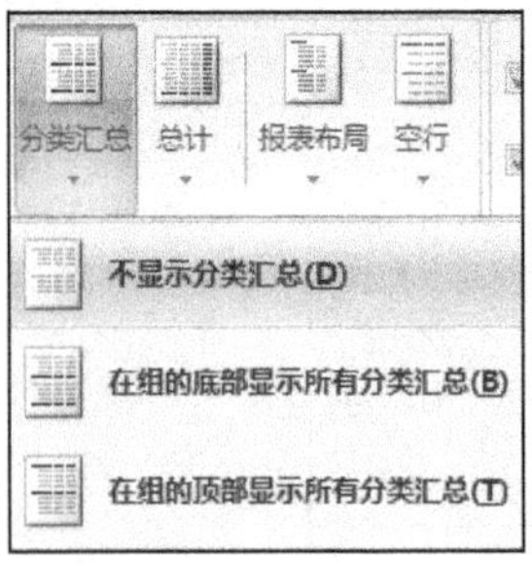

图8-18 “分类汇总”下拉列表

行标签	1	2	3	总计
⊟A				
一科	399050	278200	358400	1035650
二科	414500	701300	379900	1495700
A 汇总	813550	979500	738300	2531350

图8-19 汇总项在相应数据的下方

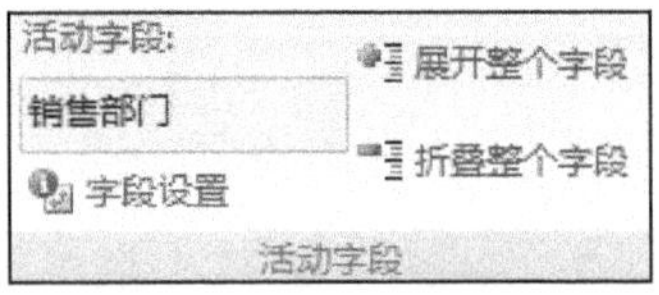

图8-20 “活动字段”组

（2）在复合表头格式的数据透视表中，每级的分类汇总信息可以展开或折叠显示，除了可以通过字段标签中的⊞按钮展开字段信息或通过⊟按钮折叠字段信息，还可以单击“选项”选项卡“活动字段”组中的“展开整个字段”“折叠整个字段”按钮实现分类汇总字段的展开和折叠，如图8-20所示。

2. 设计数据透视表布局

数据透视表布局不是唯一的，可以使用报表布局功能将其调整成各种日常报表形式。

（1）将光标定位在数据透视表中的任意位置，单击“设计”选项卡“布局”组中的“报表布局”下拉按钮，可以在打开的下拉列表中选择布局形式，如图8-21所示。系统默认为“以压缩形式显示”。用户可以根据需要选择合适的布局。

（2）单击“设计”选项卡“布局”组中的“总计”下拉按钮，可以在打开的下拉列表中选择对行或列汇总数据，如图8-22所示。

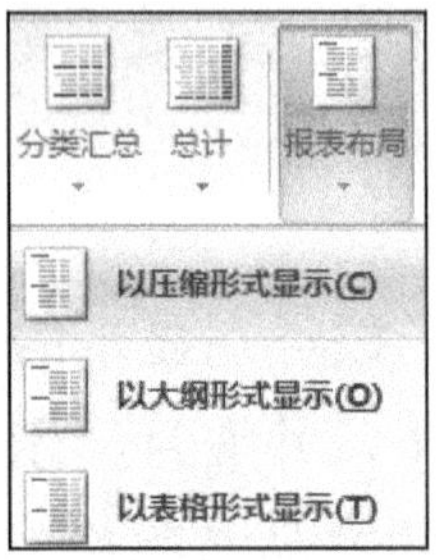

图8-21 “报表布局”下拉列表

图8-22 “总计”下拉列表

“总计”下拉列表中有4个选项，系统默认为“对行和列启用”。用户可以根据需要选择不同的方式。

（3）单击“设计”选项卡“布局”组中的“空行”下拉按钮，在打开的下拉列表中选择合适的选项，可以在数据透视表的每个项目后插入或删除空行。

3．设计数据透视表样式

调整好数据透视表的逻辑结构后，可以使用数据透视表样式快速调整报表的外观，美化数据透视表。

将光标定位在数据透视表中的任意位置，单击“设计”选项卡“数据透视表样式”组中的样式（见图 8-23），就可以预览到数据透视表使用该样式的效果并应用。

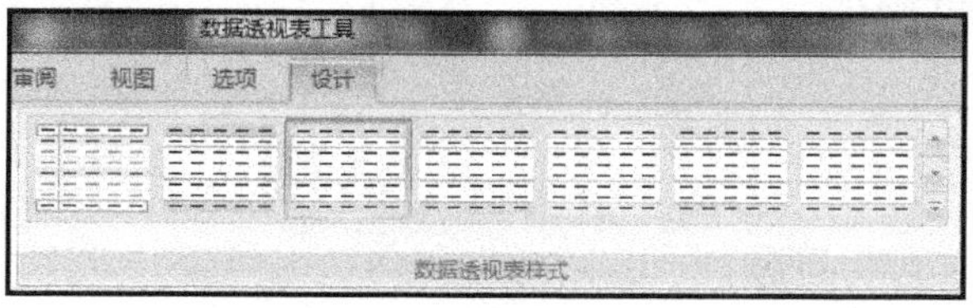

图 8-23　“数据透视表样式”组

还可以在“设计”选项卡的“数据透视表样式选项”组中选择样式在报表中套用的对象，包括“行标题”“列标题”“镶边行”和“镶边列”。

4．将数据透视表转换为静态表

如果用户不熟悉数据透视表的相关操作，不小心调整了数据透视表的内容或结构，结果将会受到影响。如果提交数据透视表后不希望其他人修改或调整，可以将其转换为静态表。

复制数据透视表中的内容，粘贴到一个新的 Excel 工作表中即可。

小贴士

如果用户对系统提供的默认样式不满意，可以自行设定。

单击“设计”选项卡“数据透视表样式”组中的下拉按钮，数据透视表样式全部展开，选择“新建数据透视表样式”选项，弹出“新建数据透视表快速样式”对话框，可以在此对数据透视表的各个组成部分进行设置，如图 8-24 所示。单击“格式”按钮，弹出“设置单元格格式”对话框，可以在此对数据透视表的“字体”“边框”“填充”等参数进行设置，如图 8-25 所示。

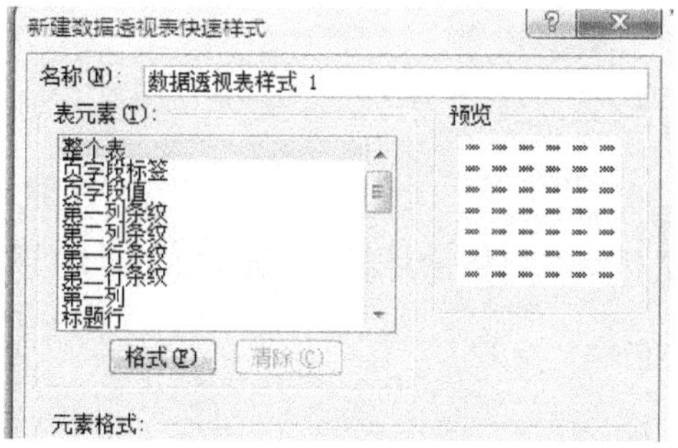

图 8-24　“新建数据透视表快速样式”对话框

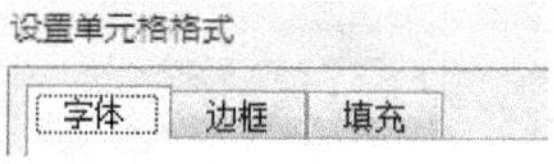

图 8-25　“设置单元格格式”对话框

另外，在选中数据透视表全部区域后右击，在弹出的快捷菜单中选择“设置单元格格式”命令，可以在弹出的“设置单元格格式”对话框中对数据透视表进行简单的格式设置。

如果对自己定义的样式不满意，可以单击“设计”选项卡“数据透视表样式”下拉按钮，在打开的下拉列表中选择“清除”选项，则可以清除所定义的全部样式。

任务实施、检查与评价

1．任务实施

安排40分钟学生上机操作。

2．任务检查

教师巡视检查，解答学生问题。

3．任务评价

（1）教师评价，如表8-4所示。

表8-4　教师评价

任务操作及内容	任 务 评 价
一、创建财务数据透视表	
二、设计数据透视表格式	
总　　评：	

（2）学生自评，如表8-5所示。

表8-5　学生自评

任务操作及内容	任务完成情况
一、创建财务数据透视表	
二、设计数据透视表格式	
总　　评：	
问题与解疑：	

任务三　财务数据透视分析

任务导入

红心公司郑州分公司拟进行财务数据透视分析，以为管理人员提供清晰的汇总数据。

一、调整字段设置

任务驱动

（1）显示百分比。

（2）显示平均值汇总。

知识链接

在报表处理过程中，经常需要对报表中的数据进行各种汇总计算。例如，在销售管理方面，需要定期对销售情况进行分类汇总；有时还需要将多个报表进行合并计算；而对于更高层次的管理人员，可能需要从不同的分析角度，对同一张报表根据不同的指标进行分类汇总。这一过程被形象地称为透视分析。

基本步骤

单击“选项”选项卡“活动字段”组中的“字段设置”按钮，如图 8-26 所示，将弹出一个对话框。如果之前操作时选择的是“行标签”“列标签”或“报表筛选”字段，将弹出如图 8-27 所示的“字段设置”对话框；如果之前操作时选择的是“数值”字段，将弹出如图 8-28 所示的“值字段设置”对话框。

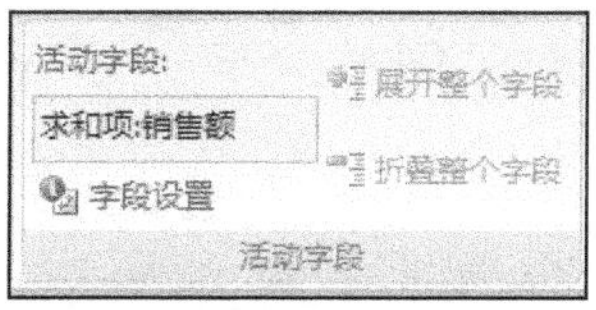

图 8-26 “活动字段”组

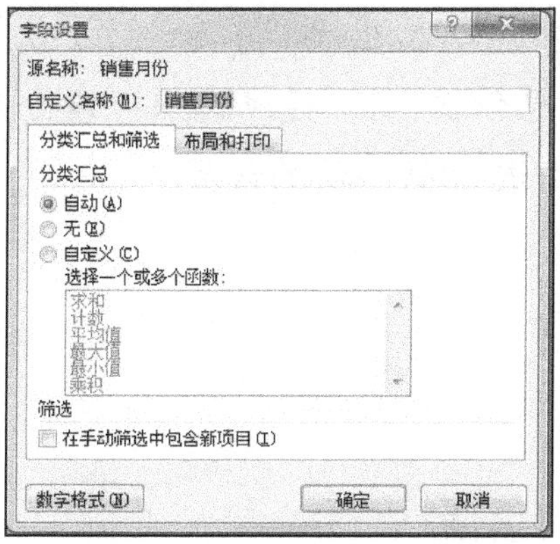

图 8-27 “字段设置”对话框

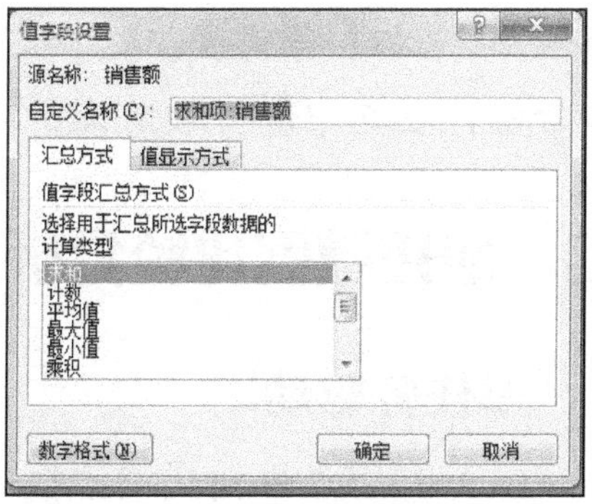

图 8-28 “值字段设置”对话框

1. 显示百分比

如果要了解各个产品在销售额中所占的百分比，应该怎样操作才能让数据透视表实现该功能呢？根据财务知识，应将某个月份该产品的销售额除以当月销售总额。例如，用销售一科 1 月份 A 产品的销售额 399050 元除以当月销售总额 2000550 元就可以计算出结果。在“值字段设置”对话框中切换至“值显示方式”选项卡，将“值显示方式”由原来的“普通”改为“占同列数据总和的百分比”即可，如图 8-29 所示。修改后的报表显示内容如图 8-30 所示。

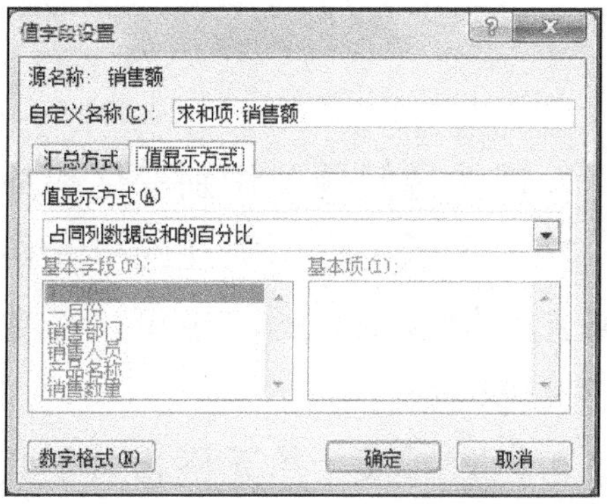

图 8-29 修改“值显示方式”

求和项:销售额	列标签			
产品名称	1	2	3	总计
⊟A				
一科	19.95%	11.12%	16.69%	15.57%
二科	20.72%	28.04%	17.69%	22.49%
A 汇总	**40.67%**	**39.16%**	**34.37%**	**38.07%**
⊟B				
一科	31.09%	26.03%	14.87%	23.95%
二科	7.25%	16.73%	21.85%	15.53%
B 汇总	**38.34%**	**42.76%**	**36.73%**	**39.48%**
⊟C				
一科	8.35%	12.12%	16.85%	12.52%
二科	12.65%	5.96%	12.05%	9.94%
C 汇总	**20.99%**	**18.08%**	**28.90%**	**22.45%**
总计	**100.00%**	**100.00%**	**100.00%**	**100.00%**

图 8-30 修改后的报表显示内容

如果想对生成报表的数据显示格式进行设置，可以单击“值字段设置”对话框中的“数字格式”按钮，在弹出的“设置单元格格式”对话框中进行修改。

2．显示平均值汇总

数据透视表提供了多种汇总计算方式。要显示每个销售部门每种产品销售情况的平均值，可以在“值字段设置”对话框中切换至“汇总方式”选项卡，在“计算类型”列表中选择“平均值”选项，单击“确定”按钮。

小贴士

值字段设置的另一种便捷操作方式

将光标定位在数据透视表中的任意位置右击，在弹出的快捷菜单中选择“值汇总依据”命令，即可方便快捷地对值字段的计算方式进行“求和”“计数”“平均值”“最大值”“最小值”“乘积”等设置。选择“值汇总依据”|“其他选项”命令后，将弹出“值字段设置”对话框，在其中即可按前文所述方法进行值字段的设置。

二、应用数据比较分析工具

任务驱动

（1）利用条件格式增强报表的可读性。

（2）定制双色色阶条件格式。

知识链接

在设定单元格数据的格式时，可以使用条件格式（允许指定多个条件），使单元格数据自动进行格式更改。根据单元格的内容自动应用格式，可以在很大程度上增强电子表格的可读性，使用户更清晰地理解数据。

基本步骤

在数据透视表中，可以利用数据分析工具进行数值大小比较与分析。想要更深层次地了解、分析数据，还需要使用数据透视表的条件格式和筛选功能。

1．利用条件格式增强报表的可读性

用户利用条件格式可以直观地查看和分析数据、发现关键问题及识别变化趋势。条件格式功能较为强大，可以专业地展示各类财务数据；突出显示用户所关注的单元格或单元格区域，强调异常值；使用数据条、色阶和图标集来直观地显示数据。也可以在数据透视表统计数据的基础上利用条件格式，更加直观地展示报表数据。

（1）利用数据条设置单元格的格式。利用数据条可以查看某个单元格相对于其他单元格的值。数据条的长度代表单元格中值的大小，数据条越长，表示值越大，反之，表示值越小。在比较大量数据（如企业多种产品中销量最好的和销量最差的）中的较大值和较小

值时，数据条尤其有用。

假如红心公司郑州分公司的总经理想要对第一季度 A 产品的销售额进行分析，则可以先在如图 8-15 所示的数据透视表中选择 1—3 月 A 产品的销售额数据，然后单击“开始”选项卡“样式”组中的“条件格式”下拉按钮，在打开的下拉列表中选择“数据条”|合适的格式，如图 8-31 所示。

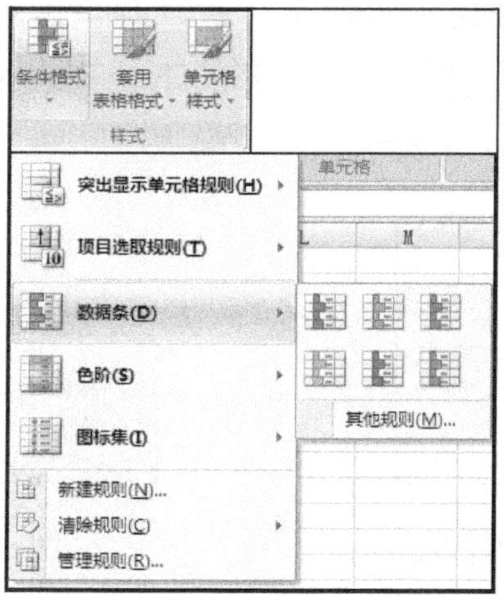

图 8-31　设置数据条

应用条件格式后，表格右下角出现一个如图 8-32 所示的标记。单击后可以看到应用条件格式的规则提示。

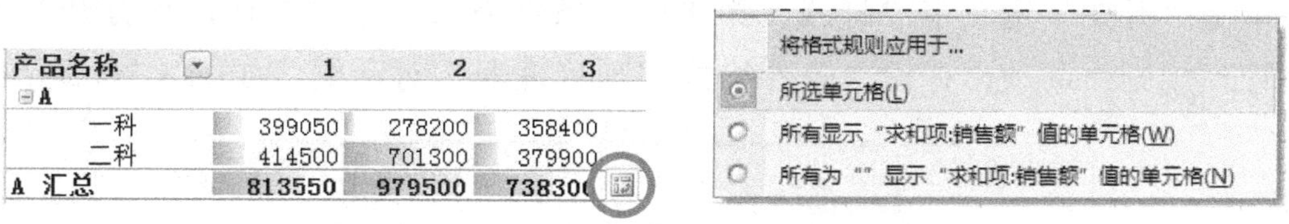

图 8-32　应用条件格式的规则提示

从图 8-32 能明显看出，A 产品 2 月的销售额最高，且大部分是销售二科的功劳，因为销售二科在 2 月创造了第一季度最好的 A 产品销售业绩，但在 3 月下降较迅速。但整体来说，销售二科比销售一科销售 A 产品的业绩要好得多。

（2）使用色阶设置单元格的格式。颜色作为一种直观的指示，有助于展示数据分布和变化。可使用两种颜色的深浅程度展示某个区域的单元格数值，颜色的深浅代表数值的高低。例如，在 Excel 提供的“黄—绿色阶”中，较高值单元格黄色较深，而较低值单元格绿色较深。

仍以图 8-15 所示的数据透视表为例，选择 3 种产品 3 个月的销售额，单击“开始”选项卡“样式”组中的“条件格式”下拉按钮，在打开的下拉列表中选择“色阶”|“黄—绿色阶”选项，如图 8-33 所示。

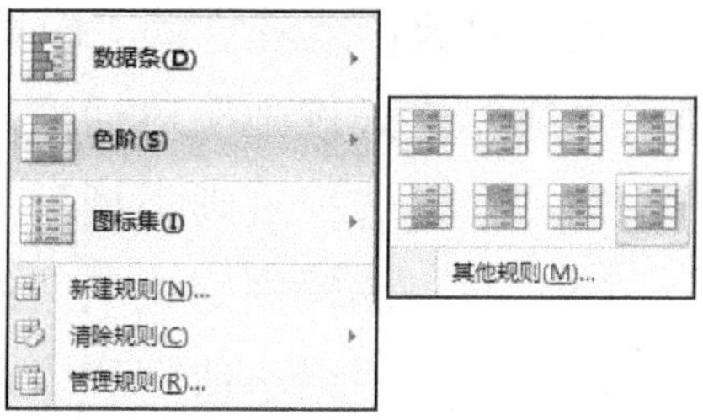

图 8-33　设置色阶

此时，数据透视表如图 8-34 所示，单元格颜色发生了变化，其中数值越大的数据黄色越深，数值越小的数据绿色越深（请读者自行操作后观察）。这样，在众多数据中，数值大小可以很直观地展示出来，占比较大的数据比较容易引起用户注意。

从图8-34所示的数据透视表中能明显看出，A、B产品的销售业绩要优于C产品；A产品单月销售最佳业绩是2月由销售二科创造的，而销售一科销售B产品的业绩更好；销售二科在1月销售B产品时可能遇到了问题，导致该月销售B产品的业绩是第一季度最差的。

如果发现数据透视表中的颜色应用得不合适，想全部清除，可以单击“开始”选项卡“样式”组中的“条件格式”下拉按钮，在打开的下拉列表中选择“清除规则”|“清除此数据透视表的规则”选项，如图8-35所示。

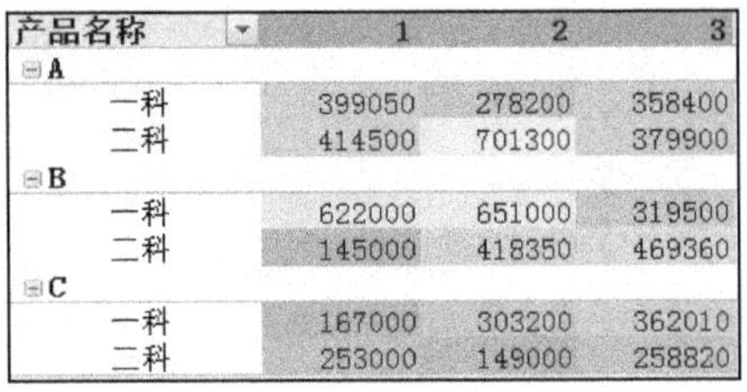

产品名称	1	2	3
⊟A			
一科	399050	278200	358400
二科	414500	701300	379900
⊟B			
一科	622000	651000	319500
二科	145000	418350	469360
⊟C			
一科	167000	303200	362010
二科	253000	149000	258820

图8-34　设定颜色后的透视表

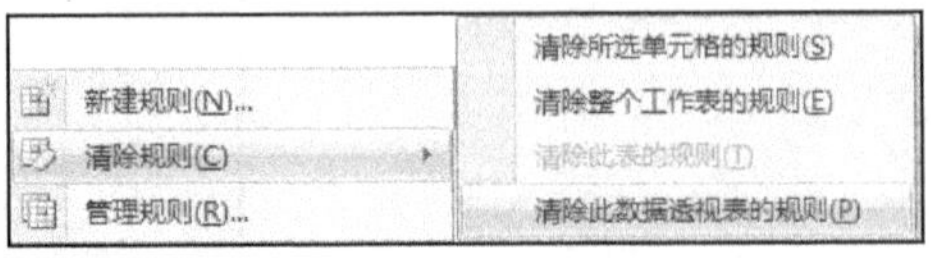

图8-35　设置清除规则

2. 定制双色色阶条件格式

双色色阶条件格式可以进行定制。

（1）选择单元格区域，或者确保活动单元格在一个表或数据透视表中。

（2）单击“开始”选项卡“样式”组中的“条件格式”下拉按钮，在打开的下拉列表中选择“管理规则”选项，弹出“条件格式规则管理器”对话框，如图8-36所示。

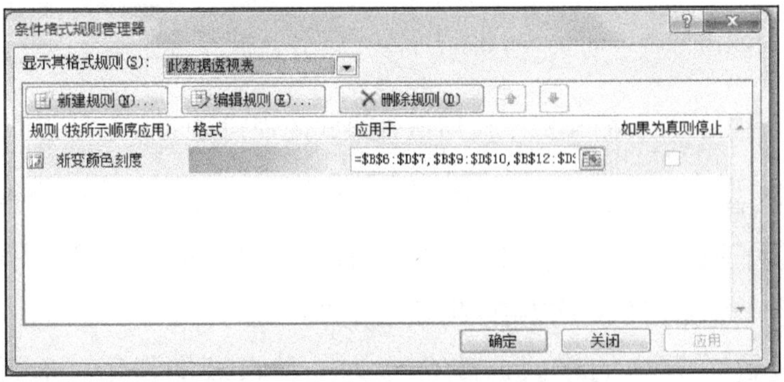

图8-36　“条件格式规则管理器”对话框

（3）在已有格式规则的情况下，在“显示其格式规则”下拉列表中选择相应的工作表或“表”对象；或者借助“应用于”选择框选择新的单元格区域，单击“编辑规则”按钮，弹出“编辑格式规则”对话框，如图8-37所示。

（4）在“选择规则类型”列表框中选择“基于各自值设置所有单元格的格式”选项。

（5）在“编辑规则说明”的“格式样式”下拉列表中选择“双色刻度”选项。

（6）选择“最小值”和“最大值”的类型，执行下列操作之一。

① 若要设置最低值和最高值的格式，则在“类型”下拉列表中选择“最低值”和“最高值”选项，此时不输入“最小值”和“最大值”的值。

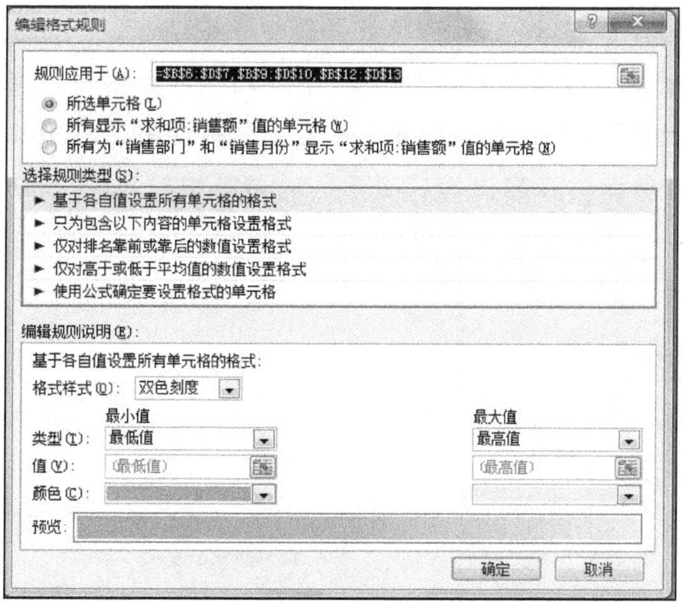

图 8-37 “编辑格式规则”对话框

② 若要设置数字、日期或时间值的格式，则在“类型”下拉列表中选择“数字”选项，然后输入“最小值”和“最大值”的值。

③ 若要设置百分比的格式，则在“类型”下拉列表中选择“百分比”选项，然后输入“最小值”和“最大值”的值（有效值为 0～100，不输入百分号）。若要按比例直观显示所有值，则使用百分比，因为值的分布是成比例的。

④ 若要设置百分点值的格式，则在“类型”下拉列表中选择“百分点值”选项，然后输入“最小值”和“最大值”的值（有效值为 0～100）。注意，若单元格区域包含的数据点超过 8191 个，则不能使用百分点值。使用百分点值可以实现，用一种颜色的深浅比例直观显示一组上限值（如前 20 个百分点值），用另一种颜色的深浅比例直观显示一组下限值（如后 20 个百分点值）。这两种比例所表示的值有可能使数据的显示失真，百分点值则表现得较为全面。

⑤ 若要设置公式结果的格式，则在“类型”下拉列表中选择“公式”选项，然后输入“最小值”和“最大值”的值。最好在工作表中对公式进行测试，以确保公式不会返回错误值。

上述设置可以选择不同的“最小值”和“最大值”类型，如最小值选择“百分比”类型，最大值选择“数字”类型。

（7）若要选择颜色刻度的“最小值”和“最大值”类型，则在每个刻度的“颜色”下拉列表中选择颜色；若要选择其他颜色或自定义颜色，则可以选择“其他颜色”选项。选择的颜色刻度将在“预览”框中显示出来。

小贴士

在数据透视表中，可以根据需求快速查看符合条件的分析数据。操作时，可以通过设置“突出显示单元格规则”和“项目选取规则”实现。

例如，红心公司郑州分公司 A 产品的月销售额目标是 33 万元，那么，哪个科室在哪

个月份没有达标呢？选择如图 8-15 所示的数据透视表中 A 产品 1—3 月的销售额为分析数据，单击“开始”选项卡“样式”组中的“条件格式”下拉按钮，在打开的下拉列表中选择“突出显示单元格规则”|“小于”选项（因为是分析没有达标数据，所以选择“小于”选项较好），如图 8-38 所示。在弹出的“小于”对话框中输入“330000”，如图 8-39 所示。

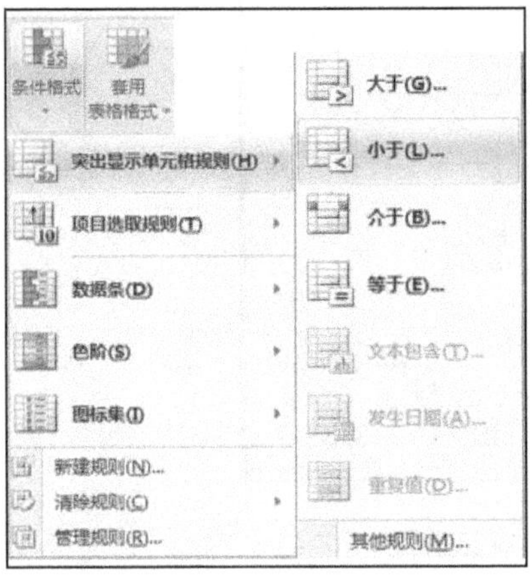

图 8-38 “小于”选项

图 8-39 “小于”对话框

筛选后，A 产品销售额数据透视表如图 8-40 所示，能迅速看到没有达到销售目标要求的数据。

产品名称	1	2	3
⊟A			
一科	399050	278200	358400
二科	414500	701300	379900

图 8-40 A 产品销售额数据透视表

使用“项目选取规则”快速查看条件分析数据的方法请读者自行尝试。

三、实现数据分组显示

任务驱动

按销售人员实现数据透视表中的数据分组显示。

知识链接

对数据透视表中的数据进行分组可以显示要分析的数据的子集，但在某些情况下，源数据的一些问题会导致无法进行数据分组。造成无法进行数据分组的原因一般有以下 3 种。

1. 分组字段的数据类型不一致

当分组字段的数据类型不一致时将导致无法分组。这是众多导致无法分组情况的根本原因，常见的情况有以下 3 种。

（1）数据项中存在空白项。

（2）分组字段数据中日期型或数值型数据与文本型的日期或数字并存。

（3）数据透视表引用数据源时，采取了整列引用方式。整列引用时包括了数据源以外的大量空白区域，导致字段类型不一致。

2. 日期格式不正确

（1）日期格式为文本，如“2020－01－09”。
（2）日期格式不规范，如“2020.01.09”。

3. 数据引用区域失效

当数据透视表的数据源被删除或引用的外部数据源不存在时，数据透视表引用区域会保留一个失效的数据引用区域，从而导致无法分组。

基本步骤

红心公司郑州分公司的总经理想要了解公司新进销售人员的工作情况。公司销售部门有 6 名销售人员，许江和张丽是新进销售人员，其余 4 人是原有销售人员。那么，怎样使用数据透视表分析原有销售人员和新进销售人员的销售业绩呢？可以使用数据透视表的分组显示功能实现。

1. 建立销售人员数据透视表

为了便于分析，先以销售人员为关键字建立数据透视表。

将“销售人员”字段拖曳到“行标签”区域；将“销售月份”字段拖曳到“列标签”区域；将“销售额”字段拖曳到“数值”区域，如图 8-41 所示。

设定后生成一个按销售人员进行统计分析的数据透视表，如图 8-42 所示。

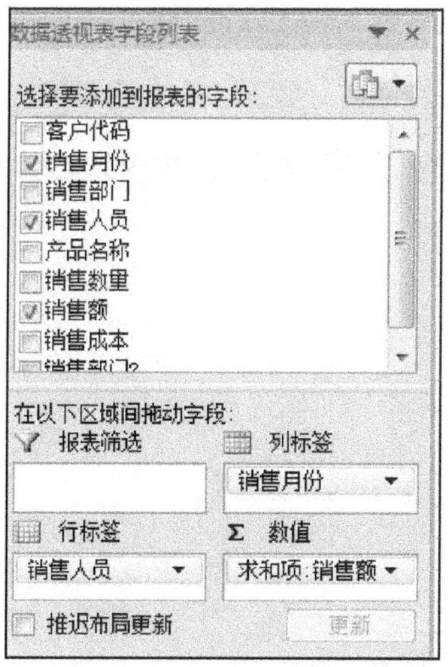

图 8-41　建立销售人员数据透视表

行标签	1	2	3	总计
李欣	384400	569800	399480	1353680
许江	330000	466900	531210	1328110
杨威	151000	462050	267500	880550
张丽	350000	449400	98000	897400
张琳	277100	236800	441100	955000
赵勇	508050	316100	410700	1234850
总计	2000550	2501050	2147990	6649590

图 8-42　销售人员数据透视表

2. 分组设定及分组显示数据

（1）设定需分组的销售人员。在按住【Ctrl】键的同时选择数据透视表中的“许江”和“张丽”，然后单击“选项”选项卡“分组”组中的“将所选内容分组”按钮，如图 8-43 所示。此时数据透视表中许江和张丽的数据上方出现了“数据组 1”，即许江和张丽的数据放在了“数据组 1”中，如图 8-44 所示。

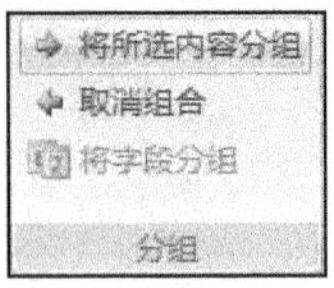

图 8-43 “将所选内容分组”按钮

行标签	1	2	3
⊟李欣			
李欣	384400	569800	399480
⊟**数据组1**			
许江	330000	466900	531210
张丽	350000	449400	98000

图 8-44 分组设定 1

新进销售人员的数据单独被分组显示出来了，但是报表中原有销售人员的数据仍有些杂乱，因此可以将老员工的数据再进行一次分组。操作过程和上一步类似，不再赘述。经过两次分组后，可以得到如图 8-45 所示的数据透视表。

行标签	1	2	3	总计
⊟**数据组2**	**1320550**	**1584750**	**1518780**	**4424080**
李欣	384400	569800	399480	1353680
杨威	151000	462050	267500	880550
张琳	277100	236800	441100	955000
赵勇	508050	316100	410700	1234850
⊟**数据组1**	**680000**	**916300**	**629210**	**2225510**
许江	330000	466900	531210	1328110
张丽	350000	449400	98000	897400
总计	**2000550**	**2501050**	**2147990**	**6649590**

图 8-45 分组设定 2

（2）更改分组名称。“数据组 1”和“数据组 2”这两个名称并不直观，不便于进行数据分析，所以需要进行修改。以“数据组 2”为例，操作时，选中“数据组 2”单元格，按【F2】键，光标在单元格内闪烁，此时直接将“数据组 2”改为“原有销售人员”即可。

小贴士

如果不希望再对数据进行分组，只需右击分组名称，在弹出的快捷菜单中选择“取消组合”命令或单击“选项”选项卡“分组”组中的“取消组合”按钮即可。

若取消组合数值或日期和时间字段，则所有组将取消组合；若取消组合所选项的组，则仅取消组合所选项。在字段的所有组取消组合之前，不会从字段列表中删除组字段。

四、应用数据透视图

任务驱动

生成数据透视图。

知识链接

数据透视图以图形的形式表示数据透视表中的数据。数据透视图的布局和数据也可以更改。

基本步骤

（1）选择销售人员数据透视表，单击“选项”选项卡“工具”组中的“数据透视图”按钮，如图 8-46 所示。

（2）在弹出的“插入图表”对话框中选择“折线图”类型，单击“确定”按钮，如图 8-47 所示。

图 8-46　“数据透视图”按钮

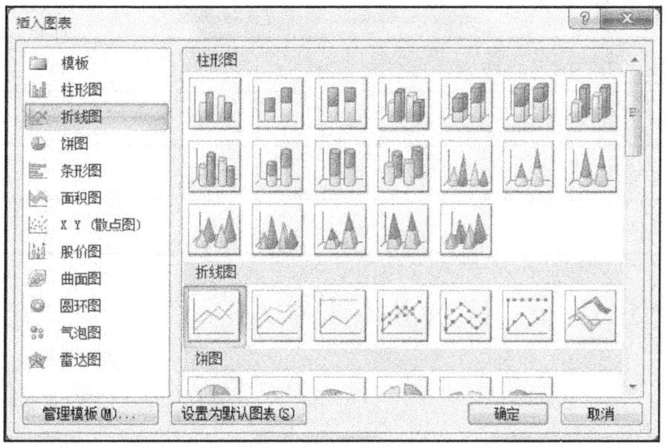

图 8-47　“插入图表”对话框

（3）此时工作表中增加了数据透视图和对应的“数据透视图筛选窗格”面板，如图 8-48 所示。

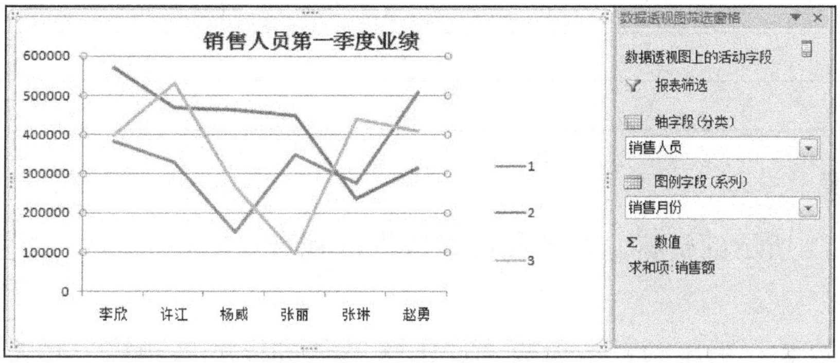

图 8-48　生成数据透视图

小贴士

与数据透视图对应，Excel 的功能区出现“数据透视图工具”的“设计”“布局”“格式”和“分析”选项卡，可以通过其中的工具对数据透视图进行设计，方法与设计数据透视表类似，不再赘述。

任务实施、检查与评价

1. 任务实施

安排 60 分钟学生上机操作。

2. 任务检查

教师巡视检查，解答学生问题。

3. 任务评价

（1）教师评价，如表 8-6 所示。

表 8-6　教师评价

任务操作及内容	任 务 评 价
一、调整字段设置	
二、应用数据比较分析工具	
三、实现数据分组显示	
四、应用数据透视图	
总　　评：	

（2）学生自评，如表 8-7 所示。

表 8-7　学生自评

任务操作及内容	任务完成情况
一、调整字段设置	
二、应用数据比较分析工具	
三、实现数据分组显示	
四、应用数据透视图	
总　　评：	
问题与解疑：	

边学边练

1．根据表 8-1 所示的资料，按产品创建数据透视表。

要求：

（1）对销售数量、销售额、销售成本、销售毛利进行汇总计算，并将生成的数据透视表命名为“产品销售额分析”。

（2）将数据透视表的默认字段名“求和项：销售数量”改为“销售数量合计”；将“求和项：销售额”改为“销售额合计”；将“求和项：销售成本”改为“销售成本合计”。

（3）汇总项在数据底部。

2．根据练习 1 创建的数据透视表建立“销售部门”筛选项，显示销售一科的销售数据。

3．根据表 8-1 所示的资料，按销售人员创建数据透视表。

要求：

（1）采用表格形式，显示 1—3 月各销售人员的销售额，不显示分类汇总，不显示总计，并用黄色数据条显示销售额。

（2）找出“销售状元”。

（3）红心公司郑州分公司每月各销售人员的销售目标是 30 万元，用红色文字显示达到该标准的销售人员及其业绩。

4．将练习 3 创建的数据透视表用百分比显示。

5．根据练习 1 创建的数据透视表，将 A、C 产品分为一组，命名为“产品组 1”，分组显示。

6．将每种产品的销售毛利用饼状透视图表示，并将该图命名为“产品销售毛利分析图”。

1～4 数据透视表

5～6 数据透视表

实用小技巧

Excel 常见问题解决小技巧

在使用 Excel 制表时，经常会遇到各种各样的奇葩问题，对于熟练者来说，一般很轻易地就能解决。但是，对于一些新手来说，就可能有点棘手了。所以在此分享一些 Excel 常见问题及其解决办法。

（1）开头输入的“0”消失。

问题：单元格中开头输入的“0”消失。

解决办法：可以在单元格中输入单引号（'），再输入以 0 开头的数据；或者将单元格的数字格式设置为“文本”。

（2）单元格内容变成“#####”。

问题：打开表格后，发现有些单元格内容变成了“#####”。

解决办法：这是因为单元格太小，数据显示不全所造成的。只需将单元格拉至合适宽度即可恢复正常显示。

（3）数字变成“1.23457E+11”等。

问题：单元格中输入 11 位以上数字时，数据变成了“1.23457E+11”。

解决办法：选中需要恢复的数据区域，右击，在弹出的快捷菜单中选择“设置单元格格式”命令，在弹出的“设置单元格格式”对话框的“分类”列表框中选择“自定义”选项，在“类型”列表框中将“G/通用格式”改为“0”，单击“确定”按钮即可正常显示。（提示：15 位以上数字无法恢复，只能将单元格的数字格式设置为“文本”。）

（4）显示公式而不是结果。

问题：输入公式后，应该进行运算，为什么还是显示公式？

解决办法：这可能是因为将单元格的数字格式设置成了“文本”所致。可以将单元格的数字格式设置为“常规”，然后在该单元格中输入公式，按【Enter】键即可显示结果。

（5）功能区不见了。

问题：功能区中的选项卡和命令按钮没有显示出来。

解决办法：只需单击 Excel 界面右上角的“展开功能区”按钮即可。

（6）公式没问题，但显示错误值。

问题：输入的公式明明没有问题，为什么结果却是错误值？

解决办法：这可能是因为公式中的符号是在中文状态下输入的，如逗号、括号、双引号等。可以将公式中的符号更换成英文状态下的符号。

（7）错误值显示空白。

问题：填充公式时显示错误值，无法判断正确与否。

解决办法：IFERROR函数专门用来解决公式错误值问题。可以套用IFERROR函数公式“=IFERROR(所定义的具体某公式,"")”解决。

（8）填充公式后都显示相同结果。

问题：公式的所有结果都一样。

解决办法：单击“公式”选项卡“计算”组中的“计算选项”下拉按钮，在打开的下拉列表中选择“自动”选项即可恢复正常。

项目九

综合实训

学习目标

- ❖ 熟练掌握常用表格设计。
- ❖ 熟练运用工具定义运算公式。
- ❖ 掌握财务数据管理与透视分析。
- ❖ 掌握财务数据图表应用。

任务目标

- ❖ 设计各类常用财务表格。
- ❖ 进行综合技能训练。

实训一　制作会计凭证（表格格式设计与数字运算）

按要求完成表格格式的设计与数字运算。

（1）新建 Excel 文件，命名为“现金收入凭证”，制作如图 9-1 所示的表格。

现　金　收　入　凭　证

年　月　日　　　　第　　号

贷方		摘　要	过入账	金额										
总账科目	明细科目			亿	千	百	十	万	千	百	十	元	角	分
合　计				0	0	0	0	0	0	0	0	0	0	0

附单据　张

主管会计：　审核：　记账：　制单：

图 9-1　现金收入凭证

原题及答案

（2）新建 Excel 文件，命名为“××市商业发票”，制作如图 9-2 所示的表格。

X X 市 商 业 发 票　　发票号：ZZSY000001

发　票　联

客户名称：　单位：

编号	商品名称	规格	单位	单价	数量	金额								
						百	十	万	千	百	十	元	角	分
001	A产品	210×120	箱	3,500	4		¥	1	4	0	0	0	0	0
002	B产品	230×100	箱	4,500	5		¥	2	2	5	0	0	0	0
003	C产品	45×50	件	135	6				¥	8	1	0	0	0
004	D产品	210×120	瓶	6,000	20	¥	1	2	0	0	0	0	0	0
小写金额合计						¥	1	5	7	3	1	0	0	0

大写金额　佰　拾　万　仟　佰　拾　元　角　分

开票单位（盖章）　开票人：　年　月　日

XX市税务局印制 不得仿造　　付款方收执

图 9-2　商业发票

实训二　图书借阅表维护（查找与判断）

依照图 9-3 所示的表格，按要求完成运算。

（1）对“借阅日期”列 C4:C23 单元格区域设置数据有效性，日期范围为 2021 年 1 月 1 日～2022 年 12 月 31 日。

（2）“借出人”列和“图书名称”列的数据可以分别根据工号和图书编号，自动从其他工作表中查询并显示在相应单元格中，且不出现“#N/A”。

（3）设置“数量”列的数据有效性，允许值为介于 1 与 3 之间的整数。

（4）最迟归还日期为借阅日期后的第 30 天，借助公式自动运算，防止出现错误日期。

（5）“到期提示”列，离最迟归还日期的天数大于 3 或提前归还时，显示空白；离最迟归还日期的天数为 1～3 时，显示“快到期”；在最迟归还日期当天，显示“到期”；过期后，显示“过期”。

	A	B	C	D	E	F	G	H	I	J	K
1							图书借阅表				
2											
3		编号	借阅日期	工号	借出人	图书编号	图书名称	数量	最迟归还日期	到期提示	归还日期
4		001	2022年3月5日	bg75001	王一	1010123	现代汉语词典	3	2022年4月4日		2022年4月1日
5		002	2022年3月10日	bg75001	王一	1010124	英汉词典		2022年4月9日	过期	
6		003	2022年3月18日	bg75002	张三	1010124	英汉词典		2022年4月17日	过期	
7		004	2022年3月19日	bg75002	张三	1010125	汉英词典		2022年4月18日	过期	
8		005	2022年3月24日	bg75001	王一				2022年4月23日	过期	
9		006	2022年3月30日	bg75003	李四						
10		007	2022年3月31日	bg75002	张三	编号	书名				
11		008	2022年4月1日		李四	1010123	现代汉语词典				
12		009	2022年4月2日	工号	姓名	1010124	英汉词典				
13		010	2022年4月3日	bg75001	王一	1010125	汉英词典				
14		011	2022年4月4日	bg75002	张三						
15		012		bg75003	李四	1010125	汉英词典				

图 9-3　图书借阅表（部分）

原题及答案

实训三　人事资料中的工号运算（文本运算）

依照图 9-4 所示的表格，按要求完成运算。

原工号前两位为“A-”，后三位为流水编号“001”“002”等。

（1）特殊工号（工号长度小于 5）为临时工工号，保持不变。

（2）为正式员工更改工号，填写在“排除特殊工号后的新工号”列，新工号编制规则如下：员工号的前两位“A-”保持不变，后三位流水编号保持不变，“A-”和流水编号之间加入员工进厂年份的后两位和月份。例如，员工陈少锋为 1999 年 1 月进厂，原工号为 A-001，则新工号为 A-9901001。

序号	原工号	原工号“-”所在位置	原工号“-”及之前内容	原工号后三位	取得进厂年月	排除特殊工号后的新工号	聘用日期	姓名	部门	离职日期
1	A-001	2	A-	001	9901		1999/1/1	陈少锋	19	01
2	A-002	2	A-	002	9912		2004/12/17	黄翠莲	19	12
3	A-003	2	A-	003	9908		2008/8/22	贾丛寿	17	08
4	A-004	2	A-	004	9906		1999/6/8	苏蒂友	19	06
5	A-005	2	A-	005	9903		1999/3/24	陈小芝	19	03
6	A-006	2	A-	006	9908		1999/8/30	杨丽群	19	08
7	A-007	2	A-	007	9905		1999/5/4	陈俊儿	19	05
8	A-008	2	A-	008	9905		1999/5/12	刘永娟	19	05
9	A-009	2	A-	009	9904		2007/4/10	郑月红	17	04
10	A-010	2	A-	010	9901		2009/1/10	王新军	13	01

图 9-4　人事资料表（部分）

原题及答案

实训四　工资表数据管理（排序、筛选和分类汇总）

依照图 9-5 所示的表格，按要求完成工资表数据管理。

（1）按工资总额降序排列。

（2）筛选出所有部长或所有女员工的工资信息。

（3）分类汇总出各部门中男、女员工的人数。

A	B	C	D	E	F	G	H	I	J
编号	部门	姓名	性别	职务	基本工资	奖金	补助	扣款	工资总额
0100001	经理室	彭青泉	男	经理	15000	2000	1500	-500	18000
0500001	生产部	杜文育	男	部长	12000	2000	1500	-500	15000
0200003	科技部	周斌	男	部长	10000	2000	1500	-500	13000
0200001	科技部	马同峰	男	职员	5000	2000	1500	-500	8000
0200002	科技部	黄胜亮	男	职员	5000	2000	1500	-500	8000
0300001	人事部	谷武民	男	职员	5000	2000	1500	-500	8000
0300002	人事部	王纪元	男	职员	5000	2000	1500	-500	8000
0300003	人事部	柯福河	男	职员	5000	2000	1500	-500	8000
0400001	营销部	陈伟	男	职员	5000	2000	1500	-500	8000
0400002	营销部	李钊	男	职员	5000	2000	1500	-500	8000
0600004	财务部	王川	男	会计	5000	1200	1500	-500	7200
0500002	生产部	刘新平	男	职员	4000	2000	1500	-500	7000
0500003	生产部	杨化涛	男	职员	4000	2000	1500	-500	7000
0500004	生产部	何正权	男	职员	4000	2000	1500	-500	7000
0500005	生产部	张志立	男	职员	4000	2000	1500	-500	7000
0600003	财务部	许东军	男	出纳	5000	1000	1500	-500	7000
0100002	经理室	胡丽丽	女	经理助理	12000	2000	2000	-500	15500
0600002	财务部	庄凤仪	女	部长	10000	2000	1500	-500	13000
0600001	财务部	艾芳	女	会计	5000	2000	1800	-500	8300
0300004	人事部	任双玲	女	职员	5000	2000	1500	-500	8000
0500006	生产部	刘斐	女	统计员	4000	1000	1500	-500	6000

图 9-5　工资表（部分）

原题及答案

实训五　书籍销售量透视分析（数据透视分析）

依照图 9-6 所示的表格，按要求进行分析。

（1）查看各地区的销售情况（销售量单位：册）。

（2）将各员工分配到合适的分公司或办事处，并写明理由。

（3）为各地区选一名合适的主管，并写明理由。

（4）为各产品选一名合适的主管，并写明理由。

（5）找出该书籍的销售淡季和销售旺季，找出对应月份，并写明理由。

公司名称	地区	员工姓名	产品名称	销售日期	小计
北京分公司	华北	甲	Project	2022/6/1	4578
北京分公司	华北	甲	Exchange Server	2022/6/1	4009
北京分公司	华北	甲	ISA Server	2022/6/1	7701
石家庄办事处	华北	甲	ISA Server	2022/6/1	4733
石家庄办事处	华北	甲	Office	2022/6/5	3255
石家庄办事处	华北	甲	Exchange Server	2022/6/8	3390
石家庄办事处	华南	甲	ISA Server	2022/6/12	1066
南京办事处	华东	乙	Office	2022/6/2	8257
南京办事处	华东	乙	Office	2022/6/2	3516
北京分公司	华南	丙	SQL Server	2022/6/6	24000
北京分公司	华南	丙	Office	2022/6/8	45000
北京分公司	华南	丙	Exchange Server	2022/4/8	8358

图 9-6　书籍销售量表（部分）

原题及答案

实训六　文交所交易额数据分析（数据分析工具）

依照图 9-7 所示的表格，按要求进行数据分析。

利用数据分析工具对南京文交所和南方文交所的所有数据（交易额单位：亿元）进行相关系数（正相关或负相关）分析。

文交所	日期										
	9月7日	9月8日	9月9日	9月10日	9月11日	9月12日	9月14日	9月15日	9月16日	9月17日	9月18日
南京文交所	24.55	23.72	27.94	26.84	31.82	42.98	48.01	34.45	45.08	56.86	62.54
南方文交所	9.74	10.06	10	9.04	7.98	10.07	11.39	8.76	9.99	9.8	8.66
中南文交所	2.54	2.78	4.25	4.89	4.74	6.53	5.34	4.2	5.72	7.6	6.17
华中文交所	3.62	3.08	2.85	3.06	2.68	2.84	3.03	4.41	3.34	2.61	2.9
中国艺交所	1.77	1.88	2.03	2.58	2.69	3.68	3.85	3.65	5.49	5.65	6.51

图 9-7　文交所交易额数据表

原题及答案

实训七　工资记录打印设置（打印设置）

依照如图 9-8 所示的表格，按要求进行打印设置。

（1）打印纸张为 A4，方向为横向。

（2）打印比例为 85%。

（3）打印内容在水平方向与垂直方向均居中。

（4）页眉内容为“××单位 2021 年度兼职人员工资记录表”，居中，黑体，22 磅。

（5）页脚内容为“第×页，共计×页”。

（6）将标题行设置为每页打印的首行。

（7）设置打印区域为 A2:M68，均匀打印，每页打印 33 条数据记录。

姓名	一月	二月	三月	四月	五月	六月	七月	八月	九月	十月	十一月	十二月
陈鹏	800.00	800.00	800.00	800.00	800.00	880.00	880.00	880.00	880.00	880.00	880.00	1180.00
王卫平	685.00	685.00	685.00	685.00	685.00	753.50	753.50	753.50	753.50	753.50	753.50	1053.50
张晓寰	685.00	685.00	685.00	685.00	685.00	753.50	753.50	753.50	753.50	753.50	753.50	1053.50
杨宝春	613.00	613.00	613.00	613.00	613.00	674.30	674.30	674.30	674.30	674.30	674.30	974.30
许东东	800.00	800.00	800.00	800.00	800.00	880.00	880.00	880.00	880.00	880.00	880.00	1180.00
王川	613.00	613.00	613.00	613.00	613.00	674.30	674.30	674.30	674.30	674.30	674.30	974.30
沈克	800.00	800.00	800.00	800.00	800.00	880.00	880.00	880.00	880.00	880.00	880.00	1180.00
艾芳	685.00	685.00	685.00	685.00	685.00	753.50	753.50	753.50	753.50	753.50	753.50	1053.50
王小明	613.00	613.00	613.00	613.00	613.00	674.30	674.30	674.30	674.30	674.30	674.30	974.30
胡海涛	613.00	613.00	613.00	613.00	613.00	674.30	674.30	674.30	674.30	674.30	674.30	974.30
庄凤仪	800.00	800.00	800.00	800.00	800.00	880.00	880.00	880.00	880.00	880.00	880.00	1180.00
沈奇峰	685.00	685.00	685.00	685.00	685.00	753.50	753.50	753.50	753.50	753.50	753.50	1053.50

图 9-8　兼职人员工资记录表（部分）

原题及答案

实训八　制作销售数据图表（图表显示）

（1）依照图 9-9 所示的表格（金额单位：万元），按要求制作各分公司×产品 1—12 月实际销售额柱形图（金额单位：万元），如图 9-10 所示。

月份	公司		
	西工分公司	老城分公司	涧西分公司
1	60.0	42.0	45.0
2	32.0	22.4	24.0
3	40.0	28.0	30.0
4	41.0	28.7	30.8
5	42.0	29.4	31.5
6	48.0	33.6	36.0
7	37.0	25.9	27.8
8	37.0	25.9	27.8
9	45.0	31.5	33.8
10	56.0	39.2	42.0
11	67.0	46.9	50.3
12	72.0	50.4	54.0
汇总	577.0	403.9	433.0

图 9-9　各分公司×产品 1—12 月实际销售额数据表

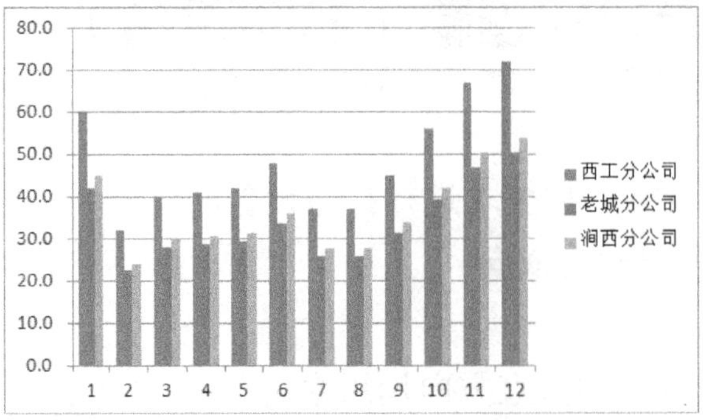

图 9-10　各分公司×产品 1—12 月实际销售额柱形图

原题及答案

（2）依照图 9-11 所示的表格（金额单位：万元），按要求制作分公司销售额的 1 月份完成情况对比图（金额单位：万元），如图 9-12 所示。

月份	公司		
	西工分公司	老城分公司	涧西分公司
计划	60.0	42.0	45.0
实际	32.0	22.4	24.0
差额	28.0	19.6	21.0

图 9-11　分公司销售额的 1 月份完成情况表

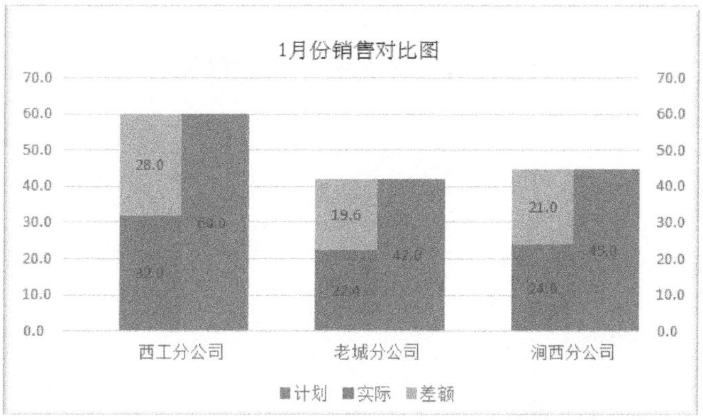

图 9-12　分公司销售额的 1 月份完成情况对比图

原题及答案

实训九　制作交易额数据图表（图表显示）

依照图 9-13 所示的表格（交易额单位：亿元），按要求制作图表。

（1）制作文交所交易额饼图（交易额单位：亿元），如图 9-14 所示。

（2）制作文交所交易额折线图（交易额单位：亿元），如图 9-15 所示。

文交所	日期										
	9月7日	9月8日	9月9日	9月10日	9月11日	9月12日	9月14日	9月15日	9月16日	9月17日	9月18日
南京文交所	24.55	23.72	27.94	26.84	31.82	42.98	48.01	34.45	45.08	56.86	62.54
南方文交所	9.74	10.06	10	9.04	7.98	10.07	11.39	8.76	9.99	9.8	8.66
中南文交所	2.54	2.78	4.25	4.89	4.74	6.53	5.34	4.2	5.72	7.6	6.17
华中文交所	3.62	3.08	2.85	3.06	2.68	2.84	3.03	4.41	3.34	2.61	2.9
中国艺交所	1.77	1.88	2.03	2.58	2.69	3.68	3.85	3.65	5.49	5.65	6.51

图 9-13　文交所交易额数据表

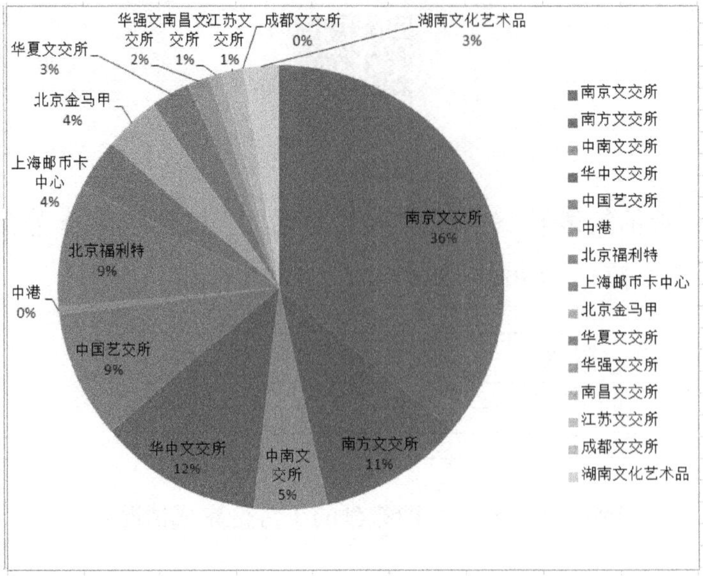

图 9-14　文交所交易额饼图

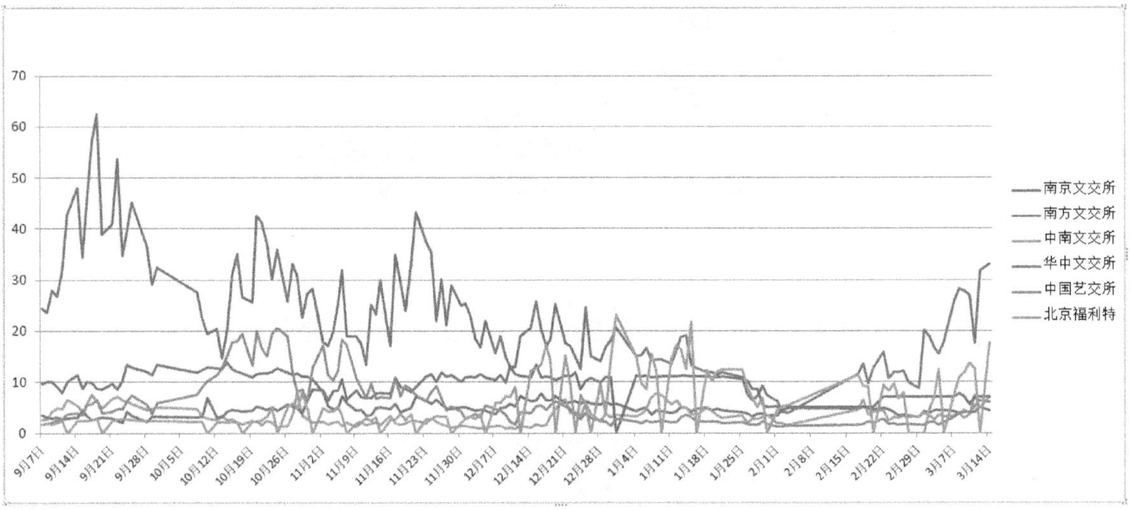

图 9-15　文交所交易额折线图

原题及答案

附录

附录 A　财经商贸类 Excel 应用技能竞赛试卷一

原题及答案

试题一、凭证明细表的运算（25 分）

在如图 A-1 所示的表格中，按要求完成运算。

1．设置“凭证号”列数字格式为“自定义”（记 000）。（7 分）

2. 设置 D5:D2000 单元格区域有效性为总账科目（实现效果即可，不要变动现有数据）。（5 分）

3．设置 E5:E2000 单元格区域有效性为总账科目对应的明细科目（实现效果即可，不要变动现有数据）。（8 分）

4．在 F3 单元格计算 F5:F2000 单元格区域的和，在 G3 单元格计算 G5:G2000 单元格区域的和。（2 分）

5．在 A3 单元格做判断，如借贷合计相等，则显示“恭喜您!借贷合计相等，请继续以下的工作!!”，否则显示“请纠正!!借贷不等，否则自动产生的报表将徒劳无功!”（3 分）

	A	B	C	D	E	F	G
1	2022年5月凭证明细表						
2							
3	恭喜您！借贷合计相等，请继续以下的工作！！					4,032,263.23	4,032,263.23
4	日期	凭证号	摘　要	总账科目	明细科目	借方	贷方
5	2022/5/1	记001	收到伟成自行车厂货款	银行存款	工商银行	200,000.00	
6	2022/5/1	记001	收到伟成自行车厂货款	应收账款	广州伟成自行车有限公司		200,000.00
7	2022/5/2	记002	发给贝明货品	现金	人民币	637.39	
8	2022/5/2	记002	发给贝明货品	主营业务收入			544.78
9	2022/5/2	记002	发给贝明货品	应交税金	应交增值税-销项税额		92.61

图 A-1　凭证明细表（部分）

试题二、记账凭证的运算（50 分）

在图 A-2 所示的表格中，按要求完成运算。

1．D4 单元格的日期与凭证录入日期相同。（10 分）

2．在 I5 单元格中制作按钮，可调节凭证号数字，凭证号自动对应相应的业务。（6 分）

3．制作的凭证的附件张数与凭证明细表中所对应的凭证附件张数相同。（10 分）

4．在 E8:K15 单元格区域内完成摘要、总账科目、明细科目、借方金额、贷方金额的对应运算。（10 分）

5．在 E16 单元格中完成大写金额合计运算。（10 分）

6．在 H16 和 K16 单元格中完成借贷金额合计运算。（4 分）

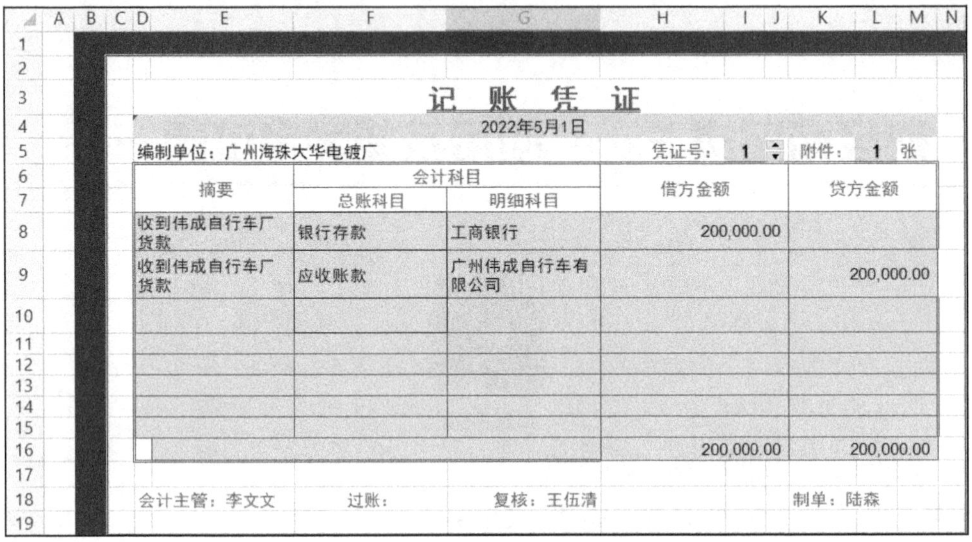

记 账 凭 证

2022年5月1日

编制单位：广州海珠大华电镀厂 凭证号： 1 附件： 1 张

摘要	会计科目		借方金额	贷方金额
	总账科目	明细科目		
收到伟成自行车厂货款	银行存款	工商银行	200,000.00	
收到伟成自行车厂货款	应收账款	广州伟成自行车有限公司		200,000.00
			200,000.00	200,000.00

会计主管：李文文 过账： 复核：王伍清 制单：陆森

图 A-2 记账凭证

试题三、科目余额表的运算（10 分）

在如图 A-3 所示的表格中，按要求完成运算。

1．在 E5:F51 单元格区域完成本期发生额的借贷金额运算。（4 分）

2．在 G5:H51 单元格区域完成期末余额的借贷金额运算。（4 分）

3．完成第 54 行的合计运算。（2 分）

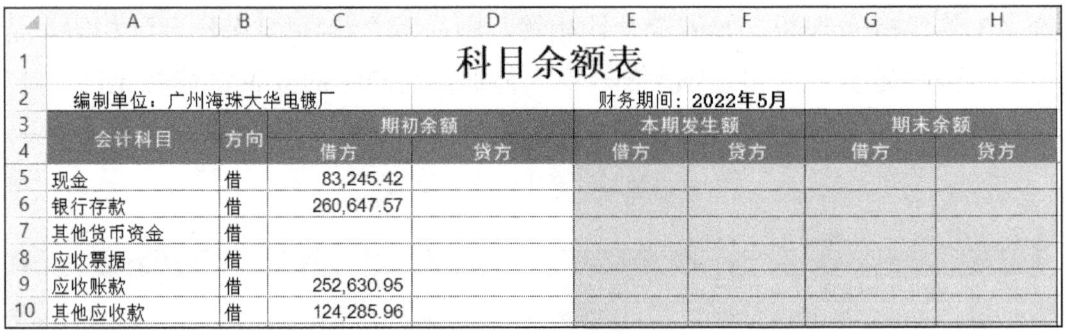

科目余额表

编制单位：广州海珠大华电镀厂 财务期间：2022年5月

会计科目	方向	期初余额		本期发生额		期末余额	
		借方	贷方	借方	贷方	借方	贷方
现金	借	83,245.42					
银行存款	借	260,647.57					
其他货币资金	借						
应收票据	借						
应收账款	借	252,630.95					
其他应收款	借	124,285.96					

图 A-3 科目余额表（部分）

试题四、利润表的运算（15 分）

完成如图 A-4 所示表格的运算，公式要符合财务制度的要求。

	A	B	C
1	利润表		
2			
3	编制单位：广州海珠大华电镀厂		所属期间:2022年5月
4	项目	行数	5月本月数
5	一、营业收入	1	
6	减：营业成本	6	
7	减：税金及附加	16	
8	减：销售费用	20	
9	减：管理费用	21	
10	减：财务费用	22	
11		23	
12	二、营业利润	24	
13	加：营业外收入	26	
14	减：营业外支出	28	
15		31	
16		32	
17	四、利润总额	33	

图 A-4　利润表（部分）

附录 B　财经商贸类 Excel 应用技能竞赛试卷二

试题一、现金收入凭证格式设计（20 分）

新建 Excel 文件，命名为“现金收入凭证”，制作如图 B-1 所示的表格（不能直接复制本图）。

现　金　收　入　凭　证

年　月　日　　　　第　号

贷方		摘　要	过入账	金额											
总账科目	明细科目			亿	千	百	十	万	千	百	十	元	角	分	附单据 张
合	计			0	0	0	0	0	0	0	0	0	0	0	

主管会计：　审核：　记账：　制单：

图 B-1　现金收入凭证

原题及答案

试题二、工资管理表格数据处理（24 分）

1．计算“个人所得税”列及“实发工资合计”列。（实发工资=应发工资总额-失业保险-医疗保险-养老保险-住房公积金-个人所得税；其中个人所得税的计算参照图 B-2 所示的个人所得税税率表）。（5 分）

2．为每行工资记录添加工资条表头。（5 分）

3．为每个工资条添加标题“× × 电 子 公 司 工 资 条”及“2022 年 1 月”。格式如图 B-3 所示。（6 分）

4．完成表格数据打印设置及调整：共 816 条数据，每页显示 4 条，纸张为 A4 纸，方向为横向。（8 分）

	A	B	C	D
1	个税起点：	5000		
2				
3	级数	应纳税所得额	税率（%）	速算扣除数
4	1	不超过3000元的	3	0
5	2	超过3000元至12000元的部分	10	210
6	3	超过12000元至25000元的部分	20	1410
7	4	超过25000元至35000元的部分	25	2660
8	5	超过35000元至55000元的部分	30	4410
9	6	超过55000元至80000元的部分	35	7160
10	7	超过80000元的部分	45	15160

图 B-2　个人所得税税率表

	A	B	C	D	E	F	G	H	I	J	K	L	M	N	O	P	Q
1	XX电子公司工资条															2022年1月	
2	工号	姓名	部门	基本工资	岗位固定工资	岗位绩效工资	工龄工资	奖金	扣款	应发工资总额	失业保险	医疗保险	养老保险	住房公积金	计税工资	个人所得税	实发工资合计
3	A-0210012	周金春	物流处	5000	3000	890	390	0	140	9140	63.3	31.65	253.2	379.8	3412.05	131.21	8280.85
4	XX电子公司工资条															2022年1月	
5	工号	姓名	部门	基本工资	岗位固定工资	岗位绩效工资	工龄工资	奖金	扣款	应发工资总额	失业保险	医疗保险	养老保险	住房公积金	计税工资	个人所得税	实发工资合计
6	A-0211011	曹已珊	物流处	3000	2000	510	390	30	0	5930	63.3	31.65	253.2	379.8	202.05	6.06	5195.99

图 B-3　工资条（部分）

原题及答案

试题三、表格数据运算（56 分）

（一）在如图 B-4 所示的商品销售表中完成运算

1．设置“日期”单元格，使其能自动填写当天日期，显示格式为×年×月×日。（2 分）

2．设置“客户”单元格，使其需从图 B-5 所示客户表的“客户”列选择，且使下拉列表中的内容随客户的增减而自动变化；如手工输入其他客户，则出现错误提示“你输入的客户不存在，如为新客户，请在客户表中添加。”（4 分）

3．“商品编号”列，使其需从图 B-6 所示的商品及库存表的“商品编号”列选择，且使下拉列表中的内容随商品的增减而自动变化；如手工输入其他商品编号，则出现错误提示“你输入的商品不存在，如为新商品，请在商品及库存表中添加。”（4 分）

4．设置“商品编号”列，当对应编号的商品在商品及库存表中的“库存量”为 0 时，

单元格显示为红色底纹。（6 分）

5．根据“商品编号”列自动计算出“商品名称”“规格”“单位”列的信息，且在“商品编号”列为空时同样为空。（6 分）

6．设置“数量”列为整数，有效范围为 1～库存量，如超出，则出现错误提示“你输入的数量与库存不符，请核实。”（4 分）

7．设置“金额”列公式为“单价*数量”，“商品编号”列为空时同样为空。（4 分）

8．设置“折扣”列，限制为小数，有效范围为 0～1，并给出输入提示“小数，0～1。”（2 分）

9．完成“净金额”及小写金额“合计”各列的数字填写运算（净金额=金额*折扣，手工填写无效）。（8 分）

10．完成“大写”金额的填写运算，与“合计”金额对应，并实现汉字大写。（4 分）

11．“合计”金额运算实现四舍五入功能（因舍位引起的不平衡不计）。（4 分）

商品销售表

日期：2022年8月23日　　客户：河南省大宇商贸有限公司

商品编号	商品名称	规格	单位	数量	单价	金额	折扣	净金额								
								百	十	万	千	百	十	元	角	分
10001	书包	大	个	3	100	300.00	0.70					2	1	0	0	0
10002	衣服	中	件	2	50	100.00	0.80						8	0	0	0
10003	鞋子	小	双	2	20	40.00	0.95						3	8	0	0
合计												3	2	8	0	0
大写		佰		拾	万	仟	叁	佰	贰	拾	捌	元	零	角	零	分

录入：　　收银：

图 B-4　商品销售表

客户编号	客户	客户地址	联系人	邮政编码
01001	河南省大宇商贸有限公司	郑州金水区纬一路2号	张宣	4500001
01001	郑州环亚商品批发有限公司	郑州黄河路288号2号楼5楼501	王万全	4500001
01001	河南省回家商贸有限公司	郑州经开区第三大街153号	李明宇	450003

图 B-5　客户表（部分）

商品编号	商品名称	规格	单位	入库数量	出库数量	库存量
10001	书包	大	个	9	6	3
10002	衣服	中	件	3	1	2
10003	鞋子	小	双	4	2	2

图 B-6　商品及库存表（部分）

（二）在商品及库存表中完成运算

根据图 B-7 所示的入库表、图 B-8 所示的出库表，计算各商品的“入库数量”“出库数量”“库存量”，且“商品编号”列为空时，各列也为空。（8 分）

（请勿修改文件中的其他数据内容）

	A	B	C	D	E	F	G	H	I
1	商品代码	商品名称	规格	单位	购货数量	单价	金额	日期	录入
2	10001	书包	大	个	6	4	24		
3	10002	衣服	中	件	2	5	10		
4	10003	鞋子	小	双	3	6	18		
5	10001	书包	大	个	1	10	10	2022/7/25	
6	10002	衣服	中	件	1	10	10		
7	10003	鞋子	小	双	1	10	10		
8	10001	书包	大	个	2	50	100	2022/7/25	

图 B-7　入库表（部分）

	A	B	C	D	E	F	G	H	I	J	K
1	商品代码	商品名称	规格	单位	销售数量	销售单价	金额	折扣	销售净额	客户	日期
2	10001	书包	大	个	3	100	300	0.7	210	aa	2022/7/25
3	10002	衣服	中	件	1	50	50	0.8	40		2022/7/26
4	10003	鞋子	小	双	2	20	40	0.95	38		2022/7/27
5	10001	书包	大	个	3	23.25	69.75	0.85	68.9		2021/4/20

图 B-8　出库表（部分）

原题及答案

附录 C　财经商贸类 Excel 应用技能竞赛试卷三

试题一、报销单格式设计（15 分）

新建 Excel 文件，命名为“试题 1 结果”，制作如图 C-1 所示的表格（不能直接复制本图）。

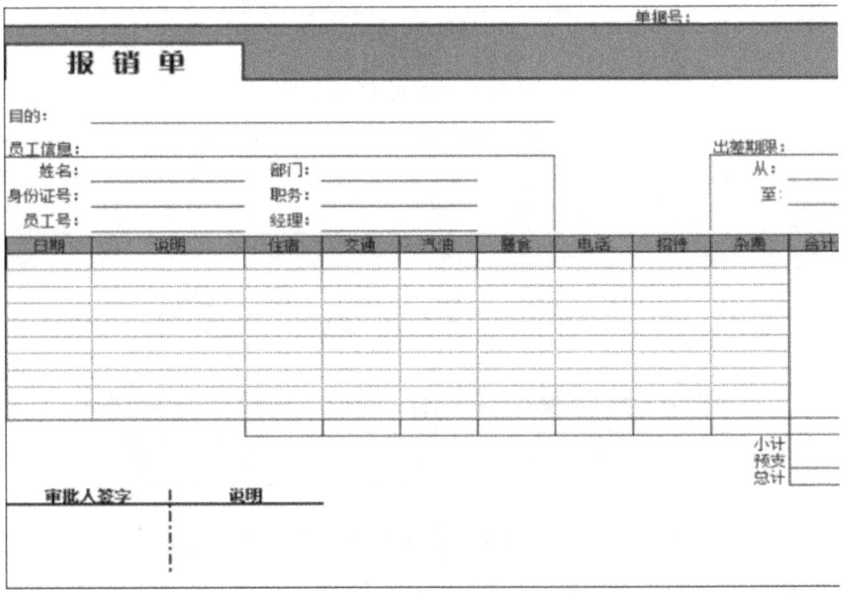

图 C-1　报销单

原题及答案

试题二、工资管理表格数据处理（52 分）

按图 C-2～图 C-4 所示的表格，在图 C-2 所示的表格中完成运算（请勿更改已经给出的表格数据）。

1．“部门”列，通过人事资料表查询得到。（4 分）

2．“基本工资”和“岗位固定工资”列，通过人事资料表和基本工资与岗位固定工资表查询得到。（10 分）

3．“工龄工资”列，通过人事资料表的聘用日期计算得到（注意月份，即达到相应的月份才计入年，如 2009 年 5 月入职，在 2022 年 6 月才有 13 年的工龄工资），工龄工资为 50 元/年。（12 分）

4．“应发工资总额”列，计算方法为基本工资+岗位固定工资+岗位绩效工资+工龄工资+奖金−扣款。（2 分）

5．“医疗保险”列，计算方法为上年职工月平均工资*0.02；（1 分）

“失业保险”列，计算方法为上年职工月平均工资*0.01；（1 分）

“养老保险”列，计算方法为上年职工月平均工资*0.08；（1 分）

“住房公积金”列，计算方法为上年职工月平均工资*0.12 。（1 分）

注：上年职工月平均工资为 8165.4 元。

6．个人所得税计算（个人所得税税率表如图 C-5 所示）。（8 分）

注：个人所得税的起征点为 5000 元。

应纳税所得额=应发工资总额−医疗保险−失业保险−养老保险−住房公积金−5000。

个人所得税=应纳税所得额×税率−速算扣除数。

7. 实发工资合计=应发工资总额−医疗保险−失业保险−养老保险−住房公积金−个人所得税。（2 分）

8．为便于打印，为表格数据添加如图 C-6 所示的表头。（10 分）

	A	B	C	D	E	F	G	H	I	J	K	L	M	N	O	P
1																
2	工号	姓名	部门	基本工资	岗位固定工资	岗位绩效工资	工龄工资	奖金	扣款	应发工资总额	失业保险	养老保险	医疗保险	住房公积金	个人所得税	实发工资合计
3	A-0210012	周金春				890		0	140							
4	A-0211011	曹已珊				510		30	0							
5	A-0401037	刘兴源				730		0	0							
6	A-0407024	杨保莲				690		180	80							
7	A-0412002	黄翠连				750		30	140							

图 C-2　工资表（部分）

	A	B	C	D	E	F	G	H
1	工号	聘用日期	姓名	部门	职务	在职情况	身份证	家庭住址
2	A-0210012	2002/10/10	周金春	物流处	部长	在职	45242819760213052X	广西富川瑶族自治县富阳镇茶
3	A-0211011	2002/11/4	曹已珊	物流处	员工	在职	360734198410273213	江西省寻乌县罗珊乡珊村下街
4	A-0401037	2004/1/4	刘兴源	物流处	员工	在职	411323198201182118	广西省东兰县三四孟乡弄目村

图 C-3　人事资料表（部分）

	A	B	C
1	职务	基本工资	岗位固定工资
2	部长	5000	3000
3	副部长	4500	2700
4	组长	4000	2400
5	副组长	3500	2200
6	员工	3000	2000

图 C-4　基本工资与岗位固定工资表

	A	B	C	D
1	个税起点：	5000		
2				
3	级数	应纳税所得额	税率(%)	速算扣除数
4	1	不超过3000元的	3	0
5	2	超过3000元至12000元的部分	10	210
6	3	超过12000元至25000元的部分	20	1410
7	4	超过25000元至35000元的部分	25	2660
8	5	超过35000元至55000元的部分	30	4410
9	6	超过55000元至80000元的部分	35	7160
10	7	超过80000元的部分	45	15160

图 C-5　个人所得税税率表

	A	B	C	D	E	F	G	H	I	J	K	L	M	N	O	P
1	××电子公司工资条														2022 年 1 月	
2	工号	姓名	部门	基本工资	岗位固定工资	岗位绩效工资	工龄工资	奖金	扣款	应发工资总额	失业保险	养老保险	医疗保险	住房公积金	个人所得税	实发工资合计

图 C-6　工资条表头

原题及答案

试题三、财务数据图表应用（10分）

1．根据图 C-7 给出的数据表（金额单位：亿元），制作如图 C-8 所示的复合饼图。要求：百分比小于 2%的项在第二图表区。（5分）

2．设置图表标签。（3分）

3．添加图表标题。（2分）

（请勿更改已经给出的表格数据，直接复制图片不得分）

	A	B
1	文交所	合计
2	南京文交所	3223.99
3	南方文交所	948.5
4	中南文交所	475.9
5	华中文交所	1071.23
6	中国艺交所	829.1
7	中港交易所	47.51
8	北京福利特	795.92
9	上海邮币卡中心	329.58
10	北京金马甲	376.65
11	华夏文交所	258.94
12	华强文交所	138.43
13	南昌文交所	82.58
14	江苏文交所	131.16
15	成都文交所	11.57
16	湖南文化艺术品	235.492
17	南宁文交所	32.322
18	阿特多多艺术品	13.095
19	天津文交所	59.67

图 C-7　交易所交易额数据表

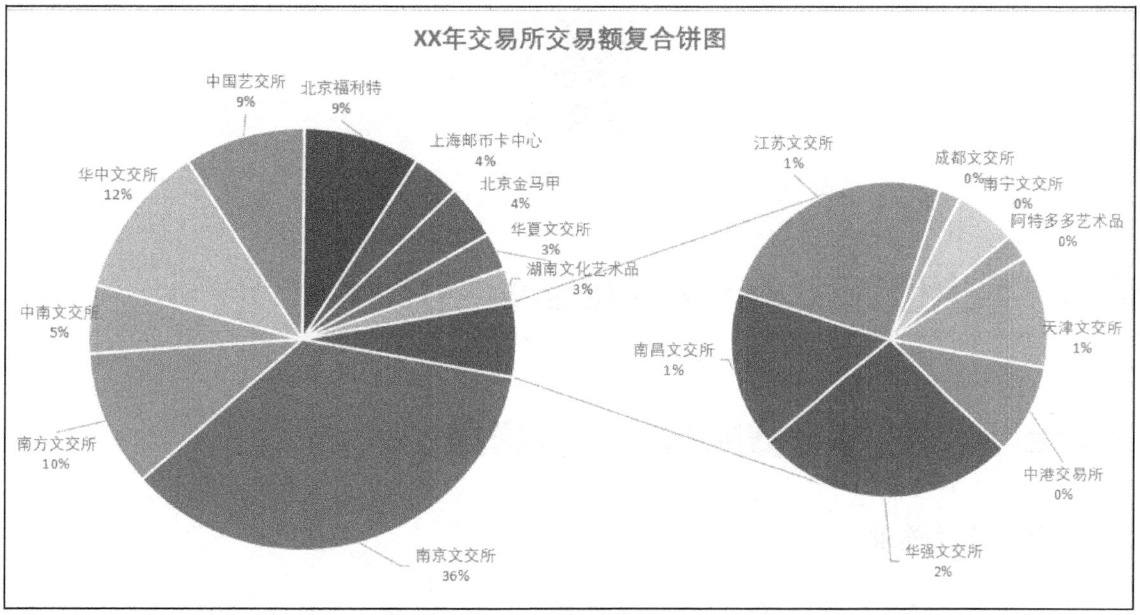

图 C-8　××年交易所交易额复合饼图

原题及答案

试题四、财务数据透视表应用（23 分）

根据图 C-9 所示表格中的明细数据，按要求制作每日每行收入、支出汇总表（不要更改已经给出的表格数据）。

1．金额正值为收入，负值为支出。（5 分）

2．显示方式如图 C-10 所示。（4 分）

3．统计后的收入与支出中，收入最大的三项显示为浅红色底纹、深红色文字，支出中最大的三项显示为浅绿色底纹、深绿色文字。（4 分）

4．数据透视表可随源数据表中的数据增加与减少。（10 分）

	A	B	C	D
1	编号	日期	银行	金额
2	001	2022/3/20	工行	-4318
3	002	2022/3/20	农行	13882
4	003	2022/3/20	建行	1817
5	004	2022/3/20	农行	13785
6	005	2022/3/20	工行	30418
7	006	2022/3/20	建行	15391
8	007	2022/3/20	工行	-2533
9	008	2022/3/20	建行	20846
10	009	2022/3/20	建行	4726
11	010	2022/3/20	建行	5121
12	011	2022/3/20	工行	-11418
13	012	2022/3/20	农行	27676
14	013	2022/3/21	建行	-2790
15	014	2022/3/21	建行	21964
16	015	2022/3/21	农行	-3495
17	016	2022/3/21	工行	29697
18	017	2022/3/21	工行	32012

图 C-9　透视表数据源（部分）

		金额		
	银行	支出	收入	总计
3/20	工行	-18269	30418	12149
3/20	建行		47901	47901
3/20	农行		55343	55343
3/21	工行	-28354	96201	67847
3/21	建行	-43809	81882	38073
3/21	农行	-27177	30658	3481
3/22	工行	-12057	41140	29083
3/22	建行		28675	28675
3/22	农行	-33339	35156	1817
3/23	工行		96652	96652
3/23	建行	-1624	23858	22234
3/23	农行	-36940	94556	57616
3/24	工行	-17170	59741	42571

图 C-10　数据透视表

原题及答案

附录 D　郑州市 Excel 应用技能竞赛方案

一、Excel 应用技能竞赛内容及具体说明

（一）竞赛软件要求

上机操作利用办公自动化软件 Microsoft Office 2010 中的中文 Excel 2010 电子表格软件。

（二）竞赛内容

1．表格数据标准化与规范化

（1）使用 Excel 的正确理念和注意事项。

（2）表格的整理与规范。

（3）数据的输入与格式设置。

（4）利用有效性控制和规范数据输入。

（5）数据的排序、筛选与分类汇总。

2．各类函数和公式的使用方法、技巧

（1）公式和函数的基本使用方法及注意事项。

（2）复杂的数据判断与逻辑函数的使用。

（3）日期和时间函数的使用。

（4）查找与引用函数（VLOOKUP、INDEX、MATCH、INDIRECT、OFFSET、ROW、COLUMN 等）的使用。

（5）财务函数（PV、FV、PMT、RATE 等）的使用。

（6）基于函数制作应用模板。

3．利用数据透视表分析数据、快速统计

（1）创建数据透视表的基本方法和注意事项。

（2）创建具有动态数据源的数据透视表，实现数据透视的自动更新。

（3）通过设置字段的分类汇总方式创建复杂的统计分析报表，从不同的角度对数据进行统计分析。

（4）通过组合字段来创建多维、多层次的统计分析报表。

（5）通过自定义数据透视表进行深入的分析。

4. 用图表展示数据

（1）用图表准确表达信息。

（2）制作图表的注意事项。

（3）用组合图表表达更加复杂的信息。

（4）制作动态交互图表。

5. 数据分析工具的使用

（1）单变量求解。

（2）模拟运算表。

（3）数据关系度分析。

（4）描述统计。

（5）直方图。

二、Excel 应用技能竞赛评分办法

竞赛试题满分为 100 分，竞赛时间为 40 分钟。

竞赛成绩评定采用分数的方式自动评分；从发出比赛信号时开始计时；最终以分数决定名次和奖项。在操作中若出现机器故障，则由监考教师另行安排备用机器进行比赛，比赛时间不予延长。

三、Excel 应用技能竞赛选手须知

1. 赛场统一提供比赛用计算机及相关软件、草稿纸、笔等设备用具，其他的资料、工具一律不得带入赛场。

2. 选手提前 30 分钟抵达赛场，凭身份证、参赛证等规定有效证件按抽签决定的指定场次和座位号入座，并将相关证件放置在桌子的左上角。

3. 选手禁止携带任何通信设备及与竞赛无关的其他电子设备。

4. 比赛铃声响后，方可登录系统开始比赛。

5. 比赛开始后，迟到 15 分钟的选手不得进入赛场，30 分钟内选手不得交卷。

6. 比赛结束时，各选手将资料和工具整齐摆放在操作平台上，经工作人员清点后可以离开赛场，离开赛场时不得带走任何资料（包括草稿纸）。

参考文献

[1] 喻竹，孙一玲，孔祥威等．Excel 在会计中的应用．北京：高等教育出版社，2016.

[2] 熊春．Excel 会计实务模板应用大全书．北京：人民邮电出版社，2018.

[3] 王国胜．Excel2016 会计与财务实战技巧精粹辞典．北京：中国青年出版社，2017.

[4] 王海林，张玉祥．Excel 会计应用．北京：电子工业出版社，2015.

[5] 秦刚、王艳、徐栋等．Excel 在会计中的应用．北京：清华大学出版社，2017.